文化发展学术文丛

艺术品管理新逻辑

——基于互联网 + 分享经济的探讨

NEW LOGIC OF ART MANAGEMENT

Discussion Based on Internet + Sharing Economy

赵书波 编著

社会科学文献出版社
SOCIAL SCIENCES ACADEMIC PRESS (CHINA)

总　序

用文化传达积极的精神信念，给人以希望和动力，用文化改革释放发展红利，洋溢着温暖和勇气。在文化创新不断推动经济发展换挡升级的时代历程中，中国传媒大学文化发展研究院紧扣时代发展脉搏，从立足文化产业现实问题到搭建文化领域学术研究、人才培养和社会服务的综合学术平台，以“大文化”为发展理念，设计学科架构、搭建文化智库、打造学术重镇，在十年的发展进程中，一直致力于探索构建充满活力、富有效率、更加开放的学科群。

“文化发展学术文丛”正是中国传媒大学文化发展研究院十年来对学科建设、理论建构、智库发展和人才培养等专业问题不断探索的阶段性总结。它既折射着我们打造立体学术平台做出的努力，也见证着我们提升国际学术话语权、构建国家文化发展理论体系的情怀；它既反映了我们作为一支年轻研究团队怀揣的学术梦想，也彰显出我们立足严谨，向构建一流学科体系不断前进的初心与恒心。

文化是一条源自历史、流向未来的丰沛河流，经济社会发展需要它的润泽。文化的强大功能，铸造了“文化＋”崭新的发展形态。正因为“文化＋”是文化要素与经济社会各领域更广范围、更深程度、更高层次的融合创新，是推动业态裂变，实现结构优化，提升产业发展内涵的生命力，“文化发展学术文丛”以“文化＋”为出发点，以文化内容融合式创新为研究主题，研究发轫于文化但又不囿于文化本身，它既包括全球视野下的比较研究，也包括文化创新领域的理论前沿；既聚焦文化建设的顶层设计，也关注不同行业领域现实问题的具体研究。可以说，打破传统的思维模式，不断增强文化认知的“大融合思维”，既是“文化发展学术文从”的主要特点，也深刻反映了未来十年文化发展的趋势。

随着我国文化发展的学科建设渐成体系、理论研究不断完善、人才培养步入新境，未来十年，将有更多的文化理论经典和文化研究著述出现，它们将更好地以理论创新引导实践前行，在支撑国家文化创新驱动发展战略、服务区域文化经济转型升级、促进文化改革内涵式发展等方面汇聚力量，彰显价值，为文化强国建设注入源源不断的精神力量。

是为序。

中国传媒大学文化发展研究院院长、博士生导师

范　周

2016 年 4 月

前 言

1994年4月20日，NCFC工程通过美国Sprint公司连入Internet的64K国际专线开通，实现了与Internet的全功能连接，从此中国被国际上正式承认为真正拥有全功能Internet的国家。1996年1月，中国公用计算机互联网（CHINANET）全国骨干网建成并正式开通，全国范围的公用计算机互联网络开始提供服务，使得中国艺术品产业的互联网生存成为可能。[①] 2014年底，中国互联网网民达到6.48亿，互联网经济占GDP的比重达到7%，为近年来最高。[②] 现代通信技术与PC等的结合形成了传统互联网，现代通信技术与手机、PAD等的结合形成了移动互联网。从公众使用习惯来看，使用移动互联网的时间已大大超过了占据PC端传统互联网的时间。互联网就像阳光、空气和水一样，已经渗透社会生活的方方面面，其威力无所不在，无时不在，无坚不摧。[③] 移动互联网使产业链条得到延展，使交易突破了时空限制。经历21世纪初的“网络泡沫”之后，我们已经无从考证第一家艺术网站的建立日期和发展状况。自从1999年6月16日中国首家拍卖网站雅宝（www.yabuy.com）正式开通到嘉德在线（www.guaweb.com）于2000年11月以250万元成功拍卖徐悲鸿先生的油画名作《愚公移山》（这是我国首宗大型网上艺术品成交，网上的艺

---

① 据中国互联网信息中心《互联网大事记》整理，见《1994～1996年互联网大事记》，http：//www.cnnic.net.cn/hlwfzyj/hlwdsj/201206/t20120612_27415.htm，最后访问日期：2016年1月20日。

② 来源于中国互联网网络信息中心（CNNIC）副主任兼副总工程师金键发言，新华网，http：//news.xinhuanet.com/info/2015－01/23/c_133941437.htm，最后访问日期：2016年1月5日。

③ 李海舰、田跃新、李文杰：《互联网思维与传统企业再造》，《中国工业经济》2014年第10期。

术市场开始逐渐受到关注）。[①] 2015 年 12 月 5 日，在百度搜索“艺术品网站”，显示相关结果约 250 万个。

艺术品[②]产业[③]的范畴可以包含一切为艺术品交易提供支持的个人与企业。艺术品产业就是生产（创作）绘画雕塑原件、图片、复制件等产品，并经营此类产品的传媒组织及其在市场上相互关系的集合。这些艺术品产业组织包括艺术家、画廊、拍卖行、艺术电商、艺术金融组织等。

互联网（特别是移动互联网）的快速普及，在很大程度上改变了艺术品产业的生态。改变的不仅仅是产业销售体系，还包括整个艺术品创作生产体系、流通体系、融资体系、交付体系。艺术品产业与互联网对接可以降低交易成本和增加透明度，增加了市场的竞争性和流动性，有助于艺术品市场的全球化和大众化。而线上平台产生的浏览、论坛和交易等大数据可以为机构研究客户的行为和艺术品市场的运行规律提供重要的分析依据，由此捕捉到新的市场机会。基于互联网 + 的未来艺术品产业是以产权为核心的，未来的艺术品产业管理是以法律关系为对象的。

当代中国的艺术市场也一直被“泡沫论”笼罩着，特别是拍卖行诚信被不断怀疑之后，人们在天价成交金额的兴奋中怀疑每一件艺术品成交的真实性。2012 年，由中宣部等五部门出台了《加强文化产权交易和艺术品交易管理的意见》，文交所被清理整顿后，的确使人们冷静和理智了许多。时至今日，互联网经济与当代中国艺术市场一道，依然看不出“崩盘”和“被害死”的迹象。[④] 随着《国务院关于推进文化创意和设计服务与相关产业融合发展的若干意见》（国发〔2014〕10 号）和文化部、中国人民银行、财政部联合印发的《关于深入推进文化金融合作的意见》（文产发〔2014〕14 号）的出台，艺术品产业体现出融合发展的趋势。2016 年 3 月开始实施的《艺术品经营管理办法》又为促进艺术品产业健

① 郭峰：《当代中国艺术市场及其互联网经营模式研究》，南京艺术学院，博士学位论文，2008。

② 本书采用狭义艺术品的概念，仅包括绘画和雕塑。

③ “产业即是具有某种同类属性的具有相互作用的经济活动组成的集合或系统”，参见苏东水《产业经济学》，高等教育出版社，2000，第 4 页。

④ 郭峰：《当代中国艺术市场及其互联网经营模式研究》，南京艺术学院，博士学位论文，2008。

康发展翻开了新的一页。随着各地文化产业园区的兴建和特色城镇化的推进，艺术品产业越做越大。不可否认，艺术品产业在发展中出现了这样那样的问题，但由于艺术品包含了大量原创性内容，不论是艺术品凝聚的艺术家创意，还是传递出的时代审美，甚至是艺术品创作和传承中的故事，都成为动漫游戏、文学、设计、新媒体、影视等产业的重要资源之一，也成为很多区域地方性文化的象征。艺术品产业是文化创意的产业链、服务链和品牌链的关键环节，艺术品产业也是我国交易额较大的文化产业门类。在某种意义上讲，艺术品产业是第一大文化产业门类。

目　录

第一章　艺术品产业管理

国内外的许多管理学家都阐述过管理的概念，并都试图构建管理理论体系。这些管理理论从不同的侧面、不同的角度，指出了管理的职能或者管理的本质。尽管侧重点或中心点不同，所解释的职能或本质有差异，但是都符合管理的规律，都从不同的侧面阐明了什么是管理。管理学对管理最简明的表述，就是认为管理是由一个或更多的人来协调他人的活动，以便收到个人单独活动所不能收到的效果。我们可以认为，管理的过程就是一个人或多个人去协调他人的活动，目的就是达到一个人做不到的这种效果。这就是管理的过程和管理的目的。综合来看，管理有几个要素。就是做什么，怎么做，以及如何实现管理的有效性。这三个要素是不能少的。①

艺术品产业管理，特别是手工艺艺术品产业管理作为一种产业管理门类由来已久，在古代，从官府到行会，从宫廷到作坊都有各种产业管理的方式。我国现代语境中的艺术产业管理是在市场经济逐渐活跃、现代企业和公司兴起的背景下出现的。艺术品产业管理与土地、金融、人力资源充分融合在一起，如1980年北京市在解决就业问题时就充分发挥了艺术品产业的作用。② 在当下经济发展中，艺术品产业更与土地、金融融合在一起，如各地面积最大的文化产业园区一般是艺术品产业园区，开展文化产业业务的银行，其核心业务之一就是艺术品金融。

---

① 王文章：《艺术管理概论》，《艺术评论》2009年第7期。

② 原文如下："在这次安排待业青年工作中，北京市抓住了特种手工艺活源充足，安排简易，出口换汇率高的特点，不仅在这一行业中安排了六千名待业青年，而且为发展工艺名牌产品、扩大外贸出口、增加外汇收入，创造了条件。"参见庄启东、唐丰义、孙克亮《北京市是怎样解决劳动就业问题的》，《中国社会科学》1980年第3期。

讲到艺术产业管理就不得不提到艺术管理。艺术管理专业是在欧美艺术机构经验基础上诞生的。1946 年，英国成立了大不列颠艺术委员会（ACGB），美国仿效其模式，建立了国家艺术基金会（NEA）。20 世纪 60 年代，美国处于所谓的“美国世纪”，亦即经济大发展时代，把艺术和文化都直接纳入经济发展的对象，激励商业与艺术之间的联系。艺术史上的传统赞助和收藏制度已不能适应这一趋势了，需要更系统、更灵活的专业管理知识与技巧的支撑。1966 年，哈佛商学院的托马斯·雷蒙德（Thomas Raymond）和斯蒂芬·格雷塞（Stephen Greyser），联手艺术管理者道格拉斯·施瓦尔贝（Douglas Schwalbe）创办了艺术经营管理研究所，4 年后，这 3 位学者又创建了哈佛艺术管理夏季学院。英国、澳大利亚等国紧随其后，相继设置了该专业，训练新型的艺术管理专门人才。国际艺术管理教育协会（AAAB）也应运而生。中国于 20 世纪 90 年代注意到相关学科的建设，已为我国创意文化产业培养了一批专才。[①] 艺术品产业管理与艺术管理的区别主要在于前者更加注重艺术品创作完成之后的产权确认、交易流转、收藏展示和营销推广，艺术品产业管理是介于国家文化宏观政策与艺术创作微观管理之间的管理形式。

第一节　艺术品产业

据记载，早在东汉时期我国就出现了书画交易。“上谷王次仲始作楷法，至（汉）灵帝好书，时多能者，而师宜官为最，大则一字径丈，小则方寸千言，甚矜其能。时或不持钱诣酒家饮，因书其壁，顾观者以酬酒直，计钱足而灭之。”[②] 上述就是师宜官“以字酬酒钱”的记载。这些记载反映了当时较为初级的艺术品交易甚至还处于易货占主要交换方式的阶段。唐代是我国书画市场初步形成的阶段，出现了张怀瓘的《书估》，“三估者，篆、籀为上估，钟、张为中估，羲、献为下估。上估但有其

① 曹意强：《艺术管理的观念与学术状况》，《新美术》2007 年第 3 期。

② 卫恒：《四体书势》，载华东师范大学古籍整理研究室编《历代书法论文选》，上海书画出版社，1979。

象，盖无其迹；中估乃旷世奇迹，可贵可重。有购求者，宜悬之千金。”[①] 又有张彦远《历代名画记》载“董伯仁、展子虔、郑法士、杨子华、孙尚子、阎立本、吴道玄屏风一片，值金二万，次者售一万五千；其杨契丹、田僧亮、郑法轮、乙僧、阎立德一扇值金一万”[②]，反映当时的画价。宋代是我国书画交易的发展时期，出现了书画鉴定与销售的中介人“牙侩”。明清是我国书画市场的成熟、繁荣阶段，“绘画商品化成为此期文人画繁荣的一大社会性因素”。[③] 新中国成立后，艺术品交易在改革开放之后逐渐兴盛，艺术作品著作权交易也开始出现。艺术品拍卖行、画廊及知识产权代理组织的出现，特别是电商都为艺术品交易提供了很好的交易平台，是艺术品交易的一个根本性跨越。

一　基于艺术品产权的产业

在现有法律中，艺术品可分为一般艺术品和享有版权的艺术作品两种。而“作品”是什么？根据著作权法相关规定，作品是指智力成果。智力成果也就是知识产品。那么，艺术创作活动产生的知识产品是什么呢？从最直观的角度来看，首先是可以看到的具有造型、占据一定空间的物，也就是原作。此外，根据法律特别是知识产权法的相关规定，作者还就“具有独创性”的造形享有知识产权。所以，基于一件艺术作品形成了两类民事法律关系客体，即物和知识产品（也称智力成果）。[④]

艺术品作为一种特殊的“财产（property）”长期以来包含两个方面的含义：“1. 对象意义上的财产——遵照中文习惯可表述为财产体，包括一切能带来或转换出经济价值的人们的处分对象，它作为权利载体单独存在，其承载着各种权利，包括有体的实物和无体的权利，前者为客观自

---

① 张怀瓘：《书估》，载潘运告《张怀瓘书论》，湖南美术出版社，1997，第 36 页。

② 张彦远：《历代名画记》，人民美术出版社，1963，第 31 页。

③ 林木：《明清文人画新潮》，上海人民美术出版社，1991，第 403 页。

④ 关于民事法律关系客体范围，中外学者观点各异，归纳起来大体如下：1. 民事法律关系的客体是物；2. 民事法律关系的客体是物和行为；3. 民事法律关系的客体是体现一定物质利益的行为；4. 民事法律关系的客体是物、行为、智力成果和与人身不可分离的非物质利益。详见王利明等《民法新论》（上），中国政法大学出版社，1986，第 116 ~ 117 页。本文认为第四种观点较为符合中国的实际，马俊驹先生在其《民法原论》中也认为民事权利的客体主要有物、行为、知识产品（也称智力成果）和人身利益四类。

然，后者为人化自然，但都是人们认识和处分的对象，而不同于作为主观世界的人们的处分本身；2. 权利意义上的财产——遵照中文习惯可表述为财产权，包括一切对前者进行处分的权能，其中未加说明时指的是所有权。”① 本文所论述之“财产”取第二含义，即财产是指一切对财产体进行处分的权能。任何一件具有知识产权的作品都是双重财产，即知识产权和知识产权承载“物”的所有权。艺术作品作为财产体，在其之上也存在两种财产，一是作为物的原件，二是作为知识产品的造形；艺术作品之上的财产权，又可分为著作财产权和原作所有权。但由于艺术作品是一种视觉艺术作品，原件与复制品差距较大，因而其原件的价值往往高于其复制品很多倍，这是艺术作品相对于文学作品的一个特点。

（一）基于艺术品原件形成的产业

“物是存在于人身之外，能满足权利主体的某种需要，并能为权利主体所支配和利用的物质实体。”② 物具有几个基本特征：1. 物存在于人体外；2. 物一般为有体物；3. 物能满足权利主体的利益需要；4. 物能为人们所支配；5. 物须独立为一体。艺术作品的原件完全符合物的概念和特征，因而，艺术作品原件属于“物”的范畴。

艺术作品属于法律意义上的“物”。我国《物权法》对物权的解释是“权利人依法对特定的物享有直接支配和排他的权利，包括所有权、用益物权和担保物权。”艺术作品在实际社会中的权利关系是较为复杂的，是权利的集合体，基于艺术作品的“物”形成所有权、占有权、使用权及抵押权等。这些权利都是物权的一部分，都可以用于交易，带有财产收益。

1. 艺术作品原件出售带来财产权益

艺术作品作者基于创作享有作品原件的初始所有权和处分权，作者可以以合适的价位把作品原件卖给买家。从艺术家到买家有以下几种渠道：（1）艺术家——买家；（2）艺术家——画廊（电商）——买家；（3）艺术家——拍卖行——买家；（4）艺术家——画廊（电商）——拍卖

① 冉昊：《财产含义辨析：从英美私法的角度》，《金陵法律评论》2005 年春季卷，第 24 页。

② 马俊驹、余延满：《民法原论》，法律出版社，2007，第 66 ~ 67 页。

行——买家。无论哪种渠道，最终都是艺术作品原件与货币的双向流动，艺术作品原件出售都会给作者带来财产收益。

2. 艺术作品原件的使用权可以带来收益

艺术作品原件的使用主要是原件的展览。我国《著作权法》规定作者享有使用及许可他人使用作品的权利，原件的使用主要体现在展览权（即公开陈列艺术作品、摄影作品的原件或者复制件的权利）的规定：美术等作品原件所有权的转移，不视为作品著作权的转移，但艺术作品原件的展览权由原件所有人享有。艺术作品的借展一般都要给予所有者一定费用，作品使用权可以产生收益。

以艺术品原件为产品的产业核心是艺术品原件交易市场。如果从1989年“东方油画厅”组织参加澳大利亚的商业性展览“中国风情油画艺术展”开始算起，中国艺术品市场在改革开放以来已经走过了将近20年，初步形成了较为成熟的一级和二级市场体系。这个过程恰逢中国改革开放经济增长最快的20年，市场兴衰也折射了中国当代艺术发展的变化。

画廊、拍卖行、艺术博览会是艺术品市场的主体，就此而言，尽管从20世纪80年代初开始中国内地艺术家在国内及港澳地区已经有了销售行为，但真正的市场形成却是由80年代末90年代初的事件带动的：1991年刘小东、喻红的作品参加香港佳士德中国当代油画拍卖专场，标志着中国当代艺术家的作品开始进入国际艺术品市场；1992年深圳动产拍卖行举行首届近现代书画拍卖，开启了中国的艺术品拍卖市场；1993年由文化部举办的首届“中国艺术博览会”在广州召开，标志着政府首次对艺术品市场活动的认可与参与。

拍卖行与艺术博览会同属二级市场，只是在起步之初，由于中国一级市场还未形成，二级市场基本充当一级市场的角色，画家会直接送画去拍卖行参加拍卖，也会以个人身份参加艺术博览会。这种情况直到2000年以后才逐步转变，对于一、二级市场的划分从开始概念上的模糊慢慢变得明晰。在二级市场的发展过程中也有一些值得记录的重要事件：1993年上海朵云轩、中国嘉德拍卖以及1994年北京瀚海拍卖公司的成立；2000年上海艺术博览会开始拒绝艺术家以个人名义参展，并形成了北京、上海、广州三大博览会鼎立的市场格局；2003 年“非典”之后，中国艺术品拍卖市场出现“井喷”行情，随之出现 CIGE 画廊博览会、艺术北京博览会、上海当代艺术博览会新三大博览会的鼎立之势。

任何一个市场体系的构建都不是由孤立的市场行为本身来决定的。西方国家从 19 世纪末开始建立艺术品市场系统，经过 100 多年的演变，形成了今天完善的艺术品市场系统，这个系统不仅在内部严格划分一、二级市场的层次，并对不同层次的市场进行严格的规定和控制，同时还构建了一个艺术品市场外部系统。它涉及艺术品的价值评价、流通传播以及观众接受，涉及个人艺术趣味与公共趣味的转换关系等，它分别由艺术批评、展览策划、博物馆与艺术品经纪（画廊）、拍卖行、公共和私人收藏六大因素组成。其中前三个因素在西方的市场体系中被称为观念（idea）系统，它的非商业性和公正性成为市场中判断艺术品价值的基础，因为观念系统的存在才能够保证“好作品卖好价格”。后三个因素在市场体系中被称为资本（Money）系统，它是艺术品得以传播、流转、由个人趣味转为公共趣味，并成为最后进入艺术史的保障。由六大因素组成了观念系统和资本系统合力构成的艺术品市场的外部体系，其中任何一个因素的缺失，都会导致市场的不正常发展。

（二）基于艺术作品造形形成的产业

“知识产品是指人们通过脑力劳动所创造的，并以一定形式表现的智力成果。”① 知识成果是知识产权法律关系的客体。一般来讲，知识产品具有以下几个特征：1. 创造性；2. 非物质性；3. 客体表现性。也就是说，知识产品没有外在的形体，只是依附于一定物质载体，对知识产品的占有不表现为物质上直接控制，而是思想内容的掌握和利用。艺术作品的造形（而非“造型”）是一般依附于艺术作品原件的，但艺术作品原件最真切、最原始地传达了作者要表达的创造性信息。

吴汉东先生认为：“现代财产权体系应包括：以所有权为核心的有体财产权；以知识产权为主体的无体财产权；以债权、继承权等为内容的其

① 马俊驹、余延满：《民法原论》，法律出版社，2007，第 72 页。

他财产权。"[①] 他还指出："在知识产权的相关语境中，英文'Intellectual Property'、法文'Propriete Intellectuale'、德文'Gestiges Eigentum'，其原意均为'知识（财产）所有权'或'智慧（财产）所有权'。""在我国，法学界长期采用'智力成果权'的说法，1986年《中华人民共和国民法通则》颁布后，开始正式通行'知识产权'的称谓。我国台湾地区则把知识产权称为'智慧财产权'。"[②] 对于知识产权，刘凯湘认为："知识产权主要是财产性质的权利，因为：其一，取得知识产权主要是为了直接的经济利益的目的，……其二，知识产权大多数可以转让，这是财产权的最主要特征，知识产权具备了此特征。……其三，知识产权的保护大多数有期限……""但与此同时，知识产权又具有人身权的属性，此在著作权中表现得最为明显，著作权中的署名权、修改作品的权利、保持作品完整性的权利通常被认为是不可转让的人身权。"[③] 我国现行《著作权法》也规定，著作权分为人身权和财产权。可见，知识产权既包含了财产权，也包含了人身权。

著作财产权，是指作者本人或者授权他人采取一定的方式使用作品而获得金钱和物质报酬的权利。具体到艺术作品，也就是以艺术作品财产上的利益为标的，作者在其创作的作品上，就其经济方面可以为占有、使用、收益以及处分的绝对的、排他的一种权利。著作财产权作为财产权的一种，无论是国际公约，还是各国立法之规定，普遍承认著作财产权是知识产权之一种。我国《著作权法》规定，著作财产权主要包括复制、发行、出租、展览、表演、放映、广播、信息网络传播、摄制、改编、翻译、汇编、许可他人使用或者转让他人并获得报酬等权利。

艺术作品著作财产权的许可使用和转让均可带来财产收益。艺术作品著作财产权质押中，其著作财产权是否发生变动，尚处于不确定状态，但同样可达到交易效果，满足著作权人财产上的需要。著作人身权是以人格利益为内容的权利，一般不能交易，但我国法律并没有不允许著作人身权

① 吴汉东：《论财产权体系——兼论民法典中的"财产权总则"》，《中国法学》2005年第2期。

② 吴汉东、刘剑文、曹新明、董炳和：《知识产权法》，北京大学出版社，2005，第1页。

③ 刘凯湘：《民法总论》，北京大学出版社，2006，第79页。

交易的规定。实际交易中，由于法律制度很不完善，行使和维护著作人身权的成本很高，艺术作品中的一些著作人身权（如修改权）实际一直在随原作交易，只是很多是“被迫交易”。

1. 著作财产权的许可使用

著作财产权的许可使用，是指作者或其他著作权人采用合同形式授权他人以一定方式使用其作品财产权并获得报酬的一种法律制度。著作权许可使用是作者或者著作权人从事著作财产权交易、获得经济利益、实现作品价值的主要途径之一，也是他人使用作品、满足其不同需要的主要方式。我国《著作权法》规定：“使用他人作品应当同著作权人订立许可使用合同，本法规定可以不经许可的除外。”艺术作品著作权许可使用合同成立后，并不移转著作财产权的所有权，被许可使用人只是在一定期限、一定范围内享有该作品的使用权，在法律上也不能成为著作权所有人。

2. 艺术作品著作财产权的转让

艺术作品著作财产权转让是指艺术作品作者或其他著作权人将其作品著作财产权中的全部或者部分专有权利（在著作权有效期内）以一定的方式依法转让他人并获得报酬的一种行为。著作权转让合同的标的是著作财产权的所有权，该所有权一经转让，作者或其他著作权人即丧失对其作品的该种经济权利，而受让人在法律上则成为著作财产权的所有人，并可在法定范围内以自己名义行使这些权利。

3. 艺术作品著作财产权的质押

关于艺术作品著作财产权的质押，我国《著作权法》《著作权质权登记办法》规定，著作权以及与著作权有关的权利中的财产权可以出质。我国《担保法》也明确规定，著作权中的财产权可以进行权利质押。但在现实生活中以这种无形财产作为担保的实例也并不多见。笔者认为导致这种状况的主要原因：一是我国现阶段对权利质权这种担保方式的认识不足；二是在法律制度上还存在一定的缺失；三是著作财产权交易的市场尚未真正建立和完善。但随着文化产业的发展，对艺术作品著作权需求的日益扩大，将来亦有出现艺术作品财产权质押的可能。

传统的艺术市场是以所有权转移为标志的艺术品交易市场，即我国的两级艺术市场，新兴的艺术授权产业则是艺术市场的业态创新。它是以艺术相关权利的开发利用为特征的市场，或可称为“艺术产权市场”，指授权者将自己所拥有或代理的作品或艺术品等以合同的形式授予被授权者使用，被授权者按照合同规定从事经营活动，并向授权者支付相应的版税；同时授权者收到版税后按一定比例回馈给提供给著作权的艺术家。包括以产权资本化交易为标志的艺术品资本市场，以及以艺术相关权利授权开发为标志的艺术授权市场。

艺术授权产业在国外已有 20 多年的历史，已经形成了较为成熟的产业链和运营机制。根据《代理经营杂志》（*License Magazine*）的报告，美国 2005 年艺术授权带动的生产总值已达 180 亿美元，是艺术品拍卖成交额的 3 倍。迪士尼公司作为世界第二大传媒娱乐企业，也是艺术授权运用和开发的成功典范，它为国内方兴未艾的艺术授权提供了借鉴。据悉，目前以迪士尼为主题，开发的项目涵盖电影、服装、音乐会、玩具、游乐园等内容，吸引了全球数以千万计的迪士尼迷的追捧。如何通过艺术授权的形式，让中国的经典艺术形象走出去，让中国文化“走出去”，这是我们应该要考虑的事情。艺术授权，在我国最早出现在 2000 年左右。艺奇（Artkey）是艺术授权开始较早、效益较好的公司。画廊的职能是将艺术品通过营销使其进入流通渠道，转化为商品。画廊的意义在于通过规范的商业运作为艺术家的成长和成功创造条件。画廊的最大优势就在于熟悉或掌握了与高层次艺术作品相关的几乎所有环节。画廊参与“艺术授权”可以充分发挥展馆、出版等“沉没资本”的作用，是创造新兴增长点的捷径。

艺术授权借着科技的进步，可以赋予艺术更多的价值。由于大量复制已不再成为难题，再加上网络的普及，特别是当复制技术建立在数字技术的基础上后，从传统产业中出售的一般意义上的消费品，到在几乎所有可能的日用品上附载艺术家创造的艺术符号，都可以成为高艺术附加值产品。高附加值的文化创意产业是现在先进国家创造营收的主要来源。艺术授权为身处危机之中的传统制造业另辟蹊径，帮助被授权厂商找到了提升利润的空间。艺术授权作为艺术和商业之间的桥梁，在艺术授权产业链的上游为艺术家赢得了更多的版税收入，在下游为传统经营模式的企业找到了可以提升产品利润空间的一把钥匙，同时也强化了知识产权的保护意识。

在国外，一些大型博物馆的主要收入来源于艺术授权及其衍生品，一般占到其总收入的20% ~50%，而且销售的产品大部分是艺术授权产品。我国的博物馆、美术馆在艺术授权方面的意识还远远不足。我国正在积极地推动文化产业，追溯文化的本源，所谓的文化，其实是过去的生活，而现在的生活将会成为未来的文化。中国的文化是非常丰富的，也有很多人才，但是如何把这些丰富的文化资产转化成创意产品，影响现代人的生活，这是艺术授权关注的问题。艺术授权正在将文化资源转化成文化商品，进而让文化商品潜移默化地将中国文化传播到全世界。

随着文化艺术产业的发展，艺术授权产业获得了新的内涵。越来越多的研究者发现，艺术授权产业的标的物不仅是艺术品，其客体还包括其他知识产权。因此，艺术授权产业是指授权者将自己所拥有或代理的艺术相关权利（如版权）以合同的形式授予被授权者使用，被授权者按合同规定从事生产、销售或提供某种服务等经营性活动，并向授权者支付相应权利金（如版税）。

如《富春山居图》合璧展出，撬动艺术衍生品市场的潜在商机。在杭州，以《富春山居图》整幅画卷为蓝本的铜雕电话卡首发；在台北，与《富春山居图》相关的纪念品备受追捧；在北京，以《富春山居图》数位真迹复制画和其他艺术衍生品为主题的全国性巡展正式启动。一时间，艺术衍生品带来的商机成为众多文化创意类企业关注的焦点。据了解，在台北“故宫”热销的《富春山居图》纪念品达四十余种，包括手机套、笔记本、明信片、丝巾等，还有台北“故宫”专门制作的与《富春山居图》相关的各种图书。其中非常受参观者欢迎的是按照1:1大小制作的复制品，售价高达新台币3.8万元（约合8500元人民币）。同样获得台北“故宫”授权开发《富春山居图》硅胶衍生品的开发方——台湾SIPALS集团CEO杨琦兰表示，融合《富春山居图》元素的硅胶系列杯垫、手机套等产品，价格均在百元以上，而普通隔热垫市场价不过十几元。之后，甚至出现了以《富春山居图》为意境的房地产小区。

（三）基于作者署名权形成的产业

笔者认为，艺术作品署名权兼具人身属性和财产属性。一方面，作品不同于产品，作品是精神产物，是作者思想感情的表达，反映了作者的人格，作品和其作者之间存在着天然的联系，就如同父母与子女之间的血缘关系一样。作品从某种意义上讲，就是作者的“儿子”。[①] 艺术作品作者的署名权本质是身份权，只能通过创作作品而原始取得，不能通过转让而继受取得。另一方面，艺术作品的署名却是可以影响作品的价值，名家署名作品的市场价通常高于一般署名的作品。艺术家的署名就是艺术作品品质的一个重要保证，也是重要的艺术作品价值衡量指标。同是一张作品，有名家署名、没有名家署名和署一般人的姓名，其价格就会有三个明显的区分。署名在艺术作品中的一个重要作用就在于标明该作品出自谁手。特别是在品画如品人，人品如画品，崇尚“气韵”标准的中国，名家书画的商标含义就更加明显。

1. 艺术作品署名可影响价格

在来源表示功能方面，艺术作品署名是作者在作品表面留下的标记，既表明了作者的身份，也让欣赏者识别作品的来源。商标是商品的生产者、服务提供者在其商品或服务上留下的标记。商标最基本的功能就是来源表示功能，商标既是区别商品不同生产者或经营者的标记，也是消费者识别和选购商品的重要依据。商标把商品或服务同商品生产者或服务提供者联系起来，艺术作品的署名把作品与作者联系起来。可见，署名和商标在来源表示功能方面还有一些相似之处。

在品质保证功能方面，当消费者看到驰名商标就会联想到良好的商品品质或服务质量，商标承载着商品生产者或服务者的商誉。同样，知名艺术家署名的作品，欣赏者就会认为是优秀作品。在艺术作品市场交易中，买家尤其是新手，在面对相同品质的艺术作品时，其选购在很大程度上是基于对作者的名誉或声望的信赖。

2. 艺术作品署名权不能转让

署名权不能效仿商标权转让的根本原因在于署名权的著作人身权性质。艺术作品的署名既体现了作者著作权法上的署名权，又体现了民法上

---

① 李明发、宋世俊：《著作人身权转让质疑》，《安徽大学学报（哲学社会科学版）》2003年第5期。

的姓名权，但无论著作权法上的署名权，还是民法上的姓名权都通常被认为属于精神权益，而非经济财产权益，这一点在《民法通则》《最高人民法院关于确定民事侵权精神损害赔偿责任若干问题的解释》对署名权和姓名权的说明和规定中得到体现。我国《继承法》只规定了著作财产权可以继承，但未涉及署名权等著作人身权的继承问题。

如果允许署名权转让，则意味着作者的“身份”可以通过买卖获得，作者的荣誉、知名度也可以不劳而获，既背离了著作权法鼓励作品创作与传播的初衷，也是对作品受众的欺骗。

二 艺术品产业的融合

（一）艺术品产业与影视演艺融合

传统艺术门类产生在传统社会，而影视演艺则是随着中国文化和科技的发展，在金融的刺激下以惊人速度发展的。在文化大发展大繁荣的背景下，投资商已经将资本渗透到你可以想象到的甚至你没法想象到的文化领域的方方面面。

近年来，对于艺术品产业的外延越来越广，从单纯的艺术品买卖到与各个产业融合形成的文创产业，艺术品的价值被充分挖掘。艺术品与影视演艺产业的融合变成一件顺理成章的事。其实无论从影视所呈现的审美愉悦感还是人物造型灯光设计都离不开艺术，许多如今的大导演也都是从美术、音乐、摄影等行业中进一步学习影视的。另外，无论是优秀的广告植入还是影视形象的周边艺术品，都为艺术品产业和影视产业带来了丰厚的收益。

直接从中国传统文化内容中汲取养分是艺术与影视融合的一种方式，另外一种则是综合中国传统文化创造一种新的艺术作品。如，2003 年汉唐乐府[①]自制了大型古典梨园歌舞戏《韩熙载夜宴图》，并于 2007 年在故宫皇极殿再现。艺术与影视演艺的融合不断深入。

这是一场由南音加梨园戏演绎的舞剧版《韩熙载夜宴图》，演出开场

① 1983 年，台湾著名南音艺术家陈美娥创办了“汉唐乐府”，将南音古乐及梨园乐舞融合。

时，弦管声响，侧楼一隅，韩熙载缓慢地走了出来，进而面如白纸的舞伎王屋山也登场了。接着，鼓声四起，宾客纷至。一幅后唐夜宴享乐的图景活灵活现地出现在舞台上。在“夜宴图”原作中，画家特别从韩熙载视角出发，将宴会分为五个阶段：听乐、观舞、歇息、清吹与散宴，而在做演出编排时，则分“沉吟”“清吹”“听乐”“歇息”“观舞”和“散宴”六幕，总时长达150分钟。

2000年，艺术家汪建伟开始尝试多媒体剧场，试图寻找突破现场表演与视频艺术的边界。他以个人视角重新观看《韩熙载夜宴图》，创作了多媒体戏剧《屏风》。在《屏风》创作中，汪建伟植入《韩熙载夜宴图》的历史文本，邀请录像艺术家、木偶演员和行为艺术家共同完成，巨大的屏幕上播放着各种影像素材，时不时跳跃着《韩熙载夜宴图》画作的局部，屏幕前的人物以各自的方式寻找、窥探着什么。汪建伟说：“当时借用《韩熙载夜宴图》进行创作，意图其实是质疑这个故事。自己感兴趣的不是历史的真实，而是它的‘漏洞’，为此便希望用‘剧场’这种虚拟空间的方式来展示窥视与被窥视之间的某种权力关系。”①

再如，最近备受好评的《大圣归来》，将中国古代《山海经》中的鬼怪形象结合新兴动漫技术，情节也在传达《西游记》本质精神的同时运用现代影视手段实现了口碑与票房、艺术与商业的双赢。

中国有着深厚的历史文化底蕴，无论是艺术品还是影视产业的发展，都需要从中获取养分，两者的交叉发展无疑使得二者发展得越来越好。

（二）艺术品产业与教育融合

数字技术自诞生之初起，就已经被尝试应用在各个文化艺术领域，从20世纪90年代早期采用VCD光盘存储文字、声音和图像信息发展到现在，最新的多媒体、虚拟现实、宽带网络、三维建模、三维扫描等数字技术都被广泛应用于艺术产业中。而虚拟市场不仅对当代艺术产生冲击，产生以网络为主，进行创作的所谓“网络艺术”的美术思潮，也改变了艺术品的传播途径与速度，当然对艺术市场的冲击，更加显而易见。画廊纷纷开设网站，艺术家要在网上展示作品，而虚拟美术馆也不单单限于实体

① 李健亚：《当代艺术家赴韩熙载的夜宴》，《新京报》2014年8月15日C09版。

美术馆的网络化了，它正充满想象而富有趣味地利用网络数字化技术独立存在于网络世界之中，甚至连批评家也不得不上网写博客了，并接受读者留言、发文等的互动，从网上不仅可以看到知名拍卖会的现场直击，甚至大量艺术作品已经在网上进行“网拍”了。以至于艺术工作者、艺术中介团体、艺术评论家、艺术教育界的活动，艺术类图书的销售……无一不可在网上进行，从发展潮流来看，现代人既生活在原本现实的有形世界，同时也拥有另一个威力日渐强大的虚拟空间。网络技术的发展已经使档案信息化建设走入了艺术品收藏领域。借助数字出版的帮助，存世量有限的艺术收藏品进入公众审美视野，市场交易也将走向信息对称和透明化。但由于牵涉收藏家、收藏机构、拍卖行、交易商等众多市场主体，艺术品数字档案建设似乎还有一条漫长而复杂的道路要走。①

在以互联网技术为基础的新媒体方面，由于当今博物馆都在展开以互联网技术为基础的数字博物馆建设，因此以互联网为基础的新媒体是博物馆最为重视的媒体形式。雅昌努力实现“艺术为人民服务”的经营理念，深入挖掘中国艺术品数据库的高精度图片价值，致力于成为“艺术生活方式”的倡导者，凭借卓越的艺术品高仿真复制技术，依托雅昌中国艺术品数据库独有的版权管理机制、专利材质（雅绢、雅宣）、高水平的色彩管理标准以及先进的微喷输出技术，借助雅昌艺品流动美术馆的形式，使“深居殿堂”的艺术瑰宝走近寻常百姓，最大限度地发挥出普世的艺术教育价值，更能陶冶情操、美化环境，激发生活梦想。雅昌艺品流动美术馆由“高仿书画展、原作对照展、多媒体互动与艺术阅读体验、艺术讲堂、艺术沙龙”等几部分构成。此外，雅昌艺品流动美术馆以“艺术教育”为核心，已建立策展与布展方案的标准化数据库，拥有5000余种博物馆馆藏艺术品，100余套成熟、高品位、可操作展览或艺术活动主题。可实现同一展览内容，全球任何地方不同地点同步操作，同期开展。②

2015年5月，亚洲艺术品金融商学院通过上海教育管理部门的审批，获得办学许可。亚洲艺术品金融商学院落户于上海自贸区，是上海自贸区

① 《全球艺术品收藏被逐步数字化》，《中国证券报》2011年11月3日。

② 雅昌文化集团网站，http：//www. artron. com. cn，最后访问日期：2015年12月22日。

首个艺术金融类高等教育机构。学院以培养具有国际化视野的艺术品金融复合型专业人才为宗旨，依靠中国人民大学和苏富比学院在金融及艺术品相关领域的巨大优势，开展非学历高端艺术品金融培训和研究生阶段证书课程，致力于成为国内领先、影响亚洲、具备广泛国际声誉的高等艺术品金融商学院。学院的建立将推动我国艺术品产业升级，推动我国艺术品金融领域复合型人才培养机制的建立，填补我国在艺术品金融教育上的空白。希望从根本上解决我国艺术品产业发展的短板，为政府、金融、保险等行业培养艺术品金融复合型人才，建立人才储备和人才集聚高地。通过教育、人才高地效应形成中国乃至亚洲艺术产业和金融资本的汇聚之地，成为区域经济发展的重要特色和驱动。将推动上海经济发展，提升上海国际竞争力，为上海自贸区的发展和建设镶嵌上一颗璀璨的明珠。[①]

目前，世界上许多收藏机构都在尝试通过数字出版的方式，将馆藏珍品通过互联网呈现给广大受众。对于艺术品信息传播而言，数字出版依托传统资源，利用数字化工具和立体化方式，具有不受时空限制、信息量大、门类丰富的优点，大大方便了读者阅读和检索。

除了专门的收藏机构，如纽约大都会博物馆、伦敦大英博物馆等推出了网络服务项目，一些资源整合型的在线博物馆，如我国的“中国艺术博物馆数据库”和美国 OCLC 中心开发的“CAMIO 艺术博物馆在线”等项目也逐步发展起来。

中国艺术博物馆数据库启动于 1998 年 3 月，如今已经投入使用，主要采取与高校图书馆合作的方式向互联网买家开放。中国美术馆在线博物馆是中国艺术博物馆数据库的首期项目，由北京方正阿帕比技术公司与国内各大出版单位、博物馆合作完成，是迄今为止全球规模最大的中国艺术作品资源库。

Google 艺术计划是 Google 文化研究所下面的三大项目之一。整个计划是来自印度的 Amit Sood 和其他三位同事一起想到的，希望让更多人可以便捷地接触和了解艺术。Amit Sood 讲述了他做这个项目的初衷：“他非常热爱艺术，但由于以前生活在印度，无法亲自访问这些著名的博物馆，

---

① 吴向九：《亚洲艺术品金融商学院获批》，《国际金融报》2015 年 5 月 25 日第 23 版。

只能通过相关书籍了解它们。”出于这样的亲身经历，他希望将艺术带给更多的人，让更多人便捷地接触艺术，让全世界各地艺术爱好者在 Google 的平台上共享艺术。

Google 对之前一次访问的数据进行分析表明，买家花在艺术计划页面观赏油画作品的平均时间是 1 分钟，如果在博物馆数据显示观赏这些艺术品大约会花 20 秒。虽然没有比在真实中感受油画作品更惬意，但是在这个层次品鉴艺术品的细节的能力，会使参观者停驻。Amit Sood 说：“Google 艺术计划并非为了取代实体博物馆而建立。相反，通过画作细节呈现、实景博物馆等特殊体验，激发更多人对艺术的关注，从而真正地走进博物馆，亲身体验艺术的魅力。”Amit Sood 表示，“随着 Google 艺术计划持续发展，Google 将继续探索发掘不同的艺术作品和合作艺术机构。2013 年 12 月，Google 发布了 Google Open Gallery，除了将触角延伸到更多国家和博物馆外，同时也考虑增设实验专区，展示艺术家们如何使用新兴科技展示他们的艺术品。同时，Google 将会托管馆藏内容，免费开放 Google 的技术，只需上传照片、广告视频、街景地图以及文本，在这些图像中穿插想讲述的故事，制作一个能真正吸引访客的展览。”双方达成协议后，合作伙伴负责挑选内容与艺术作品，Google 负责提供技术支持，通过各类技术进行艺术品的室内拍摄和上线工作。对合作的博物馆来说，与 Google 的合作有三种形式：一是由博物馆提供高清图片和相关数据，Google 负责制作上传；二是利用室内全景（Street View）小推车对展厅进行全景图像采集；三是通过“十亿像素”（gigapixel）技术拍摄制作 70 亿像素超高清图片。不管哪种形式的合作，双方均不涉及任何费用支出，但后两种模式需要 Google 派遣专业人员到现场操作。对台北“故宫”的拍摄是 Google 街景小推车首次在大中华区登场。使用特别设计的街景拍摄“小推车”，对“故宫博物院”的作品和内部建筑进行了 360°全方位拍摄，于是全球的买家可以在线身临其境地欣赏国宝“翠玉白菜”和“毛公鼎”以及宋代范宽《溪山行旅图》等珍贵馆藏作品了。

2011 年 2 月 1 日正式上线的 Google 艺术计划，囊括了来自 9 个国家的 17 个博物馆，共 1000 幅藏品。随后，Google 一直在不断扩大艺术计划的覆盖范围，截至目前，拥有全球 40 多个国家 200 多家艺术机构的 40000

件艺术精品。英国伦敦泰特美术馆、纽约现代艺术博物馆、意大利乌菲齐美术馆、法国的凡尔赛宫、荷兰的凡高博物馆等都加入了 Google 艺术计划。中国有 8 家艺术机构也加入了 Google 艺术计划，即湖南省博物馆、成都金沙遗址博物馆、北京尤伦斯当代艺术中心、北京金台艺术馆、西汉南越王博物馆、香港文化博物馆、香港艺术馆和台北“故宫博物院”。

目前 Google 针对买家行为的分析表示，自 Google 艺术计划创建以来，已经吸引了全球各地的很多艺术爱好者。据统计，每月来自全球各地上百万次的访问量显示，访问者包括来自美国、巴西、俄罗斯和中国的买家，其中中国买家位居艺术计划全球访问量的前 10 名。Google 作为全球搜索引擎的航母，人们对于加盟它的计划总是充满好奇。而加入并实施 Google 计划却比我们想象的简单，湖南省博物馆因为看到 Google 艺术计划网站上已有的合作伙伴的相关事项后主动联系，最终促成了合作。在 2013 年 3 月 20 日，率先对馆藏的 50 件藏品进行上线展示。Amit Sood 说：“对于所有的博物馆，我们都一直秉持欢迎和开放的态度。”

据湖南省博物馆网站监测数据显示，在加入 Google 艺术计划后，湖南省博物馆网站访问量提升了 175%，平均每次访问的浏览量和持续访问时间均有不同程度提高。非中文访问者数量得到显著的提升，如英文买家是此前的 4 倍，日文买家是以前的 6 倍，网站访客中的海外访客从占比 24.5% 提升到占比 48.7%，有将近半数的访问者来自中国以外的国家和地区。①

（三）艺术品产业与家居融合

近年来，随着我国经济的不断发展，城市化进程日益加快，住房空间日益拓展，人们的生活水平和文化层次不断提高，对于生活品位的追求也越来越高，人们已不满足家居基本的使用功能，转而更多地考虑家居的时代性、独特性和艺术性。这种对于现代家居空间的个性化、情感化追求促进了艺术与家居的融合。相对于以实用为主的传统家居形式，人们开始接受与现代社会相连接的艺术作品，作为承载着人们不同喜好的艺术品，不

---

① 《谷歌艺术计划的中国攻略：迎接艺术品数字化时代》，http：//arts. cul. sohu. com/20140421/n398563181. shtml，访问时间：2014 年 4 月 21 日。

仅强调新鲜、感性、简约，它更加强调与居住者的心理契合，重视个性的表现与个性空间的塑造，为人们营造更多的家居意境与情性。如今，艺术品与家居的分界线已经逐渐模糊。一件艺术品或是一件家居物品究竟是以艺术价值取胜还是以装饰效果取胜本来就已经不去严格划分了。这使得设计师们可以充分发挥其想象力与独创性，家居设计与装饰产业随之进一步升级，日益丰富现代家居装饰品的类别，为现代家居装饰产业寻找、提供了新的方向，艺术品在现代家居中的装饰应用，正是从这一需求现象出发，为人们日益多元的诉求提供独特、新潮、个性的实用价值。可以说，艺术品在现代家居空间中的装饰应用将会随着时代的发展呈现日益广阔的需求空间。

同时，艺术创作日趋的大体量化成为当代艺术区别于过往艺术的表征之一，被认为是当代社会发展的自然结果。在现代科技的技术支持以及各种基金会的赞助支持下，艺术家有能力创作日益巨大而宏伟的作品，这些作品也满足了开敞的当代美术馆、艺术空间的展示需要。随着当代艺术在中国的兴起和发展，大体量作品所制造的新鲜、宏大的视觉体验，成为很多人认识当代艺术初始的感官经验。

今天的艺术发展完全是经济和社会环境所引致的。首先在艺术家方面，现代艺术家受生活状态的影响，他们的经历会让他们更关注自我，更看重情感，不像早期那些艺术家关注的东西是很社会性的，他们的作品社会题材和政治题材特别多，这些题材本身话题就很大，很沉重，所以如果表达一个小小的东西，你无法感知，你没有那个力量，必须靠一些画面，包括视觉，整个来展现，去引人关注，刺激观者从而产生一种感受。但新一代艺术家关注自我和自我感受，很细腻、很悲观的，可能都不需要很大，仅仅一点点就可以足够触动自己。和新一代成长起来的消费群体一样，他们作为社会主流消费群体所处的社会环境与父辈有很大差别，买家具及艺术品也更喜欢买些小而精的。①

如“道后温泉宝庄”的日本酒店与日本知名艺术家草间弥生合作，

① 周雪松：《UCCA 艺术商店刘然：从万元美衣到小件原作的藏家培养历程》，雅昌艺术网，http：//gallery. artron. net/20150330/n725804_ 2. html，最后访问日期：2016 年 1 月 20 日。

设计了几间充满波点的房间，这种设计概念将对艺术品的视觉体验拓展为全方位多重感官体验和刺激。这意味着艺术授权依靠新技术的数字授权实现了从单个产品到产品概念的拓展，如果从类似这样的主题酒店、主题餐厅、概念商店继续延伸的话，可能集合成为一个大的艺术文化类的主题商圈。不过草间弥生的艺术品之所以得以完成这样的转换也许并非偶然，其作品鲜明的符号风格本身就显示出了和商业精神、流行文化等的亲缘性。艺术授权这一商业转换在这里就显得非常直接。[①] 和成卫浴曾专门邀请现代水墨画大师刘国松、旅美陶艺家范振金等为艺术陶板原作绘画。2008年，和成卫浴与著名琉璃艺术家杨惠姗合作，推出“中国石头”系列产品，其中的冲水马桶售价超过5万元。

因此，随着中国艺术市场发展的日益多层次化，在中国除了可以看到大体量的当代艺术作品外，也有越来越多小体量的艺术作品进入人们的视线，也走进了新藏家们的家和办公室，小到甚至可以随处摆放。它们并非工艺品，有的却可以像工艺品一样随手把玩。这些形式各异的“艺术小玩意”在艺术市场层面的推广方面，努力连接艺术与家具的关系。在近几年的小件艺术原作经营过程中，大众由艺术设计爱好者逐渐成长为新一代的艺术藏家。

新一代藏家是从购买设计单品和艺术衍生品开始慢慢收藏艺术品的。开始可能只是想过来买一件家具或其他的设计单品，慢慢开始在这里发现了收藏艺术品的机会。有的人开始希望花1万元买一件单品设计的小装饰物，慢慢在这里发现其实这个价格也可以买一件艺术原作。人群中有一部分人很喜欢艺术，一直看展览，也关注，但是从来没有真正收藏过作品。从他开始愿意消费艺术品，这是一个飞跃，这中间需要一个过程。这些人从收藏第一幅作品开始，慢慢地会很难停下来，慢慢地会关注越来越多，从关注购买的这个艺术作品，到去了解这个艺术家，去了解这一类型的艺术作品，去关注这一类型的展览以及相关的东西。“我们当时想培养一些潜在的藏家，于是商店做‘轻量’展览，这确实是我们的一个初衷，很

① 简燕宽：《艺术授权的消费模式》，《中国文化报》2014年4月11日。

惊讶的是我们确实起到了培养藏家的重要作用。”①

（四）艺术品产业与金融融合

金融在艺术品产业链中的重要功能随着艺术市场的迅猛发展不断增强，艺术品资产化、金融化发展趋势明显，介入艺术领域的金融机构随之迅速增加，金融资本进入艺术产业，将艺术品变成一种投资品，实现金融资本与收藏、艺术品投资的融合，艺术资源变为金融资产。借助金融工具和手段，艺术品正以各种方式被“金融化”，例如，艺术品按揭与质押、艺术银行、艺术基金、艺术品信托、艺术品证券、艺术品产权交易，等等。②

2012 年，艺术品金融化的发展在中国艺术品市场表现持续活跃。目前中国艺术品投资基金的融资渠道仍以艺术品信托为主，发行规模有所下降，发行方式日趋“私募化”。文化产权交易所在经历清理整顿之后，通过联席会议验收的 16 个省市的文化产权交易所进入重新定位和转型发展的新阶段。

艺术品金融化，指的是研究如何将艺术品“作为金融资产纳入个人和机构的理财范围”，以及使艺术品转化为某种“金融工具”，将艺术品市场金融化等。金融化是艺术品市场发展的必然趋势。艺术品金融化在西方金融界有悠久的历史，世界著名的瑞士联合银行、荷兰银行等金融机构，都有相关业务并已经形成了一套完整的艺术银行服务系统，设有专门的艺术银行部。艺术银行服务包括鉴定、估价、收藏、保存、艺术信托、艺术基金等项目。藏家将艺术品藏品保单交由银行保管，就能以艺术品为担保从银行获取资金。藏家还可以将藏品“租借”给银行举办展览等活动，获取额外收入。③

越来越多的中国金融投资界的专业人士涌入艺术品产业进行投资，新理念的融合使更多的资金流向艺术品市场，促进了中国经济发展，是中国

① 周雪松：《UCCA 艺术商店刘然：从万元美衣到小件原作的藏家培养历程》，雅昌艺术网，http：//gallery. artron. net/20150330/n725804_ 2. html，最后访问日期：2016 年 1 月 20 日。

② 徐永斌：《金融在艺术品产业链中的重要功能》，《中国美术》2014 年第 1 期。

③ 徐永斌：《金融在艺术品产业链中的重要功能》，《中国美术》2014 年第 1 期。

艺术市场健康快速发展的必然趋势。艺术产业只有通过规范的艺术品资产化、资本化，才能使艺术品市场做大、做强。艺术与金融的对接在中国才刚刚开始，艺术品金融化无疑是前所未有的文化与金融的创新实践。当前，无法回避的两大问题：鉴定评估和资金融通在艺术品金融化过程中，鉴定评估和变现退出是实际操作中最大的瓶颈，有着很大的不确定性。艺术品金融化无论是以哪一种方式进行，一旦形成艺术金融投资产品后，就要在全社会流通。因此，具有公信力的权威鉴定和公正价值评估，以及便捷的变现退出通道或者服务平台，是艺术金融产业最重要的配套基础，但是目前这样的配套基础还亟待完善。①

金融是现代经济的核心，金融介入艺术品市场产生了深刻影响。金融就是对现有资源进行重新整合之后，实现价值和利润的等效流通。第一，艺术品金融化大大降低了艺术品投资的进入门槛，使得艺术品产业有机会走出小众市场，走向大众投资。第二，艺术品金融化带来艺术市场以及中间产业的繁荣发展。因为市场需求增加，艺术品交易量大大增加，拍卖公司生意火爆，画廊及艺术品经纪、艺术评论、艺术品鉴定、艺术媒介等相关业务都会活跃起来。第三，文化艺术品产权交易所应运而生。目前拍卖是艺术品交易的一个主渠道，次渠道就是画廊和坊间交流。文化艺术品产权交易所的主要功能就是为收藏者、消费者和艺术品机构搭建交易服务平台。第四，能更好地推动我国文化体制改革的深化。要建立现代文化产业体系、现代文化市场体系都需要更多的资本进入，这可以使资本能够在资源整合、产业整合、市场激活方面发挥积极的作用。② 但从另外角度来讲，随着艺术品金融化，人们会更多地关注盈利，频繁的买进卖出，会不断推高艺术品价格，使艺术品市场出现泡沫，艺术品产业投资风险就会出现。2015 年之前，艺术品市场的火爆吸引着大量资金自楼市、股市转入，但 2015 年下半年之后，艺术品市场跳水，随之而来的难题是如何让艺术品顺利变现。将艺术品通过拍卖行变现往往需要较长的时间周期，还要面临流拍的风险，因此收藏者更希望通过艺术品质押直接获取贷款。由于缺

① 徐永斌：《金融在艺术品产业链中的重要功能》，《中国美术》2014 年第 1 期。

② 徐永斌：《金融在艺术品产业链中的重要功能》，《中国美术》2014 年第 1 期。

乏正规金融机构的介入，目前艺术品市场上的大量融资需求只能以民间融资的方式来解决，这大大限制了艺术品市场的健康和规范发展，因此艺术品金融化急需商业银行等正规金融机构的积极介入。

（五）艺术品产业与农业融合

在经济全球化的影响下，越来越多的行业开始交叉融合，各取所需。传统农业是以实物生产为目的的经济活动，其发展旨在满足人们的物质需求，维持生存。随着农业的持续发展，吃饱已经不是问题，农业的价值也被逐渐提升到创意的高度。

艺术与农业的结合，它是一种以促进农业经济发展和环境保护为基础，集生态、经济、社会三大效益及文化生活于一体的高阶段的农业发展形式。它以塑造农业艺术形象为重点，强调用文化元素提升农业产业附加值，具有高文化含量，通过创意的方法使农产品具有市场吸引力和竞争力，创造出新价值和新市场空间的手段，从而实现农产品和农业产业增值，且满足人们对农产品的审美趣味的需求。

发展创意农业，就是在以科技创新提升农业农村经济品质的同时，以文化创意来提升农业农村经济的品位，即通过科技创新和文化创意的双重力量来创新农业生产方式和发展模式，提升农产品附加值。在创意经济时代，文化创意所释放的文化生产力也已经成为推动经济发展不可忽视的原动力。党的十七大报告首次提出了要解放文化生产力以及提高文化软实力的战略要求。所谓文化生产力，是指“人们围绕满足人类心理需求，运用文化资源，把人类自身的思想、意志和情感作为文化资源生产文化产品、提供文化服务和创造社会财富的能力”。这里文化资源已成为一种生产要素，可投入各类产业，提高产业附加值和创造财富。在此基础上，艺术产业与农业的融合，也为创意农业的发展提供了可能。北京番茄联合国园区内西侧，路边的标示牌上，从上到下写着七个单位的名称：清华大学美术学院纤维艺术研究所、百年巨匠创意研究中心、“从洛桑到北京”国际纤维艺术双年展（组委会）、柏谢尔·玛库当代艺术工作室、关东海玻璃艺术工作室、杨志文影视创意工作室、黎北北/赵明/陈雁南摄影工作室。“农业是艺术之根。”北京番茄联合国园区引进的国际顶尖级艺术大师，在这里安营扎寨，大师们能利用这里幽静的环境进行创作，同时还利用较大的空间进行作品展示，园区则利用大师们的名气与作品，来给园区营造一种更强烈的艺术氛围。

艺术农业作为农业发展的新型方式，具有除基本的食物需求以外的更多功能，如观赏、休闲、科教、旅游等，其市场前景十分广阔。利用具有艺术气息的奇形怪状的农产品来满足人们的好奇心理，通过举办艺术农业展览会，带来门票收入以及推动项目合作和签约；实用型的艺术农业可以利用其高科技吸引农民、农业企业家及高科技人员参观学习；既可向中小学生传播农业知识，又可开展科普教育，一举两得；在农村成立艺术农业观光园不仅可以带动农村经济发展，还可以解决部分剩余劳动力就业问题，促进新农村建设。作为旅游的一个主题也可以带来经济收益，等等。由此可见，艺术农业发展方向非常广泛，市场前景非常广阔。

第二节　艺术品产业管理

一　艺术品产业管理的宏观层面

（一）艺术品产业的国家宏观管理

从产业发展政策的角度看，推动和完善艺术品产业被许多国家当成建设创新型国家的一项重要政策。早在 20 世纪七八十年代，在英国经济率先进入历史性转型期之时，英国政府就认识到，创意、设计和艺术，对于提升工业产品的价值具有重要作用。英国政府在 1993 年发布以“创造性的未来”为主题的国家文化发展战略，指出文化发展的核心就是创造和创新，又在 1998 年和 2001 年两次发布有关英国创意产业发展战略的报告。英国政府提出的“创造性未来”和“创意产业”这两大理念对欧盟国家产生了深远的影响。[①] 欧盟理事会借用英国提出的“创造性的未来”概念，正式提出“创造性的欧洲”（Creative Europe）[②] 文化战略目标和欧盟文化政策总体框架。各国艺术品产业竞争的一个重要规律，是设计出有

① 花建：《中国艺术品产业的发展战略——迈向“十三五”的国际视野和中国路径》，《上海财经大学学报》2015 年第 5 期。

② http：//ec. europa. eu/programmes/creative-europe，最后访问日期：2016 年 1 月 19 日。

效而完整的主导理念和法律政策框架。因为艺术品产业作为一个系统工程，需要国家在宏观上对艺术品的经济作用、产业定位、社会价值、人文导向等给予系统规定。①

2012 年《文化部“十二五”时期文化产业倍增计划》对艺术品业首次提出了要求：“繁荣美术创作，推动当代艺术品产业健康发展。创建艺术原创、学术评价、艺术品市场互为推进的艺术发展体系。引导、培育和建设艺术品一级市场。完善艺术区管理模式，鼓励艺术品产业集聚发展。建立中国艺术品行业登记认证数据库。积极扶持新媒体艺术。”该计划提出发展艺术品产业的基本目标为：到 2015 年，艺术品市场交易总额达 2000 亿元，形成 2 ~ 3 家具有世界影响的艺术产业集聚区，将中国建设成为世界艺术品重要交易中心。从近年来的实践看，上述计划发挥了开拓和引导的作用，但是缺乏对艺术品产业的体系做出深入和完整的界定，主要把艺术品产业集中在艺术品一级市场方面，缺乏对艺术品产业主体培育、平台建设、投资交易、国际贸易等的系统性要求。

（二）艺术品产业的城市宏观管理

艺术品产业的城市宏观管理在打造核心城市和新型城镇化的背景下尤为重要，一个值得借鉴的案例是，东京在“城市复兴新政策”的引导下，于 2004 年全面建成了六本木新城（Roppongi Hills），建筑面积达 80 万平方米，耗资 25 亿美元，既是体现 21 世纪文化理想的新地标，又是高端艺术场馆的汇聚中心。这里不但是金融、保险和诸多跨国公司总部所在地，而且集中了三座具有国际影响力的艺术殿堂：以现代艺术为主题的森美术馆（Mori Arts Center），由时装设计师三宅一生基金会资助的 21 - 21 艺术博物馆，以及由设计师黑川纪章设计的新国立美术馆。具有日本园林风格的六本木中庭与三大美术馆相映成趣，演绎着大都会的艺术畅想曲，把基于商业、金融、时尚、奢侈品等而汇聚过来的大量资金流和人流，融入艺术品产业领域，为现代都市人和财富家庭参与艺术创造了良好的条件。

---

① 花建：《中国艺术品产业的发展战略——迈向“十三五”的国际视野和中国路径》，《上海财经大学学报》2015 年第 5 期。

二　艺术品产业管理的中观层面

（一）行业协会

发展文化产业，重点是发展传统文化产业，壮大新兴文化产业，提高我国文化产业的整体实力。我国现代文化市场体系建设，是文化产业发展的重要内容，建立健全完善的现代文化市场体系，对于促进文化产品生产，扩大文化消费内需，引导文化产品外销都将产生直接的引擎作用。近年，我国艺术品市场呈现出迅猛发展态势，各类艺术品投资理财、艺术公募或者私募基金、艺术信托等新型金融产品的集中出现，带动了社会资本甚至普通民众参与艺术品投资的热潮，促进了优秀文化的传承和艺术创新发展，画廊经营实力增强。在中国艺术品繁荣发展的背后，是艺术品市场的乱象丛生。主要问题集中在以下几个方面：一是艺术品造假；二是虚假交易；三是艺术品鉴定评估乱象丛生。如何妥善缓解以上问题对我国艺术品市场的冲击，决定了中国艺术品市场的未来和方向。在艺术品交易中，一方是博物馆、美术馆、私人藏家、银行、基金、风投、实体企业等投资购买方；另一方是拍卖行、画廊、出版社、传媒企业、艺术家等卖家。如何对要交易的艺术品进行鉴定评估及艺术品真假交易的认定是一个很现实的问题，这也是艺术品市场完善的难点所在。

中国艺术品市场与中国体制相适应，保持了很多非市场因素，表现出市场导向的双向性。在“计划经济向市场经济转型”的背景下，市场的发展和法治化又离不开政府的推动和介入，而完善艺术品交易市场和艺术品交易市场的法治化是实现和保护艺术品市场健康发展的关键，所以，艺术品市场的完善，政府既不能不介入，也不能不当介入，对艺术作品交易市场的调控，不仅仅是政府的事情，而更应该发挥非政府行业协会对市场的调控作用，形成政府干预与行业协会自治互动的局面。

艺术品交易中的问题其实不只是一个单纯的标准问题，而是一个艺术品市场结构性问题。由于介于政府和市场之间的第三部门发展不成熟，在我国文化产权市场很难找到使交易双方都信服的评估机构，造成艺术品市场种种“无标准”现象。所以，艺术品交易有待于加强文化市场中第三部门的建设。值得注意的是画廊协会的作用。美国、德国及我国台湾地区的画廊行业协会的功能主要有：（1）为画廊服务，包括信息、法律等方面；（2）调节市场秩序，包括行业诚信自律活动，伪作争议调解等；（3）专业服务，包括鉴定、估价等；（4）向国家争取税制优惠、艺术家社会保险捐款、艺术家转售权利金、展览赞助等；（5）拓展海外市场，兼有“反倾销”性质；（6）组织高规格的艺术博览会。笔者认为，画廊协会应成为中国艺术市场第三部门建设的先导。

（二）艺术产业园区

艺术品产业集聚区是建设艺术品产业强国必要的空间载体。[①] 我国已经在东、中、西和东北四大区域建立了国家级的 12 个文化产业示范园区和 340 多家示范基地，培育了深圳大芬村、北京 798、上海 M50 艺术品创意基地等一批艺术品产业集聚区。在“十三五”期间，要进一步形成多层次的艺术品集聚区大布局，包括在北京、上海、广东、四川等省市建设一批具有全产业链功能的国家级艺术品产业集聚区，发挥率先示范、带动全局的影响力；要总结上海金山农民画集聚区、广西临桂五通农民画集聚区、浙江东阳木雕·红木家具产业集聚区等的多层次经验，把发展艺术品产业与推动当地经济的转型升级结合起来，让悠久的文化和技艺传统焕发活力。像这样从“草根”走向世界、充满创意和创业活力的艺术品产业集聚区在全国应该是多多益善。

三　艺术品产业管理的微观层面

（一）艺术家

艺术品作为一个特殊的产业，其市场链条的形成离不开各个机构组织的共同合力。艺术家作为艺术品产业的源头，是艺术品产业内容的制造者，有着基础性的地位。在艺术作品的生产阶段，艺术家以他们创造性的劳动把个人的个性、情感、人格、理想、认知从意识形态结构中提炼为他们的艺术观念，进而外化为物质性的艺术作品。同时，艺术源于生活，又

① 花建：《中国艺术品产业的发展战略——迈向“十三五”的国际视野和中国路径》，《上海财经大学学报》2015 年第 5 期。

高于生活。它反映作者对外部世界的对象和现象的主观态度，带有强烈的主观情感、完善的审美情感与独立的人格在里面。艺术家的情感是群体、大众情感的凝聚，是日常生活情感的升华，作品的生命力与影响力更体现了艺术家的品位与高尚的人格魅力。艺术家在艺术修养、生活阅历、思想性格上的不同，引导着艺术家选择创造不同的艺术风格，一定程度上也在影响着艺术作品的格调高低。没有艺术家，没有艺术作品，艺术品产业生态链条上的其他一切都无从谈起。

从艺术家自身的角度来说，在艺术创作中，不会做更多商业的理性思考，他们更加关注的是艺术语言和作品本身，这是文化产品的特质。在“艺术中介”与艺术家互相有需求时，许多艺术机构选择有商业潜力的艺术家进行良性合作成为一种重要的方式。包装出售一些优质低价的艺术品容易获得市场的好评，而成功的销售给年轻艺术家的继续创作带来了一定的帮助和鼓励。艺术家的生产因消费而得以改善经济状况，也由于有艺术的需求而更加激励艺术创作的动力。整个艺术市场由于产销互动而得以生生不息。这些艺术机构在挑选具有商业潜力的艺术家时往往考虑两方面内容：个人创作实力和对艺术市场和商业运作的态度。艺术家创作实力是指艺术家创作的质量与数量，创作质量即艺术水准，审美层次；创作数量指艺术品生产效率。前者决定艺术家能不能生产出精品，后者决定能否在市场需求时及时满足。艺术家对艺术市场和商业运作的态度，也是影响艺术家未来商业潜力的一个重要方面。

在一个发达完善的艺术品市场运作体系中，真正的艺术家只是艺术品市场的源头——在提供产品的这个环节中起作用，在艺术品市场的运作中基本不参与。但是一些市场人士或理论人士的个人观点，容易误导消费者群体对艺术品市场及艺术品的认识。中国经济日益发达，从世界范围内中国藏家参与拍卖的情况看，金钱似乎不是大问题，对于艺术品市场的研究与判断却是最难的，也是最珍贵的因素。我们无法达到引领潮流，恰恰反映了我们的艺术品市场还处在一个“奋起直追”的阶段。

（二）画廊

画廊作为一种常设性的经营机构，是艺术品商业运作的重要途径。西方的画廊始于 16 世纪，宫廷贵族将搜集到的艺术作品陈列于府邸画廊的回廊。以后，在贵族邸宅中也多有类似设置。现代意义上的画廊，指观众鉴赏艺术作品的公开陈列场所，在展览的属性上与美术馆性质基本相同，但更有作品或艺术流派的针对性，且是艺术家与公众交流的重要场所。

在改革开放以前，我国的画廊一直以传统书画古董商店为主，也有通过中间人介绍直接找到艺术家本人购买。画店一般经营或者代销一些艺术家的作品，有的画店除经销作品外，还兼营画框、裱画等业务，有的兼营工艺品、家具及古董文物等。改革开放后，长期处于地下状态的先锋画家汇聚成一股潮流，开启了中国美术向世界潮流靠拢的大门，随着画家们开始渴望有相应的正规的画廊机制来开辟艺术市场，中国的现代画廊应运而生。据文化部文化市场司《2013 中国艺术品市场年度报告》显示：一方面，中国大约有 3366 家画廊，主要聚集在北京、上海等地。另一方面，在中国经济文化中心地域，出现了一些由专门画廊积聚形成的“画廊区”，例如北京 798 艺术区、通州宋庄艺术区等。

目前，中国画廊形式多样，且受中国传统和西方文化两方面影响，按照经营模式来分，画廊大致可以分为三种身份：（1）以代理为基础的经纪人；（2）以转卖为目的的中间商；（3）以寄售为主的寄售店。当然，这三种身份可以是混同的，一个画廊既可以是代理人，又可以是中间商。对某个艺术家来讲，此画廊是代理人，对另一个艺术家来讲此画廊既可以是中间商，也可以是寄售店。

1. 以代理为基础的经纪人

这种画廊是真正现代意义上的画廊。受西方影响，经营上也普遍采取西方画廊奉行的“代理制度”。这类画廊主要集中在北京 798、草场地、酒厂等艺术区，尤其是北京 798，入驻这里的不乏一些规模大、资格老、经验丰富的画廊。由于产业聚集的优势，这里的画廊展览、宣传的影响力也相对较大。

成为这种以经纪人制度进行操作的商业机构的画廊，需要具备几个基本条件：（1）可以代理艺术家作品；（2）可以定期策划相关展览；（3）可以营销艺术作品。实际上，画廊之所以能成为真正意义上的画廊，正是具备了这三个方面的能力：代理、策展、营销。

在画廊代理艺术家作品中，要注意以下几点：(1) 画廊必须在艺术家授权范围内代理艺术家。此处的代理合同在法律中应属于服务性合同的一种，既然是服务性合同，那么画廊就必须得到委托人的授权，这样才能对艺术家产生效力。当然也存在表见代理等情况，但表见代理属于一般情况的例外。(2) 画廊在艺术家授权范围内的行为和承诺都对艺术家产生法律效力。比如，甲画廊代理乙画家的作品，代理合同中约定甲可以为乙策划某展览，那么甲画廊在守法、勤勉的前提下策划此展览，乙就要对此次展览产生的法律后果负法律责任。

2. 以转卖为目的的中间商

这类画廊依然沿袭中国传统“画店”的经营模式，仅仅将艺术家的作品像一般零售作品一样直接从艺术家手中低价收购，这类画廊作为中间商，是艺术品交易的一级市场，一个以营利为目的，再以高价转卖出去的商业场所。

3. 以寄售为主的寄售店

这类画廊是以专卖为目的画廊，如北京琉璃厂的一些画廊，数量众多，但大多经营规模较小，许多经营场所面积不足 10 平方米，作品售价也普遍偏低。虽然许多传统的艺术批评者都把以寄售画家作品为主的“画廊”批得一无是处，都认为这类画廊没有学术性，不能为艺术家策划展览以及进行营销，但笔者认为这种认识有待改变。从画家销售市场的历史来看，此类画廊的贡献还是很大的，对于画家、购买者双方都有其独特的意义。寄售店的老板一般情况下不会只是把画家的作品摆在店面就罢了，而是对此画家本身的艺术创作和作品水平有所把握，并且会把这些信息告诉购买者以便其购买更多此画家的作品，而对画家来讲也提供了买卖作品的机会，也就是说此类画廊起到了经纪的作用。

当然，决定画廊能否生存的最重要一点仍然是艺术消费，也就是收入。对于一个商业性质的画廊而言，以上所有的这些，功利地说，都是为了吸引收藏家的眼球并使之接受，进而促成艺术作品成交的目的。画廊里经营的虽然是艺术品，但也是商品，是否把商品销售出去，是决定画廊能否生存的关键。所以陈丹青说：“说穿了，画廊的存在第一要义正是‘求或等候更多的买主’，实现不了这第一要义，画廊应该关门，也会关门的，实现了则第二义、第三义或许会来”。[1]

（三）拍卖行

在经过一级市场沉淀后能够在二级市场上再次流动的艺术品，常常具有单一性、稀缺性及潜在升值性，而拍卖又具有公开性、透明性以及竞价价值发现的功能。对于这样的艺术品，拍卖能够帮助其实现合理的市场价值和价格。

不仅如此，拍卖市场所传递出的市场信息，具有相对的公开性与透明性。中国艺术品市场传出的强势信息，带动和引领了中国整体艺术品市场的发展。中国艺术品强势拍卖市场的出现，驱动了中国艺术品的不断升值，提高了公众参与艺术品收藏与投资艺术品的热情；同时国内强势市场的形成和艺术品整体行情的上涨，带动了海外文物艺术品的回流。拍卖业的强势以及媒体的宣传效应，引发大众对文物艺术品的广泛关注，普及了大众的艺术素养和全民的文物保护意识，产生了良好的社会教育和传播效应。相比其他销售平台，艺术品拍卖还具有透明度高、竞争性强和流通性好等优点。作为艺术市场中的中介结构，拍卖对艺术品市场发挥着积极作用。目前，分别成立于1744 年和1766 年的英国苏富比和佳士得是世界上最出名的拍卖公司，据统计，两大巨头长期垄断了世界艺术品交易量的七成以上。纽约、伦敦、巴黎是目前世界上拍卖业比较发达的城市，在艺术品拍卖上具有特殊地位。

1992 年 10 月 3 日，在深圳博物馆举办的“首届当代中国名家字画精品拍卖会”真正为国内的艺术品拍卖拉开了大幕。同年 10 月 11 日，由北京市文物局联合多家政府机构及民间资本共同主办的“92 北京国际拍卖会”在首都北京成功举行，也由此开文物进入国内艺术品拍卖市场的先河。

1993 年，国内首家专营艺术品拍卖的朵云轩公司正式落户上海。同年，第一家股份制拍卖公司中国嘉德国际拍卖有限公司（以下简称“中国嘉德”）在京成立，这两家拍卖公司的成立，标志着国内艺术品拍卖市场从此进入了一个快速发展时期。2013 年 4 月，西方著名艺术品拍卖公

① 陈丹青：《画廊与艺术家》，《东方艺术》2007 年 13 期。

司佳士得高调宣布，其已经成为首家在中国取得拍卖执照且具备独立开展拍卖业务的国际艺术品拍卖公司，并计划于当年秋季开始在上海举行艺术品拍卖。

当前我国艺术品拍卖的中心仍然是北京，类似中国嘉德、北京保利、北京匡时、北京翰海等龙头企业也都盘踞于此。与首都形成对峙的，是以上海、南京、杭州等为主的南方艺术品拍卖中心近年来的复苏，其代表有上海朵云轩、杭州西泠印社等老字号企业。毫无疑问，拍卖是中国艺术品市场的风向标与价格的晴雨表。但由于艺术品本身价值判定没有具体的标准，且市场机制不健全和法律法规不完善等原因，中国的艺术品拍卖仍然伴随着机会主义倾向存在各种问题，有待解决。

（四）艺术电商

随着互联网渗透到人们生活的方方面面，电子商务正深刻地改变着人们的生活。电子商务是互联网下的商业流通环节，伴随着 C2C（个人对个人）模式的成长而壮大，而后又衍生出 B2B（企业对企业）、垂直电商（厂商对消费者）、O2O 闭环（线上线下结合销售）、C2B（消费者提出需求，企业按定制生产）、众筹（生产方提供生产计划向社会募资，是否生产及生产规模视募资情况而定）等模式，商业流通环节的变化定义了全新的生产方式及消费者购买模式。网络成本更低、交易规模更大，艺术品信息获取渠道更多元，互联网思维的电商模式对传统艺术品市场产生了极大的冲击。

全球最早的艺术品在线拍卖公司，是 1995 年在纽约成立的艺术网（www. Artnet. com）。5 年后，中国嘉德在线拍卖有限公司将这种模式引进国内。不仅嘉德、博宝等传统拍卖公司开通了网络在线平台，随后淘宝、亚马逊等网络电商也陆续开启了艺术品交易频道。

事实上，2013 年可以看作中国艺术品电商兴起的元年。5 月 7 日，艺典中国网作为北京保利委托的线上运营方联手淘宝网推出了“傅抱石—傅氏书画作品专场”在线拍卖，这次网拍最终成交 276 万元，网络成交率高达 95. 08% 。11 月 11 日，苏宁易购拍卖频道正式上线。短短 4 天时间完成了百余笔订单，总交易额 400 多万元。雅昌、99 艺术网等和一些知名画廊、拍卖公司也都相继建立、开通了线上交易平台。至今国内艺术品电商已逾千家，画廊、艺术馆、艺术类门户网站都拥有了自己的电商平台，甚至连西泠印社、琉璃厂等传统的老字号也纷纷加入线上拍卖的行列。虽然我国的艺术品电商已有上千家，可是真正盈利并保持良好发展势头的只是少数，所以艺术电商在艺术品市场上所占份额并不大。据中国拍卖行业协会发布的《2013 拍卖业蓝皮书》显示，当年，中国拍卖业年拍卖成交金额首次突破 7000 亿元，其中，文物艺术品拍卖成交额达 313.83 亿元。而网络拍卖所占的比例则微乎其微，这表明，中国艺术电商的发展还处于初始阶段，发展空间巨大。

2014 年“两会”，《政府工作报告》首次将文化产业写入“经济结构优化升级”部分，并提出文化产业要与互联网、金融与地产领域“跨界”融合以寻求突破。这无疑为中国的文化产业发展打了一针强心剂。可以预见，在不久的将来，会有更多的艺术电商涌现。

国外的艺术品电商模式相较于我国更为成熟①，值得我们借鉴。我国的互联网艺术品交易应当更多将注意力转移到关注艺术家成长、普及艺术品知识、培养大众审美，以满足人们日益增长的精神文化需求，从而能够顺其自然地推动整个行业的创新发展。

（五）艺术金融组织

传统的艺术市场与金融市场存在着巨大差异。过去的书画收藏主要停

---

① 国外的艺术品市场发展较我国来说相对成熟，有诸多案例可以供我们借鉴和参考。如 My-ArtMap（http：//myartmap. de/）是一种艺术家社交与交易平台，号称“艺术家的 Facebook”，互联网艺术品交易只是它“画廊”目录下的服务项目。My-ArtMap 用“艺术地图”巧妙地将网络艺术品交易和艺术家社交功能结合，用社交功能来带动艺术品交易。艺术家的网络社交有助于提升网络艺术品的知名度和成交量，同样，艺术品的线上成交量越高，就会有更多的拍卖行、交易会来关注艺术家资讯。又如 See. Me（https：//www. see. me/）这种在线艺术家众筹平台。该网站致力于为创意项目获得资金，赢得奖励和资助。有人形容 See. Me 是一种“电子式街头卖艺”，并没有什么不好，且正如网站所主张的那样——“让拥有天赋的人获得无尽的关注”。如艺术品委托定制 Everyart（http：//www. everyart. com）让买家参与艺术品的创作过程，使艺术品交易更加多元化。就像网站打出的标语“Commission an artist to create an original work of art just for you ”（委托艺术家为你创作一件独一无二的作品）。再如艺术品租赁交易平台（http：//www. artsicle. com）Artsicle，网站通过消费者对数据库的选择确定了消费者的艺术品位，从而推荐适合消费者的艺术品。该网站承诺“Artwork from thousands of today's artists，in your neigborhood and around the world. ”（艺术品来自今天的艺术家，它来自世界各地或者就在你的周围）。

留在皇家、士大夫和富商阶层，这一时期的艺术品交易并不活跃，交易目的也多出于喜爱与偏好、相互间的应酬，或是附庸风雅、炫耀财富。坊间有名字叫“玩”字画或者“玩”收藏，意即把玩喜好。新中国成立后，收藏的主体多为当时的干部、知识分子和企业负责人，动机也多半出于偏好喜爱等因素，并不太注重艺术品的升值功能。因此，可以说传统意义上的艺术收藏是少数人进行的一种具有知识性、怡情性、趣味性的文化活动。直到改革开放后，我国经济的快速发展给艺术品市场的发展带来了契机，当人们满足了一定的生活需要之后，更多有钱有闲阶层在精神上开始有了审美和艺术消费的需求。这些人构成当代艺术品收藏的有力支撑。近年来，随着艺术品市场越加规范化及金融的概念日益深入人心，艺术品已经成为一种准金融工具，艺术品市场与金融资本的交汇开始日渐增多。

历史表明，在现代经济发展的过程中，一个没有资本介入的产业和市场，是不会发展壮大的。不建立和发展中国的艺术品资本市场，就很难看到中国艺术品市场的光明前景。艺术品的金融化，正是中国艺术品市场需要迈出的极为重要的一步。艺术品的金融化能够有效发掘和提升艺术品市场价值，增强我国艺术品市场的国际竞争力，并促进中国海外文物艺术品的回流。同时，它提升了大众对文物艺术品的关注意识，普及了大众的文物及艺术品知识。

如今，艺术品市场所面临的对象产生了多方面的诉求，在过去几年里，艺术品市场也呈现出类金融的发展趋势，其主要表现为：（1）拍卖行规模的增长，交易时间的减少和交易的快捷透明，使得艺术品的流动性提高。（2）拍卖行通常收取买卖双方各10%的佣金，与画商和画廊的买卖差价相比，还是小得多。网络拍卖、艺术投资基金等新型交易方式，大大降低了艺术品交易的成本和费用。（3）拍卖价格的及时披露，媒体信息的广泛传播、艺术品价格指数的出现等都为艺术品投资者提供了获取信息的渠道和机会。（4）银行等金融机构为艺术品交易提供的便利和金融服务，拍卖行的融资、艺术品投资基金、文化艺术品交易所等都为投资者拓宽了融资渠道。（5）科技的发展和全球化使得艺术品的国际流通更为便捷。（6）艺术品拍卖的天价效应和媒体的高度关注吸引了越来越多的人参与艺术品市场交易，尤其是财富新贵和白领阶层的加入，使得艺术品市场的代表性更强，市场的深度和广度大大增强。

艺术品投资基金的出现，标志着艺术品投资开始了由个人收藏投资向机构投资的转变。在艺术品投资基金的运作下，艺术品投资者可以在没有任何背景知识和不需要对艺术品有任何喜好的前提下介入交易，他们所做的仅仅是关注投资回报。这是一种与传统艺术收藏截然不同的投资方式。国际上最早的艺术基金是1905年Andre Level在法国创立的熊皮基金，基金筛选和瞄准了凡高、毕加索等著名艺术家的精品画作，不仅获得了令人艳羡的投资回报，更让凡高、毕加索等艺术家享誉全球。1974年，迫于严重的通货膨胀和惨淡的经济状况，英国铁路养老基金将其资金的3%投资艺术品并获得超过20%的平均年收益率，在国际上掀起创建艺术投资基金的热潮。

中国民生银行2007年6月推出“艺术品投资计划1号”产品，成为国内银行业金融机构中首家“敢于吃螃蟹的人”。这批基金经过两年封闭期即获得了25%的高收益率，让基金在艺术品领域的试水获得了初步认可，此后，中国的艺术基金如雨后春笋般发展起来。建行、招行、民生、中行等多家商业银行都推出艺术理财产品，以满足自身高端客户的投资需要。

（六）艺术授权组织

创意经济是以创意为基础，以知识产权为权利载体，以市场交易为手段，以科技为依托的经济模式。由美术作品产生的创意经济也是以美术作品创作为基础，以知识产权（特别是版权）为权利载体，对美术作品的产业化运作。艺术授权主要就是美术作品版权的许可与转让。被许可人可以对美术作品进行各种开发，包括文具纸品、居家用品、家居布料、装饰、家具、服饰配件、玩具游戏、餐饮食品、美容产品以及数字应用等领域。

现实中，美术作品原件平台是美术作品交易市场的主体，而其知识产权交易平台却是欠缺的，这造成了个别美术作品知识产权交易的高成本，高成本带来的是交易越来越少，最后导致正规交易进行不下去。很多知识产权的使用者不知去哪里购买美术作品的版权，美术家也不知道去哪里可以推广、出售作品的版权。从当下情况来看，我国已有上海文化产权交易所等文化产权交易所可以进行美术作品版权交易，但有了交易所并不等于就有了交易市场。一方面，我国没有版权交易的传统，很多美术作品作者几乎不会主动“出售”作品版权，版权存在与否与作者关系不大；另一方面，在我国美术作品交易中，普遍存在卖掉作品原件就等于一同卖绝版权的“潜规则”，因为原件购买者没有法定义务协助作者行使此后的该作者对原件的复制权；美术作品藏家（包括一些美术馆在内）也认为买了作品就可以自主出版各种画册、宣传册。从使用者的角度来讲，由于美术作品作者没有许可版权的意识，使用者也就无法从市场获得精品，只能通过个别谈判的方式，交易成本较高。若作品已被作者售出，进行复制就更为烦琐。由于以上原因，最终导致中国美术作品作者著作财产权的严重“虚化”。

美术家著作权的交易一般可以通过三种途径：本人、代理人、信托人，信托人的常见形式就是著作权集体代理组织。著作权人借助集体管理组织以实现其著作财产利益。我国《著作权集体管理条例》规定，权利人可以与著作权集体管理组织以书面形式订立著作权集体管理合同，授权该组织对其依法享有的著作权或者与著作权有关的权利进行管理。著作权集体管理为美术作品版权使用者和所有者架起一座方便的桥梁，但遗憾的是我国尚没有美术作品的著作权集体管理组织。

“著作权集体管理”并没有统一的、公认的定义，一般来说，一个机构在通过版权人的合同许可后，代表版权人管理版权并收集、分配版权许可费的活动称之为著作权集体管理。著作权进行集体管理可追溯到1777年的法国。1992年底我国第一个集体管理组织——中国音乐著作权协会开始运作，但美术作品的著作权协会还在筹划当中。美术作品集体管理在实现著作权人合法财产权益的同时，也为作品使用人使用作品提供了方便快捷的渠道，并可以提供多种作品版权的选择，节省了时间和成本，有利于文学艺术和科学作品的广泛迅速传播。可以说，美术著作权集体管理制度必将在广大的著作权人和众多的作品使用者以及社会公众之间搭建顺畅便利的桥梁。

第二章　传统艺术品产业管理面临的问题

传统的市场经济学理论认为，市场主体在市场中的交易是对市场机制的简单操作，市场被假定为在无成本的环境中运行，收集交易信息、达成交易契约和通过市场配置资源都是无成本的，所有的交易都可以通过市场运行来完成。现代经济学则发现现实的交易始终同成本联系在一起，因为人们只有投入时间、精力和资源才能完成交易。为了进行市场交易，有必要发现谁希望进行交易，有必要告诉人们交易的愿望和交易的方式，以及通过讨价还价的谈判缔约、督促契约条款的严格履行等。新制度经济学认为市场运行及人与人的交易都需要成本，它要通过界定和调整产权规则、降低交易费用，从而提高资源配置的效率。

艺术品交易中同样存在这些交易成本，根据科斯定理，当这些成本非常大的时候，这个交易市场是不会存在的。艺术品的交易制度包括原件交易渠道和知识产权交易渠道两大类，现实中，艺术品原件平台是艺术品交易市场的主体，而其知识产权交易平台却是欠缺的，这就造成了个别艺术品知识产权交易的高成本，高成本带来的是交易越来越少，最后导致正规交易的不能。很多知识产权的使用者不知去哪里购买艺术品的版权，美术家也不知道去哪里可以推广、出售作品的版权。于是，出现了《孔雀舞》剪纸案①中使用企

① 张时中的剪纸作品《孔雀舞》完成于1990年，收录于1995年出版的《云南剪纸新作》一书。1999年7月，深圳市熊川投资发展有限公司与深圳刘丹工作室签订《委托设计合同》一份，约定该设计室为云南熊谷生物工程开发有限公司设计“云南情紫米酒”包装，包括酒盒、瓶帖、瓶盖、大箱和海报。设计方案一经采用，版权即归云南熊谷生物工程开发有限公司所有。还特别约定，设计方案中的所有图案资料须自行创作设计，若涉及侵权，责任由深圳刘丹工作室承担。1999年12月17日，国家知识产权局以专利号ZL99310938.1授予“云南情”酒男装包装盒外观设计专利，载明设计人为刘丹，专利权人为云南熊谷生物工程开发有限公司。然而，该包装盒上却使用了张时中的剪纸作品《孔雀舞》作为装饰图案。于是，张时中诉至法院，请求判决云南熊谷生物工程开发有限公司侵权。

业“被动侵权”的状况。即使是原件交易市场也存在交易平台欠缺的状况，中国始终没有建立画廊代理制，太多画廊只是画店，没能真正参与艺术市场的构建，没有形成对画家、拍卖行及政府政策的影响力；而拍卖行却几乎垄断了原件的销售，拥有了“定价权”，进而形成了对画家品评、定位的“生杀大权”。由于我国艺术品市场发育不完善、欺诈等导致“市场失灵”；交易双方交易合同又出现“合约失灵”；由于计划向市场转型的影响，政府在治理和规制“市场失灵”时又出现了“政府失灵”；市场规制法和文化市场行政法出现有法不可依和无法可依的真空状态。种种失灵反映了我国艺术品交易的市场机构和市场规章制度的不健全，这也是我国艺术品作者财产权益遭受长期侵犯的重要原因。

第一节　艺术品产业中的“市场失灵”

在统一、开放的市场上，市场参与者可以充分、自由竞争，使价值规律发挥作用，从而实现微观上经营者之间利益的平衡和宏观上资源的合理流动、配置。市场这只“无形之手”发挥着调节社会经济的巨大作用。但市场调节机制并不是万能的，有其局限性，即市场缺陷。在一定条件下，市场缺陷显露并造成严重后果，市场作用不再充分有效，就出现了“市场失灵”的问题。市场缺陷大体可以归为三类：一是市场障碍，即在自由竞争的市场上总会存在一些阻碍市场机制发挥作用的因素，使得在有些经济领域，市场机制不能进入施展其作用；二是由于市场机制具有唯利性，因而它是一种非理性的调节，有些经济领域民间投资不愿进入，市场机制也不能发挥调节作用；三是市场调节具有被动性和滞后性，它是一种事后调节，往往在造成资源严重浪费和经济社会动荡衰退之后才缓慢恢复正常。[①] 中国的“市场失灵”问题必须在中国由计划经济体制向市场经济体制转轨这个大背景下来理解。在过渡期，中国经济的主要病症是“前市场经济病”，即以市场主体不完善、市场秩序不健全为表现的市场机制不成熟。中国市场失灵下市场机制无法发挥作用的原因更多的不在于市场

① 漆多俊：《经济法基础理论》，法律出版社，2008，第12页。

机制固有的缺陷，而在于政府体制障碍和某些不适当的政府权力的牵绊。“垄断、污染、欺诈、错误、管理不当和市场中其他的不幸副产品，在传统上都被看做市场自我管制机制的失灵，所以人们认为有必要对市场进行公共管制（public regulation）。”①

一 艺术品交易主体结构不完善

艺术品交易市场发展不完善是导致交易平台欠缺，交易渠道不畅通的主要原因。

（一）藏家欠缺

艺术品原作购买者中投机者多，投资者少，收藏者更少，最终收藏者（博物馆、美术馆）能力较弱。艺术品的购买者一般可以分为三类：第一类是“倒家”。具有敏锐的眼光，不但懂得鉴别真伪、判断价格，还熟悉各大拍卖会的拍卖情况。在当地“吃进”某名家字画，随即到异地抛出赚钱。第二类是“藏家”。对于某画家或流派作品较为欣赏，买进后，通常会存放数年甚至数十年再出售。第三类就是博物馆、美术馆，这类购买者按说是艺术品的终端消费者，是艺术品交易的终端，也是决定整个艺术品交易市场的核心力量，但当下中国这方面的力量却很弱。2003 年，故宫博物院以 2200 万元的天价从嘉德公司购得《晋索靖书出师颂》，然而国有博物馆中能像故宫博物院有如此雄厚实力的少之又少。美术馆、博物馆都是公益性文化事业单位，收藏经费欠缺，过去主要依靠美术家本人和家属以及收藏家的捐赠，有部分藏品则是以象征性的低价位购进。一张名画在画商之间“击鼓传花”般地传来传去，最终的“得花者”被别人认为当了“冤大头”。网络上有一种极端的说法，当代艺术品市场的投资者 90% 是在炒作艺术品，目的纯粹是为了赚钱，“有人甚至画 k 线图，像炒股票一样炒作艺术品”。②

---

① 〔美〕理查德·A·波斯纳：《法律的经济分析》，蒋兆康译，中国大百科全书出版社，1997，第 483 页。

② 李婷：《表面繁荣埋下危机种子：中国画廊路在何方?》，人民网，http://culture.people.com.cn/GB/40473/40475/8966388.html，最后访问日期：2016 年 1 月 20 日。

（二）画廊业影响力较弱

画廊主导的一级艺术品市场包括了美术家、画廊和购买者三方，其中画廊是中介人，也是重要的主导者。画廊的意义在于通过规范的商业运作为美术家的成长和成功创造条件。从画廊活动的表象来看，其作用包括：一是发掘画家。寻找画家是画廊最基本的功能。众所周知，美国的卡斯蒂里（LeoCastelli）画廊成功发掘了大量当代国际著名美术家，使美国当代艺术产生了世界范围的影响。二是推介画家。画廊为签约画家制定一整套策划思路及推广手段，包括参加国内外知名的艺术博览会，为美术家举办画展、出版画册、媒体采访、评论发布等，通过此一系列的宣传使其知名度更加提高。三是营销作品。在市场营销过程中，目标消费者居于中心地位。画廊识别总体市场，将其划分为较小的细分市场，选择最有开发价值的细分市场，并集中力量满足和服务于这些细分市场。画廊业的成熟，被认为是一级艺术市场成熟的关键，我国现有的5000家画廊中，被业内认定为“正规画廊”的只有50家左右，其他大部分被视为画店、画摊或艺术商品寄卖店。[①]

（三）著作权购买力有限

著作权购买者受到版权交易平台缺乏、盗版成本较低的影响，版权购买行为较少。在著作财产权交易法律关系中，著作权购买者可以分为两大类：邻接权人和终极消费者。邻接权人大多数情况下是艺术品的传播者，是依据法律规定或者通过交易行为而享有对作品进行传播的人。传播行为事实上表现为著作财产权权能实现的方式，也就是说，著作财产权之所以作为交易对象、能够进入流通领域，离不开传播者的传播行为。由于传播者对其为传播而创作的创造性劳动成果依法享有专有权利，即邻接权，故传播者在著作财产权交易活动中，一方面作为派生性权利人与他人从事著作财产权交易行为，另一方面作为邻接权人对其传播行为享有独立权利。艺术品著作权的终极消费者主要是艺术品复制品的购买者，有的以单幅作品的形式，有的以图书、茶杯、饰品及物品包装的形式。很多购买者都是

① 李婷：《表面繁荣埋下危机种子：中国画廊路在何方?》，人民网，http：//culture. people. com. cn/GB/40473/40475/8966388. html，最后访问日期：2016年1月20日。

出于对此艺术品的审美需要购买复制品的，因而装饰和展示是此类复制品的基本使用方式。

（四）我国美术界尚没有著作权集体管理组织

美术家著作权的交易一般可以通过三种途径：本人、代理人、信托人，信托人的常见形式就是著作权集体代理组织。著作权人借助集体管理组织以实现其著作财产利益。我国《著作权集体管理条例》第二条规定，著作权集体管理“是指著作权集体管理组织经权利人授权，集中行使权利人的有关权利并以自己的名义进行的下列活动：（一）与使用者订立著作权或者与著作权有关的权利许可使用合同；（二）向使用者收取使用费；（三）向权利人转付使用费；（四）进行涉及著作权或者与著作权有关的权利的诉讼、仲裁等。第三条指出，著作权集体管理组织“是指为权利人的利益依法设立，根据权利人授权、对权利人的著作权或者与著作权有关的权利进行集体管理的社会团体”。权利人可以与著作权集体管理组织以书面形式订立著作权集体管理合同，授权该组织对其依法享有的著作权或者与著作权有关的权利进行管理。著作权集体管理为艺术品版权使用者和所有者架起一座方便的桥梁，但遗憾的是我国尚没有艺术品的著作权集体管理组织。

二　艺术品交易平台欠缺

艺术品的交易制度包括原件交易渠道和知识产权交易渠道两大类，现实中，艺术品原件平台是艺术品交易市场的主体，而其知识产权交易平台却是较为欠缺的，这就造成了个别艺术品知识产权交易的高成本，高成本带来的是交易越来越少，最后导致正规交易的不能。很多知识产权的使用者不知去哪里购买艺术品的版权，美术家也不知道去哪里可以推广、出售作品的版权。

从当下情况来看，我国已有上海文化产权交易所、广东省南方文化产权交易所、深圳文化产权交易所等文化产权交易所可以进行艺术品版权交易，但有了交易所并不等于就有了交易市场。从作者角度来看，作者著作财产权存在“虚化”现象：一方面，我国没有版权交易的传统，很多艺术品作者几乎不会主动“出售”作品版权，版权存在与否对作者关系不大；另一方面，在我国艺术品交易中，普遍存在卖掉作品原件就等于一同卖绝版权的"潜规则"，因为原件购买者没有法定义务协助作者行使此后的该作者对原件的复制权；艺术品藏家（包括一些美术馆在内）也认为买了作品就可以自主出版各种画册、宣传册。从使用者的角度来讲，由于艺术品作者没有许可版权的意识，使用者也就无法从市场获得精品，只能通过个别谈判的方式，交易成本较高。若作品已被作者售出，进行复制就更为烦琐。

"张时中《孔雀舞》剪纸案"[①] 反映了因艺术品著作权交易渠道不畅，而出现使用企业"被动侵权"的现象。上述案例中，云南熊谷生物工程开发有限公司与刘丹工作室签订了协议，从协议内容看，上诉人为避免侵权已做出了相应的约定，之后还将酒盒包装申请了专利，可以说上诉人主观上并无恶意，云南熊谷生物工程开发有限公司只是想为其产品获得一个良好的包装而进行委托，既然此公司使用了张时中的剪纸作品《孔雀舞》，那么，此公司就认可了剪纸《孔雀舞》对其产品的适用性。后来，出现了被委托人刘丹工作室侵权盗版使用剪纸《孔雀舞》的情况，作为使用者当然也要承担侵权责任，这就出现了"被动侵权"的情形。若云南熊谷公司有途径直接与作者张时中直接交易，首先不会侵权，再者也可推动民间剪纸艺术传播，是一件互利共赢的事情。

三 艺术品价格形成机制障碍

基本属于政府层面的美术家协会、画院及美术学院等单位在促进国家美术总体发展、创作优秀作品的过程中发挥着巨大作用，美术家协会、画院、美院等单位的美术家大都是我国美术界的精英。由于进入这些单位供职或成为会员都是一件不容易的事情，要经过很多次筛选，这本身为艺术品的市场树立了一个标准，美协会员、画院画师、美院教授等都是评价一个美术家作品价格的重要标准。于是，西方国家的以画廊为主所要做的发现画家、推荐画家的作用被美协、画院、美院、国有美术馆等行政色彩较浓的单位所取代，这是我国艺术品一级市场不发达的一个重要原因。这给

① 云南省昆明市中级人民法院民事判决书（2002）昆民六终字第6号。

艺术品交易市场带来的一个障碍就是价值评价不是来源于基于市场机制形成的学术批评，而是来源于基于政府机制而形成的学术批评。此外，由于在画院、大学、美术馆等事业单位的美术家都有政府给予的固定工资收入，有医疗保险、养老保险，所以，这些艺术品作者并不缺少基本生活费用，很多人并不急于出售作品，市场上的作品数量有限。又由于市场存在很多“一夜暴富”的投机者需要艺术品进行融资交易，于是很多作品时常在拍卖行推出高于平常几倍的价格，价格虚高和炒作现象明显。

在整个艺术品价格形成机制中，拍卖行起到了重要作用。拍卖在以资本力量进行艺术的价值判断，拍场成交价格的影响力远远大于原有学术界对作品的学术判断。20 世纪 90 年代初期，先后成立的中国嘉德、上海朵云轩、北京翰海等拍卖机构对艺术品的拍卖迅速地冲击着原有的交易方式和市场格局。在艺术品的拍卖中，很多当代画家以“自送自拍”等炒作方式不断抬升自己的身价，画廊、拍卖行甚至甘当幕后推手，三方联合操作。“天价做局”在艺术品拍卖中已不是新鲜事物，整个艺术圈形成了一个以拍卖天价为轴心的价值标准链条，拍卖天价作品成为真正的“学术权威”，谁的作品成为“天价明星”，他也就在艺术界变成“学术代表”。

艺术品交易价格是艺术品交易市场信息集合的反映。在一个交易参与者信息完全对称的有效市场中，没有人可以操纵市场，因为所有的信息均已经反映在价格上。但是由于现实市场中信息并不完全对称，艺术品市场非有效的程度也非常高，所以操纵者就能利用私有信息来获利。信息操纵是指操纵者通过激发、传播错误或虚假的消息来误导投资者，进而影响价格的操纵行为。操纵者制造和传播错误信息使市场中的其他投资者接收到错误的信号，进而进行错误的投资行为，而操纵者自身对该艺术品具有正确的私有信息，比接受错误信号的投资者更具有信息优势，因而可以操纵市场。

四　艺术品交易的负外部性

交易双方在交易的过程中，各自的所有权都由于对方的介入产生了部分“失效”，登姆塞茨称为“外部性”。“外部性”与产权是紧密相连的。“外部性”这一概念反映着产权矛盾的两个方面：一方面，交易双方的所有权都具有完整的排他性；另一方面，在实际的经济交易中，所有者却必须与别人发生千丝万缕的关系，这样，所有权的完整性被打破，别人分得了所有者应得权益的一部分。一个鲜明的例子，就是科斯“牧人与农夫”的案例，农夫和养牛者在毗邻的土地上经营自己的事业，养牛者的牛吃了农夫的庄稼，农夫和养牛者都对自己的土地、牛和庄稼拥有所有权，但如果法律规定养牛者不应赔偿农夫，就等于允许他损害农夫的利益；反之，如果必须赔偿则养牛者的利益就会受到损害。出现此情况的原因显然在于二者已处于同一利益范围内，此增彼损，形成一种“可以再分配的收益”，这种收益就是“外部性”的结果。登姆塞茨在研究“外部性”时，认为产权和外部性是密切联系的，“总会有某个人或某些人因这些外部性而得益或受损”。产权的主要功能就是引导人们在更大程度上将外部性内化。产权规定了人们怎样收益或受损，从而规定了谁需要给谁补偿以改变人们的行动。“外部性”的存在说明产权界定不清，即所有权及有关的他人对某一财产的权、责、利关系划分不清，使得所有者的财产以及受益出现“外部性”，这就损害了所有者的权益，因此要界定产权。产权界定的方式有两种：一是诉诸法律；二是私下交易。虽然诉诸法律和私下交易都会产生费用，但不进行产权界定，双方权、责、利关系不清，两个平等所有权的权能都不能正常发挥，经济也就无法正常运转。

艺术品的知识产权交易中就明显存在外部性，这在《孔雀舞》剪纸案中体现得甚为明显。张时中的剪纸作品《孔雀舞》完成于 1990 年 10 月，收录于 1995 年 12 月出版的《云南剪纸新作》一书，已成为著作权法保护的客体，享有著作财产权。而刘丹工作室却把此剪纸作品用在了“云南情”酒男装包装盒外观设计中，还申请了专利。具有戏剧性的是，刘丹工作室此次的设计却是受了深圳市熊川投资发展有限公司的委托，并签订《委托设计合同》，约定“设计方案一经采用，版权即归云南熊谷生物工程开发有限公司所有，设计方案中的所有图案资料须自行创作设计，若涉及侵权，责任由该工作室承担”。张时中的剪纸作品《孔雀舞》充分体现出著作财产权的外部性，即刘丹工作室可以直接“拿来”卖给酒厂做外观设计，并申请专利。而作为使用者的酒厂却因为“拿来”的设计作品而“被动侵权”。市场自身是无法克服这些外部性的，必须通过市场治理途径弥补。

五 艺术品交易市场中欺诈现象严重

《牛津法律大辞典》对诈欺的解释是："在民法上，诈欺是一种虚伪陈述，或图谋欺骗的行为，通常以故意做虚假陈述，或者做出其本人并不相信其真实性的陈述，或者不顾其是否真实而做出的陈述等方式构成，并意图（并且事实上如此）使受骗人引以为据。但是，诈欺同样也可以以隐瞒真相或故意不做出其理应做出的陈述方式，或者通过行为构成。"①

"知假卖假"则是一种欺骗消费者和公众的行为，也侵害了被假冒画家的合法权益，在接到画家或有关人指认假画的信息后，拍卖行不进行任何必要的核实工作，放任拍卖，而事后有关拍品被证明是假冒他人署名的艺术品，这种行为就涉嫌知假卖假。如吴冠中诉上海朵云轩、香港永成古玩拍卖有限公司一案，吴冠中诉称，被告上海朵云轩、香港永成古玩拍卖有限公司联合在香港拍卖出售了一幅假冒其署名的《炮打司令部》画作，侵犯了其著作权，使其声誉和真作的出售均受到了不应有的损害。原告请求法院判令被告停止侵害、消除影响、公开赔礼道歉，赔偿经济损失。法院认为，公民享有表明其身份，在作品上署名的权利；同时有禁止他人制作、出售假冒其署名的艺术品的权利，公民的该项权利受法律保护。有证据表明，有争议的《炮打司令部》画作，落款非原告吴冠中署名，是一幅假冒吴冠中署名的艺术品。拍卖是一种特殊形式的买卖，拍卖书画是一种出售艺术品的行为。两被告在获知原告对该作品提出异议，且无确凿证据证明该作品系原告所作，落款为原告本人署名的情况下，仍将该作品投入竞拍，获取利益。两被告的行为违反了《著作权法》的规定，共同严重侵犯了原告吴冠中的著作权。法院判决原告胜诉。而 2002 年发生的德国游客诉徐悲鸿纪念馆画廊一案则反映了画廊"知假售假"的问题，德国游客在徐悲鸿纪念馆的某艺术中心以 9 万元的价格购买了包括徐悲鸿的花鸟画等 5 幅作品，某艺术中心的负责人给德国游客开具了收条，证明画

---

① 〔英〕沃克：《牛津法律大辞典》，北京社会与科技发展研究所译，光明日报出版社，1988，第 350 页。

家名称、价格以及画家的生卒年代等，并加盖了“悲鸿纪念馆画廊”章。游客回国后经鉴定为假画。2002 年此德国游客来京要求退画退款，某艺术中心答应为德国游客换几幅其他的画，双方再签一份收条，注明德国游客取走陆俨少的山水画两幅，齐白石虾蟹图一幅。事后，德国游客还请北京文博研究鉴定中心鉴定这 3 幅画作，经鉴定为假画。德国游客与此艺术中心多次协商未果，即向北京市一中院起诉，请求撤销某艺术中心的买卖合同，双倍返还购画款，并支付因索赔而发生的交通费、住宿费等。北京市一中院根据《消费者权益保护法》第十五条“经营者应当向消费者提供有关商品或者服务的真实信息，不得作引人误解的虚假宣传”的规定，认为某艺术中心在为其开具收款凭证上未注明其出售的作品为仿制品，其行为属于故意隐瞒真实情况，是消极不作为的欺诈行为。法院根据《著作权法》第三十五、四十九条的规定，于 2004 年 9 月 21 日，判决撤销德国游客与某艺术中心的买卖合同，某艺术中心返回画款 9 万元，赔偿 10 万余元。[①] 这是明显的“一方当事人故意告知对方虚假情况，或故意隐瞒真实情况，诱使对方当事人作出错误意思表示的”欺诈行为。

第二节　政府治理“市场失灵”时出现部分“政府失灵”

为了避免“市场失灵”引起经济、社会等各方面的严重动荡，弥补市场机制的不足，促进市场发展完善，政府有必要对经济社会进行某种调节，从而可以保持国民经济的综合平衡和稳定协调发展。但是，“并非在任何时候自由放任的不足都是由政府的干预可弥补的，因为在任何特别的情况中，后者不可避免的弊端都可能比私人企业的缺点显得更加糟糕。”[②] 对于市场组织来说，无论市场是怎样的不完善，市场活动都是通过价格与生产成本或收益联系在一起的，而政府的收入来自政府的税收、捐赠或政

① 郭京霞：《德国游客告赢假画案获赔十九万元》，北京法院网，http：//bjgy. chinacourt. org/public/detail. php? id = 12827&k_ w，最后访问日期：2014 年 3 月 20 日。

② 〔美〕查尔斯·沃尔夫：《市场或政府——权衡两种不完善的选择》，谢旭译，中国发展出版社，1994，第 15 页。

府的其他非价格收入来源。这样政府维持一种活动的收入与生产成本无关，那么就不会有约束机制来避免使用较多不必要的资源，从而造成资源配置错误。

“政府失灵”的主要表现有：一是成本危机。政府要设立与这些职能相应的机构和雇用相关人员承担一系列经济调控、公共产品供给等职能。二是效率低下。政府由于自身规模巨大，缺乏灵活性，往往因为种种原因而效率低下。此外，行政机构分明的科层关系、种种的办事程序，再加上传统的官本位意识也会导致政府行动的效率低下。三是与寻租相关的腐败现象。“政府的特许、配额、许可证、批准、同意、特权分配等都容易造成任意或人为的资源稀缺，这种稀缺就意味着寻租的存在。企业会通过各种非法途径如行贿、利诱等向政府争取优惠政策，寻求政府的特许和庇护，而大权在握的政府机构及其人员则可能受这种非法引诱，做出有利于引诱者而损害公众利益的行为。这种现象不仅使生产者提高经济效率的动力消失，而且还极易导致整个经济的资源大量地耗费于寻租活动，并且通过贿赂和宗派活动增大经济中的交易费用。”① 四是政府的“自利性”。政府干预的前提是将政府作为“公共利益”的化身来对市场进行大公无私的调控。但政府行为也难免受自利动机的影响，而且政府这种追求私利的倾向当然会影响政府干预下的资源配置最优化。

在计划经济时代，我国是政府“办文艺”，而在改革开放之后，政府对文艺的管理方式虽然发生了很大变化，但“习惯”的惯性仍然很大，“文化治理的文化权力型制不仅在改革开放大潮中没有受到合法性质疑，而且人们还往往在遭遇文化制度设计之际有意绕开关涉意识形态议题的壁垒，导致文化制度与经济制度、政治制度和其他社会制度之间形成巨大的时间错位和结构落差。”②

艺术品的创作和消费是实现公民文化权益的重要组成部分。不仅一件艺术品的原件与知识产权分属不同的主体所有、占有和使用，而且除此之外还有更多的主体在分享着同一件艺术品。这些其他主体主要是与此作品

---

① 〔美〕V·奥斯特罗姆：《制度分析与发展的反思——问题与抉择》，王成译，商务印书馆，1992，第4页。

② 王列生：《论内在焦虑中的中国文化制度创新》，《文艺研究》2009年第11期。

相关的欣赏者、批评家以及美术史家，他们更多的是在观念上分享此作品。著名艺术经济学家索罗斯比曾说："我们必须记住，许多文化商品与服务实际上是混合产品（mixed goods），同时具有私有财与公共财的特性。例如一张凡高的画，它能被当成艺术品买卖，其私有财价值只属于拥有它的人；同时，这幅画也是艺术史中的一员，它带来广大的公共财利益给历史学家、艺术爱好者及一般大众。"①

从另一个角度看，一方面，艺术品具有文化性，是艺术作品，而进入交易环节后，就是商品，具有市场性；又因艺术品具有意识形态的特征，因此政府会通过各种途径加以引导，具有政府干预性。另一方面，在交易成本为正的情况下，民商法在调整市场经济关系时对过巨的交易成本无能为力而迫切需要市场外部的力量——政府通过法律手段来调整市场经济关系以实现降低交易成本，提高资源利用效率，从而"复制"自由、自主的市场交易。政府为了降低市场交易成本而对市场经济的干预因政府固有的缺点使政府干预经济时也会产生交易成本，该交易成本也会增加自由交易、自主交易的障碍，使政府干预失灵。因此，有必要通过设立政府干预市场的规则来规范政府干预行为。

为了实现公民的文化权益，促进美术创作的繁荣以及艺术品市场的健康持续发展，市场需要政府介入。从我国社会的发展来看，政府对经济等各方面的介入正由计划色彩浓厚的行政指令式的微观介入转向市场调节为主的法治式的宏观调控。转型无疑可以促进美术创作本体和交易的规范健康发展，但也在转型期间出现了一个宏观调控不到位，而行政力量已退出的"真空"。

一　市场监管方面

（一）艺术品拍卖监管中的问题

拍卖是一个集体（拍卖群体）决定价格及其分配的过程。《中华人民共和国拍卖法》定义"拍卖"是"以公开竞价的方式，将特定的物品或

① 〔澳〕大卫·索罗斯比：《文化经济学》，张维伦等译，台北典藏艺术家庭股份有限公司，2003，第30页。

财产权利转让给最高应价者的买卖方式”。拍卖通过一个卖方与多个买方进行现场交易，使不同的买方围绕同一物品或财产权利竞相出高价从而在拍卖竞价中去发现其真实价格和稀缺程度，避免交易的主观随意性，更直接地反映市场需求，最终实现商品的最大价值。针对艺术品拍卖行业自律规范不健全，拍卖活动中不诚信经营、不正当竞争现象突出的问题，商务部发布了《文物艺术品拍卖规程》（SB/T 10538—2009）行业标准，于2010年7月1日正式实施，该标准是我国拍卖行业恢复发展20多年来的第一部行业标准。理论上有助于提高拍卖企业整体管理水平，防范经营风险，保护相关交易人的合法权益。

1. 拍卖中的“炒作”与“托儿”

我国《拍卖法》对“炒作”与“托儿”的行为做出了明确规定：竞买人之间、竞买人与拍卖人之间不得恶意串通，损害他人利益。而且规定，竞买人之间、竞买人与拍卖人之间恶意串通，给他人造成损害的，拍卖无效，应当依法承担赔偿责任。但遗憾的是，这些条文在现实的艺术品拍卖中并没有得到真正贯彻执行。没有得到执行的一个重要原因就是在艺术品拍卖中很难认定“竞买人之间、竞买人与拍卖人之间的恶意串通”。

2. 拍卖中的赝品问题

拍卖人有权要求委托人说明拍卖标的的来源和瑕疵。拍卖人应当向竞买人说明拍卖标的的瑕疵。委托人应当向拍卖人说明拍卖标的的来源和瑕疵。竞买人有权了解拍卖标的的瑕疵，有权查验拍卖标的和查阅有关拍卖资料。拍卖人认为需要对拍卖标的进行鉴定的，就可以进行鉴定。鉴定结论与委托拍卖合同载明的拍卖标的状况不相符的，拍卖人有权要求变更或者解除合同。

《拍卖法》第六十一条明确规定：拍卖人、委托人违反本法第十八条第二款、第二十七条的规定，未说明拍卖标的的瑕疵，给买受人造成损害的，买受人有权向拍卖人要求赔偿；属于委托人责任的，拍卖人有权向委托人追偿。拍卖人、委托人在拍卖前声明不能保证拍卖标的的真伪或者品质的，不承担瑕疵担保责任。因拍卖标的存在瑕疵未声明的，请求赔偿的诉讼时效期间为一年，自当事人知道或者应当知道权利受到损害之日起计算。

拍卖法制定的初衷是很好的，但其实施必须是在一个诚信、公平的交易环境中，并与其他法律相配套，但遗憾的是中国目前并没有这样的环境，《拍卖法》也成为一些拍卖行在艺术品拍卖中逃避责任的“法宝”。

（二）税法监管失灵

税务问题是越来越值得艺术家关注的，随着我国税收制度的完善，高收入的艺术家及画廊必定成为“纳税大户”。依法纳税是公民的光荣义务，但合理避税也是艺术家及画廊老板应该学习的内容。《个人所得税法实施条例》规定：书画、雕刻、影视、介绍服务、经纪服务、代办服务等都属于劳务报酬所得。年所得 12 万元以上的纳税义务人，在年度终了后 3 个月内到主管税务机关办理纳税申报。现实中，艺术品作者私下交易泛滥，作者出售艺术品很多时候是不申报的，税收对艺术品原始交易是缺乏监管的，很多作品在再次进入市场交易时不能提供来源证明，也就失去了证明艺术品真实来源的凭据。

二　市场行政执法

目前一种触目惊心的现象是在艺术品市场中，唯一的专门法律法规只有 1994 年颁布的《美术品经营管理办法》[①]，虽然加入 WTO 后于 2004 年加以修订，但仍然显得十分粗糙。2004 年修订的《美术品经营管理办法》明确规定，设立从事美术品经营管理的经营单位，应当到并在其住所地县级以上工商行政管理部门领取营业执照并在领取营业执照之日起 15 日内，到其住所地县级以上文化行政部门备案。第十五条规定，县级以上文化行政部门应当建立美术品经营单位的信用档案，将企业的服务承诺、经营情况、消费者投诉情况记录在案，定期向社会公示。实际上，《美术品经营管理办法》给我们的信息是美术品基本上与工商部门制定的一般企业准入标准一致，只是考虑到美术品经营专业性较强的特点，仍保留了对专业人员的数量要求。笔者认为，把画廊的市场管理方法等同于普通商户，完全交给工商部门，有可能出现忽视书画作品的艺术特点，以一般商品的标

① 至本书完稿时，文化部尚未发布新修订的《艺术品经营管理办法》。2016 年 2 月，文化部发布了《艺术品经营管理办法》，也可看成是政府对此问题的回应。

准来要求商家的情况，比如，明码标价对于普通商品是应该的，但对于字画来说几乎不可能办到。

众所周知，在国际市场上，艺术品经纪人制度是比较规范和成熟的，而我国尚未建立完善的艺术品经纪人制度，私人交易的问题依然比较突出，私人交易严重制约了艺术品经纪人的发展。而且由于缺乏经纪人制度，我国的艺术品市场难以与国际市场接轨，我国的艺术品很难通过正规渠道进入国际市场，导致艺术品走私现象严重。私人交易的问题不仅使国家损失了税收，更重要的是破坏了市场秩序，影响了我国艺术市场在国际市场中的信誉。新办法并没有试图建立一种中国的经纪人制度（包括画廊、拍卖行、展览公司制度），而是从中规定从事美术品经纪活动的专业人员不得在两个或两个以上美术品中介服务单位从业，似乎努力规范艺术品经纪人的行为，但实际操作中对于经纪人却是难以监管的。

在行政执法方面，也存在种种需待完善之处。以上海为例，根据中办、国办转发的《中央宣传部、中央编办、财政部、文化部、国家广电总局、新闻出版总署、国务院法制办关于在文化体制改革综合性试点地区建立文化市场综合执法机构的意见》（中办〔2004〕24号），上海市委、市政府在2004年12月30日批准设立市文化市场行政执法总队，至2005年9月，全市19个区县也相应设立了文化市场行政执法大队。总队和大队分别是市政府和区县政府直属的行政执法机构，具有行政执法主体资格。根据有关规定，文化综合执法机构的执法范围包括营业性演出管理、娱乐场所管理、互联网上网服务营业场所（网吧）管理、信息网络传播管理、美术品经营管理、社会艺术水平考级管理等23个大的门类、50个事项。执法依据涉及72部法律、法规和规章。也就是说执法主体是明确的。但是，从上海文化市场行政执法总队执法依据涉及的72部法律、法规和规章中，只有文化部的《美术品经营管理办法》是针对艺术品执法的，在《美术品经营管理办法》中明文规定“有美术品合法来源证明”和“美术品经营单位不得经营盗用他人名义的美术品”，但在《美术品经营管理办法》中却没有找到如何证明“美术品有合法来源”以及美术品是“盗用他人名义的美术品”的规定。基于以上分析，笔者认为我国法律法规根本没有给执法队留下执法的任何直接依据。

三　市场引导

（一）“诚信画廊”活动

文化部市场司在前几年开展了“诚信画廊”的评选与推介活动，对于活动发起的原因，市场司的负责人认为：“假画泛滥不仅损害了作者的著作权和消费者的合法权益，让艺术品经营单位无所适从，而且严重影响了我国当代字画的信誉，使得它们在国际市场中的价位普遍偏低。造假行为不被制止，规范经营的机制就不可能建立，艺术品市场也很难得到发展。”于是，政府形成了以画廊牵头，提倡诚信，建立艺术品市场信用体系的思路。[①] 市场司看到了问题所在，举办“诚信画廊”评选的意愿也是好的，这是政府采取积极措施弥补“市场失灵”的一种表现。但是，这个评选项目的设立和执行，恰恰又体现了“政府失灵”。到 2013 年，“诚信画廊”评选无疾而终，也反映了政府部门对自身职能和宏观调控的再思考。

“诚信画廊”活动是由文化部在 2004 年正式启动的，入选画廊需符合自愿申请、专业画廊、作品健康主流等条件，并参考各省文化管理部门评价、行业间信誉口碑、消费者投诉纪录等后确定，画廊必须与一个或几个美术家有签约关系，有专业过硬的艺术总监，经营特色能反映一定的学术理念，引领艺术潮流，有具体措施和章程保证对消费者负责，如退还机制等。

“诚信画廊”评选还包含复查环节，即在画廊入选后，文化部门会不定期对其明察暗访，入选画廊名单将公示 3 个月，一旦有投诉，将进行核查，一出现问题，就列入“黑名单”。此前评选的 46 家“诚信画廊”有 7 家被取消资格，在 2009 年的复查中被摘去“诚信牌”。文化部的通知称，“被摘去诚信牌的部分画廊是因为企业经营范围、注册地、法人等重要情况变更，而且未按规定到所在地文化部门备案，部分画廊是因为近年来经营萎缩不符合诚信画廊入选标准而被取消诚信称号。这些被取消诚信画廊

① 朱虹子：《以诚信画廊带动艺术产业》，《人民日报（海外版）》2004 年 11 月 30 日第 8 版。

称号的企业不得再以诚信画廊名义对外开展宣传和营销活动”。[①]

对于评选标准中的“专业画廊、作品健康主流等条件，并参考各省文化管理部门评价、行业间信誉口碑、消费者投诉记录等”，以及“画廊必须与一个或几个美术家有签约关系，有专业过硬的艺术总监，经营特色能反映一定的学术理念，引领艺术潮流，有具体措施和章程保证对消费者负责”等颇有疑问。《深圳商报》曾发表《诚信画廊评选一声无奈的叹息》一文，作者提出了一系列的问题：“评选诚信画廊，是不是假设那些新开张、还未参评的，或规模小不够资格参评的画廊都是不够诚信的？只有经过文化部的评定，才算诚信？还有，那些曾经被评为‘诚信画廊’的画廊，因为不够诚信被摘了诚信牌子的，到底做了多少不诚信的事儿，有没有交给工商部门去处理？有没有涉及商业诈骗等等犯罪问题交给司法机关去侦查立案？当初评选这些画廊的评委们要不要问问责？被摘除了诚信牌子的画廊，还能不能允许它继续经营？要不要交给工商部门去查处、罚款或关闭？开画廊要经过各地文化部门的批准注册吧，既然都批准注册了，还要去评是否诚信，那当初审核的时候干嘛去了？审核过了，还要经过诚信的评定，到底是哪一道手续多余了？”[②] 这些问题的答案确实到现在公众也无从知晓，评选活动的透明度还是很欠缺。这种只给出一个死板“结果”，而不给出“运算”过程的做法与透明政府、服务政府的理念相左。在文章最后，作者还指出：“中国艺术界的许多问题包括艺术品市场出现的问题，很多应由权力美术家去负责。这些人造成了市场的不公平、不公正，浪费纳税人的钱，垄断国家艺术资源，这些才是能操作和能执行的道德，也是能管得了的事儿。”[③] 这篇文章在行文风格上颇有“野性”，但也却反映了很多业界人士的心声。

（二）艺术品博览会

在艺术品交易市场中，艺术博览会就突出地表现了政府过度干预导致的“政府失灵”问题。在我国艺术博览会的产生和发展中始终可以看到政府的直接影响，但近年的艺术博览会出现了政府色彩逐渐淡化，政府自

① 江村：《艺术市场之毒：诚信危机》，《东方早报》2009 年 2 月 6 日 C12 版。

② 许石林：《诚信画廊评选：一声无奈的叹息》，《深圳商报》2009 年 2 月 6 日第 9 版。

③ 许石林：《诚信画廊评选：一声无奈的叹息》，《深圳商报》2009 年 2 月 6 日第 9 版。

觉淡出的新趋向。一方面，我国出现了“艺术北京”“中艺博”“上海当代”等几大民间艺博会；另一方面，政府逐渐由直接操办转变为间接支持。这些趋向都说明，艺博会体现出的“政府失灵”现象正在得到弥补。

（三）艺术品评估委员会的鉴定评估

2006 年，文化部文化市场发展中心设立了艺术品评估委员会。[①] 根据《艺术品评估委员会章程（试行）》第三条规定：“评委会的宗旨是：贯彻党的改革开放政策，坚持‘二为’方向，依靠艺术品领域专家和市场专业人士的专业智慧，根据市场供需情况，结合先进科学检测技术，引入司法公证与法律资讯服务，联合组成科学规范的艺术品评估体系，开展艺术品研究评估业务。为加强文化市场管理，逐步培育和规范艺术品市场，维护经营者和消费者的合法权益，发展和繁荣艺术品市场提供服务。”第六条规定“评委会的职能是立足在文化部管理的文化市场范围内开展艺术品评估、研究、检测、防伪、资讯和培训等服务工作，并配合文化市场管理部门的科学管理。提供艺术品市场信息、艺术品成果、艺术品市场经营状况等服务”。

对于艺术品评估委员会成立的意义，从成立时发布的新闻通稿来看，艺术品评估委员会预想的作用是，“首先，评估委员会对规范发展中国文化市场起到了重要的促进作用。……可以有效地健全艺术品市场服务体系，引导市场、服务市场、促进市场。其次，改变了艺术品市场目前没有权威、系统的评估服务机构的局面。……通过艺术品评估委员会的成立，充分发挥委员会成员的作用，不仅可以保证评估工作的信誉和严肃性、公正性、权威性，还可以有效地发掘、发现更多的美术家和艺术品，也将进一步为诚信、品牌的艺术品企业搭建宣传、交流的平台，扶植这些优秀企业、优秀人才、优秀产品进入国际市场，提升中国艺术品企业在国际市场中的信誉度，扩大中国文化产品的市场占有率。再次，可以有效地建立起有利于艺术品健康发展的价格体系。遏制盲目炒作、恶意哄抬价格现象和引导部分长期被低估的有价值的艺术品价格攀升，防止艺术品价格体系畸

① 本书特意探讨艺术品评估委员会是因为此会必将在各级各区域内重新出现，是调控艺术品产业的关键抓手。

形发展。最后，艺术品评估委员会的成立有效地健全了诚信经营的艺术品市场机制。在政府的支持和倡导下，艺术品评估委员会作为政府部门引导、培育市场的一种手段，对于推进艺术品市场信用体系的建设、行业规范制度的建设有着重要的保障作用。”①

关于评估委员会的成立是否机构重复，是否浪费政府资源的问题在其成立前的准备阶段就颇有争议。据 2003 年 12 月 11 日《新京报》报道，“有关人士向记者透露，原定于 11 月 28 日成立的中国文化艺术品鉴定委员会成立大会已被紧急叫停，原因是国家文物管理局有关部门向文化部领导反映，中国文化艺术品鉴定委员会和已经成立的国家文物局国家文物鉴定委员会职能有冲突，坚决不同意成立这一委员会，因此文化部决定对此再作研究。”原因就在于“国家文物局相关负责人坚持认为，根据目前的法规，文物的真伪、价值鉴定是文物局和国家文物鉴定委员会的职责，而文化部文化市场司有关人士强调文化艺术品并不全是文物，而且成立文化艺术品鉴定委员会将侧重于现当代艺术品的鉴定，和国家文物鉴定委员会职能不会发生冲突。”在这篇报道的最后，记者给出了一个背景：“著名书法家、文物鉴定家启功任主任的国家鉴定委员会的委员不足百人，而且委员平均年龄在 65 岁以上，他们主要是受文物部门委托对一些正规馆藏文物、出土文物进行鉴定，而民间流散的大量文物、艺术品的鉴定一直处于模糊状态。文物鉴定不仅涉及上百亿的收藏市场，而且本身也越来越成为一个有着可观利润的行业。”②

从理论上来看，文化部文化市场发展中心组织成立艺术品评估委员会，而文化市场发展中心是文化部直属的事业单位，具有发展、引导文化市场、规范活跃文化市场的事业职能。艺术品评估委员会与社会上已有的商业性评估机构有着很多区别，如它是由文化部支持下成立的现当代艺术品评估鉴定机构，接受文化部的指导和管理，除考虑经济、商业运作外，

---

① 参见《文化部文化市场发展中心艺术品评估委员会成立》，雅昌艺术网，http://news.artxun.com/shufa-1182-5909971.shtml，最后访问日期：2016 年 1 月 20 日；《艺术品评估将有国家标准——评文化部文化市场发展中心艺术品评估委员会的成立》，《艺术市场》2006 年第 7 期。

② 周文翰：《文化艺术品鉴定权起纷争》，《新京报》2003 年 12 月 11 日 C07 版。

更关注社会效益和规范市场秩序的责任。这是评估委员会的功能预想的一个理论基础，笔者认为这个基础基本是正确的，无可厚非的；但在其新闻通稿中提到“一些单位和个人也建立了一些评估机构，但由于艺术评估人才的稀缺和商业利益的驱使，这些机构不能真正起到权威、公正的作用”，而艺术品评估委员会的成立“改变了艺术品市场目前没有权威、系统的评估服务机构的局面”，并且“不仅可以保证评估工作的信誉和严肃性、公正性、权威性，还可以有效地发掘、发现更多的美术家和艺术品，也将进一步为诚信、品牌的艺术品企业搭建宣传、交流的平台，扶植这些优秀企业、优秀人才、优秀产品进入国际市场，提升中国艺术品企业在国际市场中的信誉度，扩大中国文化产品的市场占有率”，从这一点出发，似乎只有政府设立的鉴定机构天然具有权威性和公正性，而商业鉴定机构由于利润的驱动天然倾向于“不能真正起到权威、公正”，这是值得商讨的。

从评委会的构成来看，评委会有很多美术界的著名书画家，但都是顾问，而评估委员的知名度不高，其聘用程序和标准值得怀疑。在当今艺术品市场中争议最多的是近现代书画家的作品，如潘天寿、关山月、陆俨少等，而这些著名书画家的专门研究机构如潘天寿美术馆、关山月美术馆、陆俨少艺术馆等单位并没有列在其中，所以政府背景下的艺术品评估委员会在专业方面缺乏普遍认可和信赖。

在程序上来看，《艺术品评估委员会章程（试行）》第十二条规定：“如评估结论或意见出现争议，由评委会分管副主任召开有关人员参加的评估办公会进行集体研究，评估结论或意见需有超过到会委员半数以上通过后方可做出决定。评估中如有不同意见允许保留，但需服从评委会的集体决定。”评估委员会并没有对解决争议的评估办公会的参与人数做最低限制，且只需到会委员半数就可决定，对于以“眼学”为主的书画鉴定来讲，笔者认为这是不严谨的。

实践中，评估委员会在一些艺术品交易官司中起到了较好的作用，对艺术品鉴定结果引入司法审判具有一定示范意义。文化部文化市场发展中心艺术品评估委员会在“孙越仁诉袁龙宝买卖书画合同纠纷案”中就起到了决定性作用。2006 年 3 月下旬，原告孙越仁到被告袁龙宝家中协商购买其收藏的一幅书画作品。在买卖过程中，原告多次询问被告作品的真伪，并要求被告出具真品保证书，但被告称自己也不能确定，拒绝出具保证书，而是让原告自己决定。原告当场进行鉴别，又将作品拍照带回家中进行鉴别。最终原告认为该作品是真品，并与被告协商以1.1万元的价格购得。原告购得作品后，对该幅作品的真伪仍有怀疑，经多位同行鉴别，认为该幅作品为赝品。后原告诉至法院，以被告欺诈为由请求撤销买卖合同，返还货款1.1万元，并赔偿利息损失2000元。被告则称其始终没有承诺是真品，不存在欺诈，原告作为内行自愿出价1.1万元购买，即使确系赝品也应依行业习惯责任自负。在诉讼过程中，原告申请对该作品进行鉴定，预缴鉴定费1.5万元，经法院委托文化部文化市场发展中心艺术品评估委员会进行评估，认定该作品为赝品。一审法院认为："原被告之间就以1.1万元的价格买卖涉诉书法作品达成合意，双方之间的买卖合同已经生效。在订立合同的过程中，原告多次询问被告作品的真伪，多次进行鉴别，并要求被告出具真品保证书，最终以1.1万元的高价购得该作品，故可以认定原告的真实意思是购买真品。被告明知原告的真实意思，但没有明确表示该作品的真伪，而是采取放任的态度，任由原告自行判断、自行决定，不存在欺诈的故意，故原告认为被告以欺诈的手段使其在违背真实意思的情况下订立合同的主张本院不予以支持。但是，原告因为自己主观上的失误，对标的物的真假性质产生误解，使得原告的合同目的根本无法实现，故原被告之间的买卖合同是因原告重大误解订立的，依据法律规定属于可变更或可撤销的合同。"袁龙宝不服提起上诉，徐州市中级人民法院经审理认为："袁龙宝是在不能确定书法作品真伪的情况下，将作品出卖给孙越仁，孙越仁因重大误解做出了错误的意思表示，因此，双方的买卖合同属于因重大误解订立的合同，应予撤销。上诉人的上诉理由不能成立，故判决：驳回上诉，维持原判。"①

同时，在法院审判中评估委员的权威性也遭到了质疑。在德翰置业诉中贸圣佳一案中，自称在中贸圣佳国际拍卖有限公司（下称中贸圣佳）

---

① 《孙越仁诉袁龙宝买卖合同纠纷案》，徐州市铜山县法院网，http：//tsxfy. chinacourt. org/public/detail. php？ id = 20 http：//news. artxun. com/shufa - 1182 - 5909971. shtml，最后访问日期：2015年1月20日。

举办的拍卖会上拍到的25件文物中，有17件为赝品，德翰置业集团有限公司（下称德翰置业）告上法院，索赔5800余万元。其中争论的一个焦点就是“对于德翰置业委托的文化部文化市场发展中心艺术品评估委员会等鉴定机构，中贸圣佳认为，这些鉴定机构出具的鉴定报告的资格和权威性有待法院确认。其代理人称，某些鉴定机构的‘科技鉴定方法’与文物艺术品通行的鉴定方法全然不同，有些鉴定意见表述还存在用语前后矛盾的现象。”[①]

2011年8月，文化部发出了《关于撤销文化部文化市场发展中心艺术品评估委员会的公告》，公告全文如下：“鉴于文化部文化市场发展中心整体转企改制，决定撤销其所属文化部文化市场发展中心艺术品评估委员会。”

从设立到撤销，其中反映了多方对艺术品评估工作的考量，不能一味说艺术品评估委员会不好，也不能一味高估其作用，如何通过一些组织机构引导市场发展仍是一个值得考虑的问题。

第三节　艺术品交易市场中出现“合约失灵”

“合约失灵”（Contract Failure）是美国法律经济学家亨利·汉斯曼（Henry B·Hansmann）在1980年发表的《非营利企业的作用》一文中最早提出来的。[②]“合约失灵”是指由于信息不对称，导致仅仅依靠生产者和消费者之间的契约难以防止生产者坑害消费者的机会主义行为出现的现象。

汉斯曼认为，在有些情况下，要么由于购买产品的具体情况，要么由于产品本身的性质，消费者与生产者在关于产品和服务的质量上存在明显的信息不对称，消费者无法准确判断厂商承诺提供的商品或服务，如去医院就医的患者很难判断医院的服务质量，因为他们不像医生那样具有专业

① 裴晓兰：《买主称拍得17件文物均为赝品拍卖公司遭5800余万索赔》，《京华时报》2008年10月31日。

② 王绍光：《多元与统一——第三部门国际比较研究》，浙江人民出版社，1999，第33～34页。

医学知识。以上就是通常所说的消费者与生产者之间的信息不对称，信息不对称使消费者往往缺少足够的信息来评估产品和服务的质量，这就使得他们往往在最初不能达成最优的契约，即使契约达成，也很难让它得到真正实施。生产者完全有能力通过提供劣质商品来获取额外的收益，结果消费者的福利蒙受了大量的损失。由于信息不对称，仅仅依靠生产者和消费者之间的合约难以防止生产者坑害消费者的机会主义行为，这就出现了汉斯曼所说的“合约失灵”现象。

一 艺术品市场的“不确定性”和“机会主义”

“不确定性”是指交易双方各自在其所有权范围内行事，但由于两种所有权范围相互交叉，各自的界线不确定，造成一方对另一方的损害，从而双方的收益分配也是不确定的。也就是说，财产所有者是否有权去损害他人利益，或是否有权制止他人对自己的损害都是不确定的。为什么在所有权明确的条件下会产生“不确定性”问题呢？其原因就是对财产的占有、支配、使用等属于此财产所有者所有权范畴的功能，而交易却至少是两个所有者之间的事情，这显然已超出了一种所有权的权能范围，而成为两个所有者之间的关系，即双方对自己和对方财产收益的权、责、利关系应如何确定的问题。这里可以看出，“产权”实际上是涉及两个所有权之间的关系。为了减少“不确定性”，交易双方会签订更为详细的合约来尽可能地减少不确定性给双方在未来带来的损失。

交易是“以货币为媒介个人或组织之间的物品和劳务或权利的让渡”，即平等主体的自然人、法人、其他组织之间设立、变更、终止民事权利义务关系的协议行为，也就是合同[①]。交易的过程实质就是订立合同、履行合同的过程。当然，这里的合同不一定是书面合同，很多是口头合同。根据我国现行《合同法》第十条规定：“当事人订立合同，有书面形式、口头形式和其他形式”。要强调的一点是书面合同的形式问题。在法律上，书面合同包括合同书、信件和数据电文（包括电报、电传、传真、电子数据交换和电子邮件）等。“合同书是合同的书面形式”，但

① 《合同法》第二条对合同的定义。

"合同的书面形式不一定就是合同书"。另外，合同成立并不代表合同生效。绝大多数合同成立即有效，但有的合同需要到政府部门备案或登记后才生效；附条件的合同，待所附条件实现后才有效；无权代理合同，要待被代理人确认后才生效。

在艺术品交易之前，艺术品和货款的所有权都是清晰的，但我们会发现在艺术品交易这一活动开始之后，也就是从讨价还价开始，双方所有权开始出现"不确定性"。下面通过表格的形式对艺术品交易中的不确定性进行说明（见表2－1）。

表2－1 艺术品交易中的不确定性

寻找交易对象	所有权清晰
讨价还价	货款所有权开始模糊
讨论、确定合同	艺术品所有权出现不确定性
监视对方是否遵守合同	货款和艺术品的所有权都处于不确定状态
自己贯彻合同	转移艺术品和货款的所有权
防止第三方的侵害	第三方侵害造成更多不确定性

交易双方在交易的过程中，各自的所有权都由于对方的介入产生了部分"失效"，产生了"外部性"。参加交易的双方，以及没有参加交易但想分享利益的第三方都想将"外部性"产生的利益归为自己所有，这就产生了对"外部性"利益的争夺，就产生了"谁拥有什么权利损害其他人利益的权利"的问题，即产权界定问题。如前所述，解决的方式有两种，一是诉诸法律，二是私下交易。在实际经济活动中，诉诸法律的成本一般大于私下交易，所以艺术品的产权界定一般通过私下交易的方式进行，这就是艺术品交易的过程。艺术品交易的结果就是基于艺术品和货款形成之产权的流转。根据交易成本理论，艺术品交易是需要费用的，因而艺术品交易的结果不一定是基于艺术品所形成诸多权利的最佳分配，因为大部分艺术品交易由于交易费用过高以致没有了再深入寻找最佳交易对象的必要。在交易费用大于零的世界里，不同的权利界定会带来不同效率的资源配置，由此可见权利初始界定的重要性。但如果所有的产权在最初都

被完美界定了，以后就不会也没有必要出现交易活动了。由于产权流转的结果大部分是不完美的，特别是随着各方面条件变化之后，这就产生了再次界定的需要，于是艺术品交易又得以再次进行。

“机会主义”是行为人用狡猾的手段，如说谎、偷盗、欺骗及更复杂的欺骗形式，追求对自己有利的目标，从而损害他人的利益，最终损害自己或者社会的利益的行为倾向。信息经济学对机会主义行为的解释是：人们总是利用只有自己知道，而博弈对方不知道的信息，做出对自己有利而有可能使对方收益减少的行为。机会主义行为表现为逆向选择和道德风险。逆向选择是一种事前的机会主义行为，即签订契约的一方利用对自己有利而对方不知道的信息签订一些双方都认可的契约而使自己以后获益；道德风险则是一种事后风险，指一方利用对方无法完全测量自己行为的短处，而做出违反初始契约规定有利于自己利益增加的行为。机会主义倾向有事前和事后两种，事前机会主义的存在，要求对交易双方的情况进行了解，这是交易前所必须支付的成本。事后机会主义的存在，则要求对交易双方未了事宜进行检查和监督，防止可能的违约行为。从艺术品交易市场角度看，对交易双方来说，合同一旦签订，就建立起一定的风险与收益的分割方案。但是，当交易一方不讲信用而倾向于机会主义行为时，就破坏了具有稳定预期的收益方案，交易行为没有了效率保证。艺术品交易中大量存在“一锤子买卖”的心理，这是机会主义倾向存在的一个重要原因。由于艺术品本身性质太过复杂和专业，消费者无法获得有效信息或没有能力去分析获得的信息，因而无法对其进行有效监控和评估。拍卖行拍卖的艺术品，买受人常常没有拍卖行那么多专业知识，由此而产生的信息不对称，使竞买人可能会付出更多的代价取得这些作品，如找人“掌眼”等。

二 艺术品交易市场的信息严重不对称

艺术品品类众多，专业性极强，对于购买者来说，没有长期的学习和收藏经验，可能只知“听人说”，而不懂“亲眼看”；每一类别的艺术品都有巨大的存世量，且其中在世的美术家处于不断生产的过程中，而过世艺术家的造假新作也在不断涌现，对于购买者来说，买不胜买；艺术品造假的专业技术水平以及科技含量越来越高，对鉴定专家构成挑战，一般的购买者没有能力辨别那些连专家都有争议的学术问题，故艺术品交易市场是一个信息严重不对称的市场。

（一）鉴定专家信用问题

传统的艺术品鉴定是一种靠经验的“眼学”，没有建立科学、公正的评估鉴定标准和程序，“打眼”“掌眼”“走眼”等鉴定行话都反映了这一点。在地域性强、规模不大的“熟人”交易环境中，鉴定者凭着“口碑”，形成了一定的专家信誉，但随着艺术品交易市场的大规模兴起和交通的方便，参与者已经不是传统的“圈子”，而是一个基于现代市场理念和法律制度的“生人”社会，于是在现代专家认证制度不完善的情况下，各种各样的专家出现了。很多专家只是懂一些收藏知识，但并不懂鉴定；或者有的懂古画鉴定，但对于现代作品缺乏研究；有的鉴定者只是精于某一流派，而对其他风格较为外行。一些博物馆、美术馆利用专业的优势自行开展评估鉴定业务，甚至一些稍有鉴定常识的个人也承担了艺术品鉴定的职能，多头鉴定标准和鉴定结果使消费者无所适从，因真假问题引起法律纠纷。

鉴定专家对于艺术品收藏是重要的，此外，在法院的审判中同样需要鉴定专家的意见，这是关乎司法权威性的大问题。由于权威鉴定机构和鉴定标准、程序的缺失，艺术品真假案往往成为难以解决的案件。从法律角度说，不是艺术品市场实体法缺位，而是证据程序的缺位。王定林诉浙江国际商品拍卖中心张大千《仿石溪山水图》一案反映了这一问题。1995年王定林先生在杭州秋季书画拍卖会上，以110万元人民币购得张大千《仿石溪山水图》。为了确保所购作品系真品，王定林亲自向北京的徐邦达先生和上海的谢稚柳先生请求鉴定。徐、谢二人是当代画坛鉴定权威，然而其鉴定结论却截然相反。徐先生的鉴定结论是：此画是赝品，值110元差不多了吧。谢先生的鉴定结论是：此画为真迹无疑。王定林遂于1996年1月向法院起诉，要求浙江国际商品拍卖中心收回此画、退还画款，拍卖中心辩称，谢稚柳的鉴定是值得信赖的，拍卖行的行规规定：“买家应仔细观察拍卖原物，慎重决定竞拍行为，并自愿承担责任。”据此，拍卖中心不同意王定林的诉讼请求。此案一审、二审均判定王定林败诉。王定林不服判决，向最高人民法院申诉。1998年12月30日，包括国家文物鉴定委员会主任委员启功、常务委员刘九庵在内的全国10余位专家对最高人民法院送鉴的张大千《仿石溪山水图》进行鉴定后，一致认为该幅作品为赝品。[①] 可见，艺术品的鉴定是一个专业性很强的工作，鉴定中的委托人与被委托人存在信息不对称，另外，即使被委托人尽全力而为也会出现鉴定结果难以确定的问题。

（二）艺术品交易中的“保真”问题

艺术品“保真”问题反映在法律上其实就是消费者“知情权”和画廊、拍卖行“合理免责”之间的冲突。由于艺术品交易中存在一定风险，特别是在鉴定体系不完善的情况下，作品保真的风险就更大。但“不保真”与“知假卖假”有本质区别。“不保真”仅仅是说拍卖行可以在其拍卖规则中声明，对有关作品的真假描述不承担担保责任，这是拍卖不同于其他买卖活动的一个特殊的地方。知假卖假却是出售者知道某件艺术品是伪作，但却以真品价格出售、拍卖，此后却以“不保真”为挡箭牌，不承担欺诈责任。据了解，国外的拍卖行一般都不说自己保真。不保真不等于该拍卖行可以随意拍卖假货。拍卖行对任何拍品都负有一定的核实义务。实际上，一些讲信誉的国际拍卖行很少发生拍卖假货的事情。

2009年，南京市鼓楼区法院审理的某画廊出售喻继高工笔花鸟画一案就反映了假“保真”引发的“合约失灵”。[②]徐州市民张先生经朋友指引来到位于南京鼓楼的一家画廊，花15万买下一张题为“和平之春”、署名为“喻继高”的工笔花鸟画，画廊出具了一份“收藏证书”，“收藏证书”上有承诺：作品保真，如专家鉴定此作为赝品我们将全额退款。张先生几经考虑终于找到画家喻继高本人对该画进行鉴定。喻继高给张先生出具的一份“作品鉴定书”认为，该作品经严格审定系伪作。张先生遂与画廊交涉要求退还购画款，画廊认为，这幅画已经离开画廊多天了，现在要求退画，不能断定这张画是否就是画廊卖出的那一张。几经交涉无果，张先生只得到法院起诉。庭审中，原告、被告双方就购画合同的有效性以及画作是不是画廊所出售的那一张等焦点问题展开了激烈辩论。原告

① 洪丽萍：《拍卖槌声下的纷争》，《市场报》1999年12月18日第5版。

② 魏晓昕：《15万买来假画法院判画廊退款》，《新华日报》2009年11月13日。

代理律师认为，本案涉及举证责任分配的问题，根据“谁主张、谁举证”的原则，张先生向法院提供的证据包括画作本身、盖有画廊印章的“收藏证书”以及收据。这三份证据证明了原告、被告双方买卖合同关系成立，原告为购买画作支付了画款。被告在“收藏证书”中的承诺是对画作品质的一种担保，这种担保也构成合同条款的一部分，负有义务的一方应当遵守。被告虽然提出了“合理”的怀疑，但在法庭上没有出示一份证据，又不能说出该画作的合法来源，根据法律规定应承担举证不能的后果。鼓楼区法院经审理支持了张先生的诉讼请求，一审判令被告某画廊返还张先生购画款 15 万元。

（三）艺术品的“代笔”问题[①]

代笔书画虽然是经本人授意而成，和模仿、假冒不同，但从实质上讲，总是出于另一人之手。代笔书画虽然不是本人的亲笔，但是经过本人同意，所落的款或印是本人书写或钤盖的。因此，从理论上而言，代笔书画不能算是赝品，但从实际来看，亦不是真品。以前代笔多半是求画者的要求超出了画家能及范围，或是因索取作品的人太多，应接不暇时，画家会找一些画艺水平与自己相当的人代而为之，因此画作仍具有相当的艺术水准。但随着艺术市场的发展，以及绘画中形式感、冲击力因素的增强，有些画家先低价请一些美院学生做“枪手”，让他们按自己的风格制作一批作品，然后亲自出手“收拾”一下，盖章、签名，然后出售。

我们首先要讨论的问题是，“代笔”属不属于“作伪”？所谓“作伪”，就是制造假的，冒充真的。那么，代笔属不属于冒充行为？“冒充”就是假的充当真的。也就是说，代笔行为就是冒充画家本人作画，只是画家本人同意而已。单独来分析的话，其实代笔就是一种以假充真的行为，画面的线条、色彩甚至构图都不是画家本人亲手所绘，由此创作的作品也是假的，是赝品。代笔又可以分为两种情况：一，完全代笔，就是整幅作品被代笔的人一笔不着，完全由代笔人绘制、书写，甚至落款、题跋都由代笔人完成。此类代笔作品在书法代笔中常见，因为书法作品须保持行气和笔迹的统一，但印章仍然是真的。二，局部代笔，就是某个部分、某个

---

① 参见笔者在2009年第4期《画廊》杂志发表的《“代笔”引起的“欺诈”问题》一文。

步骤、某种动植物由别人代笔，此处原因可能是被代笔人不想做一些耗时的工作或者做不好某些步骤。所以，从代笔作品本身来讲，代笔作品完全或部分是伪作，而“代笔”就是“作伪”，只不过此种“作伪”得到了被作伪人的许可和认同。但是被代笔人在送出或出售代笔作品时一般不会告诉对方送出或出售的作品是代笔作品，画廊在代理画家作品时更不会标明或说明某作品属于代笔作品，这就涉及法律中的“欺诈”问题了。

若被代笔人出售代笔作品。从两种分析角度，若作品被看成“产品”，那么根据《商标法》，印章、固定的签名形式可以看作某美术家的商标，此美术家许可他人使用此商标，并承担由此引起的法律责任，那么，出售此类代笔作品就不属于欺诈。若作品被看成特定美术家提供的特定“服务”，那么，这种服务是具有特定人身性质的，只能由此美术家完成。若此美术家请人代笔，而又“表示”此作品为此美术家作品，并出售给其他人，那么，就符合《最高人民法院关于贯彻执行〈中华人民共和国民法通则〉若干问题的意见（试行）》第68条中规定的：“一方当事人故意告知对方虚假情况，或故意隐瞒真实情况。诱使对方当事人做出错误意思表示的，可以认定为欺诈行为”。

第三章　“互联网+”带来的艺术品产业逻辑变化

互联网给艺术品产业带来的变化主要体现在以下几个方面：第一，互联网改变了艺术品交易场所，突破了空间的束缚。现在，艺术品供给方（艺术家、画廊、拍卖行、藏家）和需求方（藏家、投资者、艺术爱好者）可以跨越空间约束，自由进入艺术品电子商务网站、专用APP等虚拟场所，实现艺术品线上交易。第二，互联网拓展了艺术品交易时间，改变了时间的限制。过去，画廊、拍卖行等供给方有固定的营业时间，在此时间范围之外，即使买家有需求，卖家也会闭门打烊。现在，艺术品供需双方在微信、微博、网站和客户端可实现24小时不间断交流和交易。第三，互联网丰富了艺术品创作创新，拓展了艺术品的广度。现在，在网络空间交易的不仅有畅销艺术家的作品，而且有所谓小众作品，满足了“萝卜青菜各有所爱”的需要。第四，互联网加快了艺术品交易速度。藏家、投资者通过手机、电脑等智能终端接入互联网，进入网络购物平台，根据商品历史交易信息和消费者的评价选择商品，减少了信息不对称，加快了供需双方的交易速度。第五，互联网减少了艺术品产业中间环节。现在，去中介化、去渠道化，点对点、端到端，直通直达，即内去隔热墙、外去中间商，艺术品从构思、创作到营销、营运、收藏等各个区段的时间大大缩短。

传统艺术品产业链主要有四个环节，即创作、传播、展示、收藏，每一个环节都有不同的艺术市场参与者。创作，一般是指艺术家，他们是艺术品的生产者。传播，一般由艺术媒体、批评家、鉴赏家、大藏家、大机构等掌握。展示，指艺术品交易的核心环节，以画廊、博览会、拍卖会为代表。收藏，是整个交易系统的最后成交环节。当代中国艺术市场呈现的是与西方相同的两级市场表现形式：一级市场（画廊）和二级市场（拍卖、艺术博览会）。[①] 前者负责发现、培育、推介艺术家，后者则专注于艺术品的市场交易。在当下的国内艺术品市场中，很多拍卖行选择直接从艺术家处征集作品进行拍卖，也有越来越多的艺术家在没有经过画廊推广、代理的情况下直接进入拍卖市场，并且取得了不俗的成绩。此前专家也曾提出“代理制是否适合中国画廊发展?”“拍卖缘何抢尽画廊风头?”“艺术博览会怎么就成了大卖场?”等疑问，那么，当代中国艺术市场到底应该如何“经营”才既符合国情又能与国际接轨呢？基于互联网的艺术品产业为此提供了机会。传统市场以前靠垄断媒体积累优势的地位，这在互联网时代到来之后，优势逐渐削弱了，微信、微博、网络社区等各种新媒体的兴起给了艺术民间群体一个自由发言的机会，即使不被主流认可，那也不怕，这些数以亿计的声音终有一天汇聚成一股可怕的力量。[②] 在互联网增进艺术民主、改变艺术家评价体系的同时，也正在重新塑造中国的艺术品产业。[③]

在国外，2006 年，佳士得推出了佳士得在线，此后又在 2012 年推出了纯线上拍卖，而今这项业务已经获得了稳定的发展。苏富比也紧随其后展开了线上拍卖业务。然而，对于这两大拍卖行来说，其线上拍卖依然只是线下拍卖的辅助和延伸。2008 年，Artnet 推出了网络拍卖平台，此后，相继又有 Auctionata、Paddle8 等平台出现。2010 年之后，艺术电商大量涌现，例如，Artfinder、Artspace、Artsy、Saatchi Art 等。与此同时，不少已经存在的网上交易平台也开始推出艺术品交易业务，例如亚马逊从 2013 年开始也销售艺术品，150 个销售商通过这个平台出售限量版作品。2014 年，eBay 推出了“在线拍卖”，作为拥有 1.52 亿名买家的平台，

① 王榴：《2014 艺术互联网大会发言》，华夏收藏网，http://news.cang.com/info/374667_2.html，最后访问日期：2015 年 10 月 2 日。

② 安博：《2014 艺术互联网大会的发言》，华夏收藏网，http://news.cang.com/info/374667_2.html，最后访问日期：2015 年 10 月 2 日。

③ 花建：《中国艺术品产业的发展战略——迈向“十三五”的国际视野和中国路径》，《上海财经大学学报》2015 年第 5 期。

eBay 此举显然会受到广泛关注。[①]

在国内，开启艺术品在线交易时代的嘉德在线于 2000 年 6 月上线，采取多专场、365 天、24 小时不间断进行。由于当时人们对于艺术品在线交易的认可程度不高，信用、支付等辅助系统尚待完善，网拍这一模式并未得到广泛推广和应用。2008 年金融危机后，全球性的救市刺激了艺术品市场暴涨，2011 年中国艺术品市场攀至顶点，资本汹涌入市。这年 4 月，在线艺术品零售和在线拍卖市场 HIHEY. COM 开市，揭开了第二波线上艺术品交易网站发展序幕。HIHEY. COM 头年就交出了 2439. 8 万元的成绩单，次年达 5000 万元以上，并获评黑马企业和未来之星。2012 年之后，包括艺术品基金公司德美艺嘉在内纷纷推出线上艺术品交易系统。有媒体粗略统计，目前，我国从事艺术品交易的网站上千家，无论是 B2C 商业模式的嘉德在线、赵涌在线，还是遵循 C2C 的淘宝网、博宝网、盛世收藏网，都培育了大量的买家和拥趸。[②] 尽管网上交易平台如雨后春笋般大量涌现，其类型也越来越丰富和广泛，但值得注意的是，很多网上艺术品交易平台能否存活还要依靠时间的检验，其中不少依然在依靠风投的资金，这一方面表现出投资者对于这个领域的信心，同时也传达出一种意味，即其要真正获得成熟和发展，依然有很长的路要走。[③]

早在 2012 年文化部文化市场司发布的《2011 年中国艺术品市场年度报告》中，对艺术品网上交易的前景是这样描述的：“预计在未来 10 年内，我国艺术品网络交易额将达到 70 亿元。”文化部文化市场司是基于当年整个市场环境并不太好的情况下做出的评估，然而自 2011 年以来，我国艺术品网络交易年均增量在 50% 左右，如果按此速度发展下去，10 年后我国艺术品网上交易额完全有可能达到 150 亿 ~ 200 亿元。据《TEFAF 全球艺术品市场报告 2015》分析，2014 年全球艺术品市场达到

① 《TEFAF 全球艺术品市场报告 2015：艺术品七成私人买 博物馆弱势渐显》，国家新兴产业网，http://www.nein.org.cn/wenhuachuangyichanye/whcyfenxi/whcyfenxi2/2015 - 04 - 14/37105.html，最后访问日期：2015 年 10 月 22 日。

② 《艺术品交易进入互联网时代》，http://www.zhongguociwang.com/show.aspx?id = 9355&cid = 121，最后访问日期：2015 年 12 月 5 日。

③ 克莱尔·安德鲁博士（Dr Clare McAndrew）著《TEFAF 全球艺术市场报告》中文版由 CARI 上海文化艺术品研究院编译。

了510亿欧元，已经超越了2007年的峰值480亿欧元，创下了最新纪录。艺术品和古董的网络销售额已经达到33亿欧元，约占总销售额的6%，大部分成交价格在1000～50000美元。[①]

当前，中国2000多亿元的艺术品交易市场只有不到4%是在线上完成的，尽管拍卖行的交易额占整体的30%～40%，但其中5万元以下的单品量仅占百分之零点几，其实这类艺术品的交易往往以线下私下交易的形式开展，且占到了整个盘子的66.5%。可以说，艺术品网络交易在未来几年还有一个相当大的发展空间。AMRC艺术市场研究中心认为，目前国内艺术品在线交易的发展状况与前几年网络零售购物的发展情形类似。因此从国外经验来看，随着互联网的快速发展以及人们购物习惯的改变，国内艺术品在线交易市场也将经历迅猛的发展。“由于目前国内艺术品网上交易量还比较小，这就决定了今后的发展空间极其巨大。”[②]

第一节　艺术品小众特性与互联网长尾理论

长尾理论（The Long Tail）认为，由于成本和效率的因素，当商品储存流通展示的场地和渠道足够宽广，商品生产成本急剧下降以至于个人都可以进行生产，并且商品的销售成本急剧降低时，几乎任何以前看似需求极低的产品，只要有卖，都会有人买。这些需求和销量不高的产品所占的市场份额，与主流产品的市场份额相比，甚至更大。在过去传统的商业模式中，人们往往只会关注重要的人或重要的事，如果用正态分布曲线来描绘这些人或事，人们只能关注曲线的“头部”，而将处于曲线“尾部”、需要更多的精力和成本才能注意到的大多数人或事被忽略。安德森认为，网络时代是关注“长尾”、发挥“长尾”效益的时代。简单地说，所谓长尾理论是指，只要产品的存储和流通的渠道足够大，需求不旺或销量不佳的产品所共同占据的市场份额可以和那些少数热销产品所占据

① 克莱尔·安德鲁博士（Dr Clare McAndrew）著《TEFAF全球艺术市场报告》中文版由CARI上海文化艺术品研究院编译。

② 卢建波：《艺术品网购风生水起拍卖巨头频频“触网”》，凤凰财经，http://finance.ifeng.com，最后访问日期：2014年7月23日。

的市场份额相匹敌甚至更大，即众多小市场汇聚成可产生与主流相匹敌的市场能量。[①] 也就是说，企业的销售量不在于传统需求曲线上那个代表“畅销商品”的头部，而是那条代表“冷门商品”经常为人遗忘的长尾。通过关注非主流的长尾消费需求，可以发展出高端的消费群体，从淘宝中诞生的天猫商城就是应用这一理论的典范。2003 年 5 月 10 日淘宝网上线，当很多人都不看好网购时马云却很坚持，开始只是抓住了会上网又想买便宜东西的人群。淘宝更厉害的地方在于时机成熟以后分离出了天猫商城，2011 年 6 月，淘宝商城从淘宝网里分离出来。2012 年 1 月，淘宝商城正式更名为天猫商城。天猫商城承诺提供 100% 品质保证的商品，提供“7 天无理由退货”“购物积分返现”等优质服务。2014 年 2 月，天猫国际正式上线，为国内消费者直供海外原装进口商品。至此，天猫商城就成为从淘宝网脱胎而出的一个优质高端电商平台。其实很多高端买家是从淘宝上培养起来的，当年轻人经济不宽裕时就在淘宝上买东西；随着年龄的增长、经济条件的改善，他们就成了天猫商城的买家。现在的消费品需要粉丝，需要有忠实的买家。在高端市场已经相对饱和的情况下，企业要格外关注长尾消费市场。更为关键的是，要在长尾消费者中培养高端消费者，并及时跟进高端消费的需求。

现在，网上拍卖系统的出现和发展为买卖双方提供了更有效、更满意的联系。在拍卖中，买方出价不高于自己的期望值，也没有必要多付钱，而要价过高的卖方则必须尽快降低价格，否则就退出交易，买方拥有更多的选择、更多的方便和更多省钱的机会，卖方则拥有更大的市场和卖出好价钱的机会。传统拍卖行在高昂的运营成本面前，难以汇集小资本买家，互联网恰恰满足了这些小客户。长尾理论统计的是销量，并非利润。管理成本是其中最关键的因素。销售每件产品需要一定的成本，增加品种所带来的成本也要分摊。所以，每个品种的利润与销量成正比，当销量低到一定限度就会亏损。理智的零售商是不会销售引起亏损的商品的。超市是通过降低单品销售成本，从而降低每个品种的止亏销量，扩大销售品种。为了吸引顾客和营造货品齐全的形象，超市甚至可以承受亏损销售一些商

① 〔美〕克里斯·安德森：《长尾理论》，乔江涛、石晓燕译，中信出版社，2012。

品。但迫于仓储、配送的成本，超市的承受能力是有限的。虽然长尾理论目前还不完善和成熟，但它的理念却对各个行业产生了很大影响，对艺术品产业也产生了较大影响。随着社会经济的发展，人们不再为温饱问题发愁。社会正逐步由“贫穷经济”进入“富足经济”时代，艺术品消费进入快速增长阶段，对艺术品的需求也越来越个性化。而网络信息技术及大数据技术的发展为艺术品满足藏家、投资者个性化需求提供了技术条件。这种背景下，长尾艺术品市场进入了艺术圈。根据马斯洛需求层次论，艺术是精神消费需求。随着我国经济的高速发展，艺术品大众化消费趋势锐不可当，将在艺术品大众化消费被启蒙和激发之后出现火山般的喷发态势。

从艺术市场来看，“长尾理论”的核心论点是许许多多小市场聚合成一个大市场。过去，艺术品的种类受到传统画廊、拍卖行、艺博会和传媒带来的经济规律和物理规律上的巨大限制，藏家和投资者往往专注于艺术品市场需求曲线左方高高突起的“头部”。但在我们可以提供足够多的艺术品之后，只要存储和流通的渠道足够大，“长尾”上的产品之和就可以和那些名家作品所占据的市场（“头部”市场）份额相匹敌甚至更大。互联网艺术品产业区别于传统的艺术品交易一级市场（画廊、经纪人）和二级市场（拍卖、艺术博览会）的网络销售格局正成为艺术品市场的重要部分。通过网络，艺术品交易正在从专业走向大众。如今的艺术品交易其实不一定关乎收藏、投资，年轻人买幅画更是在喜好基础上追求生活方式，是长尾市场。

在收藏和投资艺术品中非常重要的因素，就是卓越的艺术品位。好的眼光和品位是超越所谓的市场行情的，它是永远站在市场的前端的。由于现在资讯发达，互联网使细小但有价值的信息能瞬间传达到世界各地。国内的行家们更是敏感异常，所以即便是在欧美一些很小的小型拍卖会上偶尔出现的好东西，都能得到识货人的关注，甚至一样能卖出令人诧异的好价格。长尾理论为艺术品市场注入了新鲜血液，让人们能够对艺术品市场进行全新的解释，能够更加了解艺术品市场的发展趋势，为市场发展打好基础。①

① 吴小莲、罗琦嘉：《论大众传媒对艺术品市场发展与繁荣的作用》，《消费导刊》2008年18期。

随着近些年艺术品收藏价值的提升，风险小、升值快、格调高的艺术品投资开始越来越为人们所青睐。对于投资人来说，因为艺术品具有稀缺性，具有极佳的保值功能，一旦收藏，很少会贬值，投资者不必担心像股票、基金那样因行情突变带来难以预测的风险。然而由于艺术品与生俱来的投资高门槛，艺术品投资一度只是那些富人们的“游戏”，普通投资者可望而不可即。随着艺术品投资市场的迅猛发展和交易渠道的多样化，如今艺术品投资早已“飞入寻常百姓家”了。现代技术发展越来越快，人们对产品的要求也越来越高，传统的面向小群体的艺术品市场已经不能适应现代人群的需求，这也可以运用长尾理论进行解释。因此为了让传统艺术品市场的价值创造能够得到提高，需要运用长尾理论对艺术品市场进行深入分析。

基于互联网的艺术品产业可以进一步降低单品销售成本，甚至没有真正的库存，而网站流量和维护费用远比传统店面低，所以能够极大地扩大交易和展示的品种。而且，互联网经济有赢者独占的特点，所以很多网站在前期可以不计成本、疯狂投入，这更加剧了品种的扩张。要使长尾理论更有效，应该尽量增大尾巴，也就是降低门槛，制造小额消费者。但是想要对艺术品产业进行长尾平台的建设，就需要为买家提供一个可以大量选择的平台，只有让买家拥有足够的选择区间，才能满足艺术品市场的需求。

一 专业艺术品网站带来的改变

互联网本身就是一种传播的方式，可以承担最基本的拍卖品展示、拍卖活动预告、艺术家展示交流互动等功用。互联网和艺术品交易的跨界融合已是大势所趋，逐渐丰富的交易模式更是推动着艺术品与互联网的合作。

从世界拍卖行业的发展来看，引入电子商务技术，进入网上拍卖具有广阔的发展前景。苏富比拍卖公司几年前就已与美国最著名的拍卖网站ebay结成网上联盟，推出一个以“苏富比”命名的新网站，以便利用互联网更广泛地进行艺术品拍卖活动。就当前国内的情况而言，艺术品网站大体可归纳为以下几类，即专业门户型综合网站（如雅昌艺术网、唐人文化网）、大型综合网站艺术品专栏频道（如新浪、搜狐等）、资讯类网站、个人或企业机构类网站、在线交易类网站以及许多网上收藏艺术沙龙网站（如收藏沙龙网）。与传统的艺术品销售相比，在线交易的优势在于方便快捷、交易成本较低，商品信息更加透明、市场也更加公开，这必将吸引越来越多的人参与艺术品在线交易，未来几年艺术品在线交易很可能发展速度更快。[①] 在 2014 年，世界范围内排名居前的艺术品专门网站是 Art. com、Artspace. com 和 Gagosian. com。

正如传媒理论宗师马歇尔・麦克卢汉所指出的，传媒是真正的社会教育者，它可以在轻松的视听享受中教育人、改变人，通过有效地宣传、介绍、报道，使艺术品得以迅速传播、流通并扩大影响力和公众注意力，牵引并提高受众的审美力和鉴赏力，激发艺术家的想象力、表现力和创造力，为艺术家与消费者创造一个及时宽松的互动平台。[②] 与此同时，还可以借助大众媒体的及时性、快捷性、开放性和重复性等特点，对社会起到“瞭望哨”的牵引作用，将艺术真正地融入大众传媒的可利用资源之中，创造出新的内容、新的形式与观念，通过媒体报道、网络资讯，向公众宣传、介绍有关信息，解读艺术家，诠释艺术作品，尤其是可以让真正的艺术佳作反复进入观众的视线并产生潜移默化的渗透力，影响受众的认知水平和鉴赏品位；也可有效地挖掘人们选择生活享受的商业价值取向，并使之转化为影响人们个人品位、社会定位尺度的标准，彰显当代艺术品市场对人民生活质量产生的极大影响力。总之，艺术品市场的落脚点是购藏群体，他们才是使艺术品成为现实商品的最后买单人，是一个健康良性的艺术品市场发展的终极目标，艺术欣赏者兼购藏者的市场活动是艺术品生产与流通全过程的终点，有了生产与消费才有市场。

在互联网深度普及的今天，艺术品的线上交易已成为艺术品产业中不可忽略的一部分，有的画廊利用网络平台销售毕业生作品，也有的传统的拍卖行开始利用社交媒体和电商平台推广和销售艺术品。根据文化部发布

---

① 《艺术品网购风生水起拍卖巨头频频“触网”》，凤凰财经，http：//finance. ifeng. com/a/20140723/12775484_ 0. shtml，最后访问日期：2016 年 1 月 2 日。

② 吴小莲、罗琦嘉：《论大众传媒对艺术品市场发展与繁荣的作用》，《消费导刊》2008 年第 18 期。

的《2014年中国艺术品市场年度报告》显示，中国拍卖行业2014年成交总额整体发展同比下滑不少，但艺术品网上交易额则同比上涨超过50%，预计到2015年在线艺术品交易总额将超过100亿元，全球将有一半的艺术品交易在互联网上完成。这个趋势在未来几年依旧被看好。这种区别于传统艺术品行业的网上艺术品交易、交流、收藏方式，可以为藏家寻觅藏品提供更多的便捷，也可以为商家节省更多的成本。同时，网上交易不受时间、地域限制，还可以免去交通费用和时间，只要手指一点，鼠标一点，任何人都可以与世界各地的艺术家联系在一起。而线上平台产生的浏览、论坛和交易等大数据可以为机构研究客户的行为和艺术品市场的运行规律提供重要的分析依据，由此捕捉到新的市场机会。①

詹姆斯·科恩（James Cohen）夫妇2011年6月发起网上艺术博览会VIP Art Fair（VEIWING IN PRIVATE），吸引了来自30个国家的138家画廊的2000多件艺术作品，不乏纽约高古轩（Larry Gagosion）、伦敦白立方（White Cube）等顶级画廊。2012年1月6日，HIHEY. COM推出HIHEY. COM/ARTFAIR在线艺术博览会，汇聚了442位艺术家、15家画廊的1800件作品。这被视为“在充斥着无效和无序信息的中国艺术市场中，一个革命性的、基于数字化的、真正有效率的艺术品消费模式正在被创建。”②

互联网艺术品市场，是一个崭新的、公共的、开放的、更加自由的艺术市场。可以说，互联网介入艺术品市场，为艺术品市场带来一场彻底的革命，已经在极大地改变着传统艺术行业。

（一）缩短艺术家与买家的距离

艺术品交易，不仅是简单的艺术商品需要购买和交换，艺术家和他们的设计也需要寻找投资和渠道。现有艺术品市场征集难、结算难、监管差，建设线上线下一体的交易平台可有效地整合资源，管控风险。线上解决搜索、咨询、诚信、沟通、支付等问题，线下解决体验、展示、谈判等

① 姚以镜：《中国艺术品市场“崩盘”？尚早！》，《国际金融报》2015年8月17日第32版。

② 《艺术品线上交易：互联网闯进了瓷器店》，人民网，http://art.people.com.cn/n/2014/0113/c206244-24096862.html，最后访问日期：2016年1月2日。

问题。基于互联网的艺术品交易，既提高了交易的效率，也可拉动传统画廊、美术馆的服务内容及客流。①

在传统的艺术品行业，艺术作品需要经过层层烦冗环节才能成为一个投资品。策展人要在各大美术馆、画廊、公共场所举办展览、艺术品推手活动，收藏家提前关注行情，有的作品还需要参与海外一些重要展览，经过动辄一年半载的交易链条，最后作品的商业价值才能在拍卖行体现出来。而一件作品只有进入公开的拍卖环节，它的商业价值才会获得公众艺术品投资收藏市场的长期认可。对于某些拍卖行来讲，他们在意的并不是长期的利益，只要满足短期利益，这幅作品就可以在拍卖行进行拍卖。如果作品在拍卖行拍不出去，拍卖行就赚不到佣金，正是这个原因，拍卖机构的假拍现象不断。有些艺术家自己出钱把自己的作品拍到千万元之高，价格炒到高价之后再私下出售，有些假拍甚至是拍卖行和艺术家一起参与的，拍卖行不收取艺术家佣金，但却得到作品私下出售之后的更大利益。所以，一幅画报价 30 万元还是 300 万元甚至 3000 万元，或许全靠行业的内部运作惯性和其长久以来形成的交易模式决定，许多买家在这种不公开、不透明、信息不对称的情况下，只能看行业内表面的作品炒作情况，冲着投资目的去买一幅画。种种现象造成的结果是，无论是价格因素还是欣赏因素（特别是价格因素），都将普通大众隔绝在了艺术神坛之外。②

艺术品专业网站在将来或许能影响线下艺术机构的发展，传统的艺术机构代理一个艺术家的作品一般为五五分成，对一些未成名的艺术家来说，情况更加不利，艺术机构甚至会收取超过五成的分成，但是艺术品电商平台一般将佣金定为 5% 左右，对于很多艺术家来说，特别是青年艺术家更乐意选择与后者合作。除此之外，画廊签约包装推广一个艺术家，往往需要几十年之久，然而尽管经过长时间的雪藏，艺术家成名的概率却依旧很低。因而线上的平台除了佣金低廉之外，还有一个对艺术家来说相当有诱惑力的条件：互联网借助高效快速的特点，能在短时间内将艺术家包

① 《中国艺术市场如何向大众化发展?》，中国文化艺术品产权交易所网站，http：//www.zgcae.net/tdetail.asp? id＝3930，最后访问日期：2016 年 1 月 5 日。

② 马晓丹：《互联网如何将艺术品“请下”神坛?》，天下网商，http：//i.wshang.com/Post/Default/Index/pid/35155.html，最后访问日期：2016 年 1 月 2 日。

装推广出去，线上推广渠道如果能形成健康的生态系统，那么艺术家作品甚至个人的推广、交易、交流都可以在线上完成，那些不能被画廊代理的艺术家或者不想再被艺术机构控制“剥削”的艺术家，便有了额外的选择空间。尽管这样的包装方式缔造曾梵志、张晓刚这样的大咖级别画家的可能性也不大，但是这种线上积累的推广方式得到的结果是：它可以在一定程度上改善青年艺术家未成名之前作品无法出售时候的经济窘迫状况，也在一定程度上坚定了艺术家走艺术之路的信心，而某些不能成为艺术品的画作，也可以用其中的艺术元素开发为艺术衍生品。①

（二）建立互动式传播关系

网络时代，消费者接触和接受媒体的宣传方式已经有很大的改变。美国营销传播学家特伦希·希姆普 20 世纪 90 年代提出：“营销就是传播，传播亦是营销，两者不可分割。”媒体作为信息的传播媒介，应该充分参与艺术品营销传播的活动中，以实现艺术品价值增值的目的。今天的互联网社交类媒体不仅是个性化产品主要的传播平台，还可能成为电子商务的交易平台。网络环境不相信权威，那些扭曲怪异的、晦涩不明的作品将会受到新市场的挑战，但同时网络文化也是多元的，受市场欢迎的作品，就一定能找到属于自己的市场。网络世界是互动的，那些擅于沟通，能与消费者分享创作历程，有人格魅力的创作者，会得到市场更大的欢迎。②

关于“什么是互联网”的问题，每个人心中都有一个自己的回答，有一个回答是比较有意思的：所谓互联网就是自由人的自由联合。在艺术领域，来自五湖四海各行各业的“艺术关系人”聚集在互联网上，就线下的社会身份来说，“艺术关系人”主要包括艺术创作者、收藏家、艺术品交易商户、拍卖行画廊从业人员、艺术类媒体从业者、艺术批评家、艺术研究者、艺术院校师生、策展人、艺术经纪人及业余爱好者等，他们在互联网上的各种活动大都是围绕着艺术品展开。

通过互联网，参与者可以把自己一幅作品的创作过程展现给网友，网

① 马晓丹：《互联网如何将艺术品“请下”神坛?》，天下网商，http://i.wshang.com/Post/Default/Index/pid/35155.html，最后访问日期：2016 年 1 月 2 日。

② 《中国艺术市场如何向大众化发展?》，中国文化艺术品产权交易所网站，http://www.zgcae.net/tdetail.asp?id=3930，最后访问日期：2016 年 1 月 5 日。

友又可以将自己的想法、观点即时回馈给创作者。比如张晨初就把自己的作品《中国角色：凤姐》的创作过程从2012年12月2日起以每半天上传一张照片的形式在雅昌论坛艺术区的油版雕区发帖展示，帖子取名为“张晨初《中国角色：凤姐》过程图”，引来很多对此感兴趣的网友驻足“围观”，作为绘画题材的“凤姐”，作为一个在国内颇具争议的话题人物，在这样一个公众人物的道德底线是普通人的道德上线的时代，她的一举一动总能引起大家的热烈讨论，但鲜有艺术创作者能把她和艺术联系到一起，所以当这个“直播”帖（事件中发帖人的进展在第一时间发帖与网友们分享）的第一张图片一出现，网友们便纷纷表示“很期待”。论坛提供了一个让大家围观创作过程的平台，如同线下一位艺术创作者在公开场合挥毫泼墨，周围不断涌现褒贬不一的声音，进而影响着创作者本身的艺术表达与发挥，这个平台的出现，无疑缩短了艺术创作者与欣赏者之间的空间距离，也有利于创作者充分表达其娱乐诉求。

在网络时代，每个人存在的证据之一便是“我”在网上晒日志、晒心情、晒照片后得到的回应，这种回应可能来自周遭熟悉的人，也有可能就是素昧平生的网上陌生人的回应，不过殊途同归，它在某种程度上都能减轻分享人的孤独感，获得快乐。通过“晒”这种方式，获得亲朋的关注，也是实现“社交需要”的一种重要途径，此外，回应中出现的称赞之语或羡慕之词也能使分享者达到一定程度上的“自我实现需要”，让分享者感受到自己存在的价值。而互联网让传媒主导权第一次掌握在每个使用者的手上。在互联网上任何人可以对感兴趣的话题发表自己的观点，实现了传者的身份，但同时，阅读的另一位网民（受者）有同样的权利来回应，从而成为一名传者，传受身份在瞬间改变。既然不存在完全意义上的单纯的传者和受者，传播的中心在一定意义上便不复存在，一切传播都处于边缘。传者和受者此时如同狂欢节中的人群，既是演员又是观众，造成了传播中心的淡化，显现出了虚拟社区内成员间的平等。①

今天的互联网的发达程度完全可以解决传统艺术品市场存在的很多问

① 胡健：《传统的悖反与回归——虚拟社区内传播行为浅析》，《湖南大众传媒职业技术学院学报》2005年第5期。

题，人们都可以通过互联网找到自己心仪的作品和商家。坐在电脑前就可以看国内任意地方甚至国外的艺术作品，而且是全方位的感受，同时与卖方、艺术家交流。而且线上解决了客户和画廊之间艺术品选择的便捷性，客户面对的不再是单一的画廊、拍卖行或者艺术家，而是一个更为广阔的空间。

（三）低成本与金融化

互联网金融可谓非常红火，从余额宝到电子红包，从第三方支付平台到 P2P 小额信贷，从电子货币到众筹融资……这都标志着互联网金融不断地攀登新的高峰，其他产业为了加速自身的发展也在想方设法地"搭便车"，文化产业就是其中的典型代表。

在很多人看来，艺术本身是对梦想的一种追求，但有好的梦想还得有实现梦想的手段。金钱不是万能的，但事实上金钱对于艺术领域的促进作用却是不可否认的。毋庸置疑，经济层面的合理运作会对艺术品市场的发展起到巨大的推动作用，而相反的，艺术品产业的健全与稳步发展也会在保持经济稳定、改善产业结构的过程中发挥正面影响。① 艺术品电商能获得资本投资，对于艺术品电商企业来讲是利好消息。通过资本的引进，可以帮艺术品电商获得发展上的资金保障，提升艺术品电商的抗风险能力，有助于一系列发展战略的实行。艺术品也成为金融企业、资本企业进行多元投资的一个环节，金融、资本企业通过收藏艺术品，建立艺术品仓库，作为企业投资战略的一部分。②

艺术品金融化是未来发展的大势。近年来，艺术品金融化一直是热门话题，金融工具的特性与全球流通的属性让其成为当今社会越来越被重视的理财手段之一。自我国出现拍卖公司以来，艺术品金融化已开始萌芽，从 2010 年开始大规模发展，随着金融资本不断进入艺术品市场，市场对艺术品的投资收藏从简单的个人爱好，衍生出一种新的财富管理类型，越来越多的资本通过艺术品抵押、艺术品按揭、艺术品信托、艺术品基金等

---

① 《艺评：开启艺术金融时代有多简单》，新浪收藏，http：//shuhua. gmw. cn/2014 - 06/27/content_ 11753527. htm，最后访问日期：2016 年 1 月 5 日。

② 安博：《2014 艺术互联网大会的发言》，华夏收藏网，http：//news. cang. com/info/374667_2. html，最后访问日期：2015 年 10 月 2 日。

各种金融形式介入艺术领域，从而开启了中国“艺术金融”时代。目前我国市场中出现的艺术品投资形式主要有四种：艺术品拍卖、艺术品信托、艺术品股票、艺术品基金。[①] 从上述艺术品投资模式来看，国内市场从事艺术品投资产品开发的机构，总体上看还比较少，而且门槛非常高，周期长，仅仅为小众群体打开了大门。而将普通老百姓“排斥”在外，甚至想都不敢想。

随着互联网金融近两年的兴起和火爆，有一些P2P平台也开始发掘艺术品投资的价值和优势，并与之结合使艺术品投资变得平民化。伴随着艺术品以各种方式被迅速“互联网金融化”后，其投资门槛将不断降低，让艺术品投资从小众变成大众。艺术品投资会因其升值空间大，且对于经济周期不敏感，具有很强抗跌性的独特魅力，而被投资者接受与认可，逐渐成为企业和老百姓的大量闲钱寻求回报的出路。打通艺术品的金融资产化渠道之后，将带来大量收藏家和消费者的艺术资产能够流通，海量艺术品成为金融资产，计入企业资本和注入上市公司。无疑，艺术品金融化、资产化，将对整个艺术品市场带来巨大的影响和冲击。同时，互联网的商务功能则可以解决精准客户群聚合的问题。比如众筹，现在有很多文化项目通过众筹解决了资金问题。通过大家一起“凑份子”，借助信息平台和社交网络，就能得到高品质艺术品衍生品以及享受原作升值带来的收益。这是一种互联网文化金融创新模式。互联网实现了把买家转化为客户的平台功能。同时，它实现了第三方支付的功能，进而解决了信用问题。互联网和物流的结合，还解决了销售服务的便捷问题。

艺术品金融化至少有两大好处：第一，大大降低了艺术的参与门槛，投资者投资与交易的是艺术品资产的金融份额，可大可小，可多可少，艺术金融从真正意义上让艺术品走进了“寻常百姓家”。第二，艺术市场引入了互联网思维，加快了平台化发展。互联网化后，在传统画廊（一级市场）、拍卖公司（二级市场）之上，诞生了一个全新的交易平台。这个

① 《艺评：开启艺术金融时代有多简单》，新浪收藏，http://shuhua.gmw.cn/2014-06/27/content_11753527.htm，最后访问日期：2016年1月5日。

平台的规则是互联网化的，即线上终端、自由买卖、大数据系统管理，形成了一套全新的评估定价机制，而且“鼠标说了算”的机制，使整个交易过程更透明、更公正。从这个角度说，艺术金融是互联网思维在艺术产业上的落地与实践。①

二 搜索引擎类艺术品网站带来的改变

什么是搜索引擎？搜索引擎（search engine）是一个对互联网信息资源进行搜索整理和分类，并储存在网络数据库中供买家查询的系统，包括信息搜集、信息分类、买家查询三部分，如 Google、百度。

在互联网迅猛发展的背景下，传统的买卖市场也显露出众多短板，例如，受地域限制性强的实体画廊因房地产行业快速发展导致店铺租金猛增，大部分运营困难、举步维艰……无疑，构建一个虚拟世界与现实世界紧密相连的桥梁，将引领收藏家、书画、艺术品投资爱好者、画廊店主进入一个崭新的、一站式、多元化的平台，书画艺术品市场也将迎来它的春天，随之书画、艺术品搜索引擎平台终于浮出水面。②

艺术品搜索引擎平台对现有艺术产业最大的好处之一，就是能减少尴尬——避免画廊对知名艺术品开出贻笑大方的价格，或者询问某一幅作品是否适合你家的装修风格这类问题。以 2013 年出现的艺术品搜索引擎平台“中国艺搜”为例，其主流栏目版块涵盖艺术搜索引擎、网上画廊、艺术街、网上美术等栏目，收录信息数据总量已达 5 亿条之多，内容主要包括艺术门户网站信息、各大书画艺术品论坛信息、各主流书画艺术品网上商城信息、知名拍卖公司拍卖品信息等。“艺搜索”意在打造出比“百度”和“淘宝”更精细的信息无疑令艺术品市场“一览无遗”，只需简单输入艺术家的名字，即可轻松地找到该艺术家在全国各地的作品，而且可以使艺术家的作品价格更加透明，并可清晰统计出该作品的市场存有

---

① 《艺评：开启艺术金融时代有多简单》，新浪收藏，http://shuhua.gmw.cn/2014-06/27/content_11753527.htm，最后访问日期：2016 年 1 月 5 日。

② 《“艺搜索”盛况来袭 纯正血统引领艺术品搜索引擎之路》，中国广播网，http://cz.ce.cn/dfcz/201309/25/t20130925_1116192.shtml，最后访问日期：2016 年 1 月 5 日。

量。[①] 无论是投资者还是消费者，都应该关心艺术家是个什么状态。艺术品和艺术家的气质相关，艺术品之所以有名，除了有故事，还需要一个鲜活正面的艺术家形象。

对普通网民而言，搜索引擎是一种查询工具。通过这些搜索引擎，知识分享和组织在艺术领域得到了很好的应用。过去在艺术圈里，专业知识很难被分享，而科技改变了这一状况。线上画廊、艺术杂志以及线上平台不仅能够帮助艺术家成功，也为收藏爱好者提供了无价的资源。举个例子，得益于技术力量，一些收藏爱好者可以足不出户地关注自己喜欢的艺术家，可以跟踪这些艺术家在巴塞尔、迈阿密、香港的活动，还可以访问柏林、纽约、伦敦、北京和巴黎的博物馆。利用线上资源，可以让艺术品买家看到更多作品，无须亲自费力地跑到画廊、博物馆或是工作室去实地观赏。不仅如此，得益于科技的帮助，建筑师、设计师，还有企业主，如果想买艺术品的话，也不需要到处跑来跑去，在一个地方就能预览艺术作品的全貌了。高度组织的线上艺术平台，实际上就像是将实体画廊和人工顾问两者最有价值的部分整合在一起，形成了一个优化的空间。如今，亚洲线上买家的鉴赏能力在逐渐提高，策展在其中起到了非常重要的作用。这些艺术平台上的策展人可以花很多时间过滤筛选开放平台或是艺术品展会、活动上的艺术品，继而帮助买家更轻松地找到他们所需要的。无论对于画廊、艺术家，还是收藏者来说，都是双赢。特别是对收藏者，他们无须花太多精力挖掘艺术品，但是却能了解到范围更广的艺术知识。由于通信技术的发展，各个拍卖公司均有自己的网站，通过知名搜索引擎即可实现高频率的点击，在获取一定点击量的同时，也使更多收藏者对艺术品产生兴趣，以促成成交。[②]

对艺术品商家来说，搜索引擎是一种赢利的产品或服务，而作为产品，搜索引擎商要研制、改进和创新其搜索技术；作为服务，搜索引擎营销商要研究搜索引擎优化和推广。利用搜索引擎的目的不同，构成了搜索

① 《“艺搜索”盛况来袭　纯正血统引领艺术品搜索引擎之路》，中国广播网，http：//cz. ce. cn/dfcz/201309/25/t20130925_ 1116192. shtml，最后访问日期：2016 年 1 月 5 日。

② Via Techinasia：《科技如何改变艺术世界?》，http：//kuailiyu. cyzone. cn/article/14698. html，最后访问日期：2016 年 1 月 2 日。

引擎研究的不同群体和对搜索引擎不同角度、不同侧重点的研究。搜索引擎推广是近几年比较有效的营销手段，主要是通过搜索引擎优化，搜索引擎排名以及研究关键词的流行程度和相关性在搜索引擎的结果页面取得较高的排名。搜索引擎优化对网站的排名至关重要，因为搜索引擎在通过Crawler（或者Spider）程序来收集网页资料后，会根据复杂的算法（各个搜索引擎的算法和排名方法不尽相同）来决定网页针对某一个搜索词的相关度并决定其排名的。当客户在搜索引擎中查找相关产品或者服务的时候，通过专业的搜索引擎优化的页面通常可以取得较高的排名。对于那些获得成功的当代艺术家们来说，社交媒体也起到了很大作用。如今，艺术家的名望其实是靠收藏者、全球顶级买家、画廊，以及其他有影响力的人建立起来的，当然，这其中也需要依靠艺术家自身的努力。相比过去，现在依靠搜索引擎的传播力量，影响力的范围将会更广。一方面，搜索引擎可以扩大艺术家的影响力，另一方面也能提升艺术品的销量。对于新推出的艺术家、艺术品，电商可以利用其特性进行更为详尽的介绍，包括文字的、图片的、视频的，等等。艺术品在线交易在见过艺术品或者艺术家之后更容易发生。艺术家最好能够和潜在买家发生互动，让买家有个历史状态回忆。当潜在买家收藏过某位艺术家的一幅画，甚至见过一次面以后，下次通过网上展示拍卖就容易成交。电商也可以更好地传递熟悉感，让有回忆的人、有参与的人留下记录。记录可以是正面，也可以是负面，就如淘宝购物的点评、大众点评一样。什么时候艺术可以被大众点评，什么时候艺术才能接地气。整合营销的目标是站在战略发展的角度，使资源得到优化配置，并力求取得较好的营销业绩。因此，艺术品电商需要把握资源，广开线上线下渠道，营造尽可能多的消费者接触点。①

三 微信和微博给艺术品市场带来的改变

互联网与我们的生活的联系已日益紧密，今天的艺术家，他们的生活已经被微信、微博深深改变。艺术家张晓刚就曾写下这样一段话：“读书

① 安博：《2014艺术互联网大会的发言》，华夏收藏网，http://news.cang.com/info/374667_2.html，最后访问日期：2015年10月2日。

现在是越来越少了。看书比读书多，这个意思怎么讲？就是我也在买书，但就是看看、翻翻，大概感觉一下，不像原来那么认真地读，现在读不进去了。一个可能是现在好书太多了，无从下手，读不完；不过主要原因还是碎片化的交流占据了大量的时间和精力，你看每天几个小时在微信上面看一些碎片化的东西，跟人聊天、开开玩笑，很快所有的状态就消耗完了。”从另一角度来说，人类也真是“无可救药”，纵是再有哲思的理论，如卢梭的谆谆告诫，或许还不如一个笑话传播得快。[①] 但这也是一个桥梁，让更多人有更多渠道、更多角度去了解艺术。比如2014年末，北京艺术圈人士的朋友圈，就被一个叫“无人生还”的艺术小组刷屏，他们用相声来讲述艺术史。[②] 这是一个信息泛滥的时代，每天媒体的信息无穷无尽。我们要选择如何去解读这个世界，看哪个网站，选择哪条信息，的确是一个问题。[③]

互联网对商业秩序的影响，首先是以对旧商业模式的侵蚀开端的。侵蚀对象，既包括传统的公司，也有旧的自商业体（自雇佣）。互联网特别是移动互联网赋予消费者更多选择，又打通了便利支付，很大程度上消除了一直以来企业和小商铺、个体经营者基于局部环境下形成的经营优势。从受众对于媒体的控制来看，网络这种新的媒体型态，打破了媒体中心的垄断，使得讯息的传播更自由、更去中心化。微信、微博总体而言都属于现代社交媒体的一种。以新闻类软文构建百度新闻体系，以博客、个人网站等构建百度搜索SEO体系，以微信、QQ等构建买家交流体系，以QQ空间、新浪博客、官方网站等构建大本营，这样就构成了一个完整的互联网根据地。[④]

传统艺术品市场以前靠垄断媒体积累优势的地位，这在互联网时代到

---

① 何宇达：《移动互联网时代的艺术家：一种职业的代名词》，http://fashion.163.com/15/0203/17/AHHVODL600264MK3.html，最后访问日期：2016年1月9日。

② 安博：《2014艺术互联网大会的发言》，华夏收藏网，http://news.cang.com/info/374667_2.html，最后访问日期：2015年10月2日。

③ 《竹兰里异军突起　艺术品移动电商》，中国城市文化网，http://www.citure.net/info/201562/201562165215.shtml，最后访问日期：2016年1月9日。

④ 安博：《2014艺术互联网大会的发言》，华夏收藏网，http://news.cang.com/info/374667_2.html，最后访问日期：2015年10月2日。

来之后，优势逐渐削弱了，微信、微博等各种新媒体兴起给了民间艺术群体一个自由发言的机会，即便是被主流不认可，那也不怕，这些数以亿计的声音终有一天汇聚成一股可怕的力量。互联网时代，促成艺术民间力量的觉醒![1] 社交媒体也作为新艺术观念滋生的土壤、新艺术风格形成的平台以及新艺术潮流发展的推手对艺术的发展发挥着极其关键的作用。无论是艺术家、收藏家、爱好者还是中间商都离不开它，它可以说已成为当代艺术重要的生存语境。在这样一个“我们即媒体”（We Media）的时代里，每个人都有表达的自由并能通过网络这个平台结交到更多志同道合的朋友。移动互联网并没有把人们使用互联网的时间碎片化，而是把每个人随时随地的碎片时间聚拢起来，也把不同人的碎片时间合在一起，可以产生一种体现集体意识的创造。[2] 在这样一个时代，个人的力量实在渺小，而互联网的兴起，将分散的意识积聚在一起，这正是一种集体意识的创造。

博客卖画这种现象在艺术圈已经不是新鲜事儿。很多艺术家在雅昌艺术网开了博客，一些画卖得不错。而美院每年大批毕业的学生也是博客卖画的主力群，价格从几千元到几万元不等。从目前看，国内著名的雅昌艺术网已经专门开辟了商业区，画家可以直接在博客里卖作品。北京某画家曾在网上开辟了一种全新的方式销售自己的作品：在个人博客上挂出自己的作品，以博客点击数作为网络画作的定价，一个点击数定为 1 元人民币。每幅作品的点击量有多少，这幅作品就卖多少钱，而且卖得还不错。他将一幅画面为身披薄纱的某知名演员的人体油画挂在了博客上，结果，一个月的点击量就达 22 万多次，于是这幅作品就以 22 万多元卖出。[3] 不得不说这的确是一种在传统艺术品市场从未出现过的营销方式。微博“吸粉”虽然比较容易，但是最大的局限在于无法直接支付，需要通过第三方才能完成交易。

---

① 安博：《2014 艺术互联网大会的发言》，华夏收藏网，http://news.cang.com/info/374667_2.html，最后访问日期：2015 年 10 月 2 日。

② 《李靖坤在 2014 艺术互联网大会的发言》，http://news.cang.com/info/374667_2.html，最后访问日期：2016 年 1 月 9 日。

③ 《艺术品交易出现第三极》，新浪论坛，http://www.sina.com.cn，最后访问日期：2016 年 1 月 9 日。

今天，艺术品电子商务市场从未如此混乱，又隐藏无限可能。微信作为近两年互联网巨无霸公司腾讯推出的核弹级武器，给予微小平台更多的自主便利性，让他们有了一定的与巨头抗衡的资本。微信升级后，不再是简单的会话与资讯传播载体，还具有营销活动、品牌推广等功能，而且打通了微信支付端口，形成了一个完整的商业闭环。于是，艺术圈的朋友们跃跃欲试，无论是艺术家本人还是中间商，都赶着搭载这座神奇的诺亚方舟，又像是行色匆匆的人们带着各自的货物去赶集，各种微商纷纷揭竿而起，利用“微信朋友圈”做起售卖、拍卖生意。相继出现了“周周拍”“阿特姐夫日夜场”“蔷薇拍卖”“艺麦微拍群”“ArtTact”微信账号的“大咖拍卖”等。据说这些“微拍”活动开局还都不错。“微拍”兴起，无疑给肯于放下“艺术家”身段的人带来新的希望。他们不仅可以在“微拍”活动中能以自己的作品换取一定的经济收入，而且也由于“微信群”里也聚集了许多艺术圈内的专业人士和藏家，每一场“微拍”可以说都是为他们的作品办一次展览。因此说有欲望在“微拍”中充当委托方这一角色者，是不乏其人的。①

“微拍”一出现，便引起了拍卖业界和媒体的关注。一种新生事物的出现其必然条件都是取决于有没有需要与可能。“微信”作为一种深受现代人尤其是年轻人欢迎的现代化社交手段，它不受地域、时间的限制，也不受使用者社会地位的影响。微信的普及为微拍提供了良好的条件。②

微店是口袋购物创始人王珂研发的电子商务平台，成立之初是期望搭建在微博和微信两种可能性之上。微信将淘宝平台踢了出去，是腾讯和阿里巴巴之间无休止的争斗在微信上面的直接体现，直接源于淘宝的网页内容不便在微信转发，只得去相关网页打开，不顺畅、不自然、缺乏人性化，而习惯手机操作的群体大多嫌弃麻烦的流程。二者的誓死相争、不可能兼容，新的需求便产生，微店极其轻松地闪身切入微信端口。微店的网页链接在微信中可瞬间打开，无须切换窗口，更人性化的是在微信内部可

---

① 冯家驳：《别拿“微拍”不当营生》，雅昌艺术网，http：//comment. artron. net/20140409/n589736. html，最后访问日期：2016 年 1 月 9 日。

② 冯家驳：《别拿“微拍”不当营生》，雅昌艺术网，http：//comment. artron. net/20140409/n589736. html，最后访问日期：2016 年 1 月 9 日。

完成所有支付环节，也正因为如此，微店给人的错觉是它从属于微信。[①]

基于微信基础建立的微店是独立的，它完全可以自己“干活”。嵌入微信只会让二者相得益彰。微店只有卖家客户端，界面简单易操作，账号即是卖家注册的手机号码。在淘宝，“旺旺”如果未能及时回复客户的问题，稍稍滞后的反馈在无形当中流失了客户。微店，没有值班的“旺旺”，过滤掉了无效的购买行为，更重要的是交易中任何环节的信息，微店都将发送一条短信到注册的手机号码，比如某某已付款。对于未付款的订单，卖家可轻易分析对方未付款的原因，在“订单管理”中看到下单者的手机号码，选择在第一时间联络、解决。[②]

对于以微博、微信、微店为代表的这批“试水移动电商”，业界存在一定程度的争论，部分业内人士认为，移动艺术电商将达到甚至超过传统的艺术销售方式，成为未来几年最重要的艺术营销手段。然而，也有人认为，在艺术品电商还在探索盈利模式和市场定位的时候，此时的移动电商更多只是“探路”，艺术市场究竟需不需要移动电商，移动电商是否适合艺术品销售的大多数客户群都是未来业界需要观察的方向。相比微信拍卖平台多是熟人之间做生意，艺术品移动电子商务另一个方向则是通过开发APP，并设计出适合移动客户端操作的销售模式来从更广大人群获得收益。

毋庸置疑，微博式微，微信已渐趋成熟，颇有人缘。做生意是真枪实弹、你情我愿，不知什么时候它与微博那套“大庭广众下的制造喧哗”“讲有趣的故事”“一本正经的自媒体趋势”“海量虚荣的僵尸粉”划清了界限。微博的操作在艺术品上很难实现，艺术品及衍生品的消费，尤其在初期相对小众，需要比较强的安全感和私密性及一定的客户黏度。通过微信架设的桥梁将身边的关注度转化成真正的消费力量，传统的营销方式可以继续存活，但这也确实在开拓市场方面造就了新的可能性。[③]

① 史伟：《艺术品微店、微拍朋友圈的生意经》，http://www.hiart.cn/feature/detail/be6dswv.html，最后访问日期：2016年1月9日。

② 史伟：《艺术品微店、微拍朋友圈的生意经》，http://www.hiart.cn/feature/detail/be6dswv.html，最后访问日期：2016年1月9日。

③ 史伟：《艺术品微店、微拍朋友圈的生意经》，http://www.hiart.cn/feature/detail/be6dswv.html，最后访问日期：2016年1月9日。

四 APP平台对艺术品电商行业格局的改变

据2014年工信部报告，国内移动互联网网民已达7亿多。移动互联网买家已经超越PC互联网买家，成为接入互联网最重要的入口。伴随着互联网的迅猛发展和各种智能手机、平板电脑等移动终端的普及，APP已经渗透到我们生活的方方面面，据市场研究了解，占市场主流的安卓和苹果应用商店分别拥有超过80万的APP，而Windows Phone也有超过15万的应用，黑莓则拥有超过7万多的应用。其中占较大比例的是游戏类和应用类APP，艺术类APP屈指可数，不少传统艺术行业的大佬们正是看中APP的大量买家群体和鲜少的艺术类别，纷纷转战手机客户端，加入APP战场。无论是各大拍卖公司，还是众多艺术电商，抑或单纯的艺术类新闻网站，都纷纷推出了自己的APP。

艺术类APP平台打破了传统艺术行业固有的思维模式，开辟了独具特色的艺术电商生态圈新样貌。一款好的艺术应用，能够带我们领略独到的艺术之美，甚至改变看待世界与生活的方式。一款实用的艺术应用，可以方便我们的生活，把兴趣爱好随时随地带在身边。一款操作便利、界面简洁的艺术应用APP，可以使每位下载者都将艺术市场“玩弄于股掌”。

我们已然经历了从多年前的数字化时代发展到如今移动互联的时代；因为便捷性和更丰富的买家体验，APP在很多方面已经取代或者超过浏览器在买家使用移动互联网中的作用；而在未来买家首选APP的意愿会更加强烈。同时，基于目前最火的即时聊天软件——微信，可以说，继实体拍卖和网站交易后，微信似乎成为另一种新型的艺术品交易模式，纵观下来，如果企业能将互联官网、移动APP、微信交易平台充分结合，将能实现合力共赢，从而转化成掷地有声的战斗力，[①]与PC流量互通。国内拍卖巨头嘉德、保利以及最老牌的艺术电商赵涌在线、嘉德在线等均已上线相关客户端，苏富比、佳士得的客户端中文版开发也已经提上日程。而淘宝、亚马逊、京东也在自己的APP上线了艺术品频道。更据可靠消息，

① 《竹兰里异军突起 艺术品移动电商》，中国城市文化网，http://www.citure.net/info/201562/201562165215.shtml，最后访问日期：2016年1月9日。

豆瓣、iReader、人人等买家量较大的互联网企业也积极投身艺术衍生品的销售，正在开发相关功能。

而移动客户端中的另一庞大群体，则是艺术家工作室、画廊、艺博会建立的APP，以境外机构和艺术家为主。这些APP目前在国内少有中文版，但它们的交易也比较活跃。日本拥有奈良美智、藤子不二雄、车田正美等艺术家的“小学馆集团”以及欧洲TEAF博览会的APP已经拥有20万以上的注册买家，直接或间接销售艺术品及周边产品达上千万美元。移动客户端与微信拍卖相比，优势在于可以通过合理的版面设计来做到从海量信息中提取出最重要的信息进行推送，但也需要对买家、支付手段进行重新定位。国内传统拍企目前上线的APP还未能对移动端买家进行专门分类，而嘉德在线APP目前所呈现的版本也仅是将PC端的页面搬到了手机上而已。和国外同行专门对不同年龄、不同喜好的买家进行精准推送相比，国内艺术移动电商需要做的“内功”似乎还有很多。淘宝网拍卖频道负责人王慧对记者表示，艺术品既是商品又不同于普通商品，移动电商相比普通线下渠道以及PC端，主要优势在于更加精准、互动，产生的营销效果也就更好。智能终端的黏性更高，整合了消费者的碎片时间。现在的人们已经高度依赖手机、平板电脑等产品，移动电商满足了消费者随时随地进行购买。

在当下的传播环境下，移动和社交就成为各类应用的两大趋势，特别是随着三网融合的进一步推进，互联网金融将更加深入地渗入人们生活的各个领域，在方便人们日常生活的同时也将催生新的娱乐方式。许多艺术类APP平台推出了很多传统艺术品行业不可能具备的功能和更为周到的服务，譬如提出免费上拍政策，艺术家可直接委托作品给平台。并且为了塑造良好的艺术平台氛围，规避赝品，平台上的作品全部由当代艺术家本人亲自提供，100%保真，24小时随时在线竞拍。平台还支持藏家成功竞拍的作品二次委托销售。艺术交易中心提倡艺术品大众新型消费理念，人人都可以成为艺术收藏家。艺术品电商的便捷性，使得拍卖公司也看好艺术电商的优势和发展前景，纷纷转型在线拍卖，寻求与艺术电商的合作。

事实上，艺术品线上交易平台的作用并不仅仅是把艺术品卖给买家，而是创造了一个新型的卖家与买家之间进行交易的市场，因而相对减少了风险。把艺术品放进“购物车”，给网站带来了不少的浏览量。一个开在798的画廊，哪怕是经营了上十年，它的客户其实屈指可数，一旦出现经济危机，它的生意就没了。而一个艺术品线上交易平台却不会像在798运营一个画廊，面对连年上涨的商业地产需要付出高昂的成本，也不会怕发生类似2008年这样的金融危机以致门庭冷落。他们卖的不是用来短期投资、套现的高端艺术品。由于艺术品正如名车、别墅一样成为财富、权势和品位的象征之一，目前富二代、官二代、艺二代人群正被吸引进入艺术品投资领域，而这些年轻群体倾向于通过互联网等数字媒介接触艺术品信息，新一代的财富拥有者们出现了更多新颖的思维模式，收藏艺术家的选择有了更多新的艺术价值取向判断，所以近年来以博索艺术品商城为代表的电子商务平台受到越来越多收藏者的青睐。可见，中国书画作品以强大的势头挺立于资本市场与中国实业财富陆续进入艺术品市场是分不开的。而且艺术品投资正由主体单一化走向艺术金融产品多样化，从而大大降低了艺术品投资的资金门槛，吸引了更多平民百姓关注并参与投资艺术品。①

第二节　人人都是艺术家与互联网消费者主权论

有一种关于艺术起源的说法，就是艺术是一种游戏，在这个假说中，没有所谓的艺术创作者、艺术家，也没有所谓的艺术欣赏者。大家一起创作、一起自娱自乐。在经过数千年的演变后，艺术的发展好像回归了它的本质，欣赏者最终也成了艺术家。

各类艺术中最优秀的作品，最卓越的天才之作，对愚钝的芸芸众生来说应该永远是高深莫测的，是不可企及的。他们被一道深深的鸿沟隔离着，就如同常人永远无法进入“王子的世界”。然而在大众文化的时代，最根本的一点是，精英文化的主流地位逐渐被世俗文化所代替，社会精英被草根阶层所代替。就像超女提出“想唱就唱，唱得响亮”。从历史上

① 柳叶中：《从互联网实业到云艺术品投资》，博索艺术，http：//www. bonshop. cn/newspagec. jsp? id =2643，最后访问日期：2016年1月9日。

看，文艺复兴以前的教权是高高在上的，文艺复兴的兴起正是人权对抗教权。于是，欧洲近代早期的大众文化因草根原创而风行一时，并引领潮流，上层阶级也不得不从草根文化中大量吸收营养。到1800年后，上层阶级开始慢慢退出大众文化，发展自己的精英文化。然而，正是由于与草根大众拉开了距离，才使一些有志之士深感大众文化的重要性，由此兴起了一场“发现人民”的运动。20世纪60年代，德国艺术家约瑟夫·博伊斯将艺术的范围扩大到自我和人类的种种社会行为活动，他主要的思想是“社会雕塑”这一概念的提出，通过这类被他称作“社会雕塑”的行为艺术，他向世人宣称“人人都是艺术家”①。朱青生则说，“没有人是艺术家，也没有人不是艺术家”。这样一种说法并不是全然抹杀了艺术与非艺术的区别，也不是一种乌托邦的艺术社会理想，而是说每个人身上都有艺术家的素质，或许艺术家并不应该成为一个严格意义上的职业，反倒不是那么重要了。当你艺术地对待生活时，你就是艺术家了。②

随着互联网对人际关系的重新定义，消费者的声音正在空前放大，“消费者主权”这个概念被重新定义，消费者在交易谈判中的力量开始超过生产者并获得支配地位，进而大大提升了消费者在企业生产经营中的作用，形成消费者主权论。消费者主权论主要体现在消费者对产品服务具有定价权、选择权、评价权，对产品设计生产具有参与权、主导权、引领权，最终形成消费者在产品全价值链活动中的话语权。目前淘宝上比如裂帛、七格格等一大批淘品牌的创立，可以说都是更快地完成了从消费者向制造者的转换，而这个转换过程在很大程度上得益于来自互联网对于各方面知识获取门槛的降低。总而言之，当前从消费者向制造者的门槛逐渐降低，过程也相对缩短，使得小规模、个性化生产成为趋势和可能。互联网作为一种新兴的传播方式，将传统信息流转化成传媒方式，由于新的生产工具和新的传播媒体的作用，未来的消费者力量正积聚得更大，未来将是一个消费者群体力量发出的声音越来越大的世界，这对艺术品市场也产生了直接的影响。

---

① 王瑞延：《当代艺术与大众的距离》，《东方艺术》2011年第15期。

② 黄敏兰：《人人都是艺术家》，《中华读书报》2004年4月28日第18版。

一 人人都是艺术家

(一) 借助互联网平台进行创作

传统艺术家可以高高在上的时代逐渐结束，“人人都可以成为艺术家”已经是现实的倾向，这种现实指的是原先艺术家自矜的某些技能已经由于科技的发展而贬值，也就是说，原来有一定难度或难度相当高的艺术工作，如今几乎可以不用吹灰之力就可以做到。即使是创作，也不再像以往那样难。因为数码技术、3D 扫描和打印的普及，艺术创作门槛降低，大众参与度增加。

在被称为“知识经济”时代的今天，我们身处在这样一个教学环境极其便捷的社会，学会如何画画，如何画好画，其实并不难：各类美院美专、各种绘画学习班都在广泛招生；无论山水、人物、花鸟等题材的教科书，在书店里应有尽有。更不用说在互联网时代，这些都仅仅需要一台电脑就可以做得到。教育的发达，使得绘画者的整体水平得到提高。今天多数画家已经可以互相保持几乎同等相当的水准，在理论和实际操作上达到一线、二线或三线学术高度已并不是难事。①

传统的中国的艺术品市场有较大部分处于单打独斗的个人化状态，艺术品市场面临的巨大挑战在于，投资者和艺术品供给者之间建立了相互信任的关系，这导致虽然市场资金充裕，但是真正敢大胆进入的人较少。随着生活水平的提高，每个人都要消费艺术品的话，这个量很大，覆盖面很广，那种靠垄断一位画家、一批画的旧模式，已经行不通了。艺术品市场在过去造成了一种垄断，比如拍卖行也好，画廊也好，都是所谓的专家制，但其实在他们的视野之外，还有很多好的艺术家，却没有机会进入市场的流通，所以导致了一种审美的垄断。艺术品电商打破了这种对审美的垄断，艺术家作品可以通过互联网进行传递，大众可以通过互联网找到自己喜欢的东西，这是艺术品电商对于审美的贡献。②

---

① 《什么因素决定了艺术品的价格？——市场条件下书画定价机制分析》，http：//www.99inf.com/lipin/gyds/250174.html，最后访问日期：2016 年 1 月 9 日。

② 姚以镜：《中国艺术品市场“崩盘”？尚早!》，《国际金融报》2015 年 8 月 17 日第 32 版。

嘉德在线有一个名为 Art cool 的草根社区，专为年轻的“草根画家”提供艺术展示的平台，这也是今后网络拍卖的大方向。相较于动辄千万上下的藏家，普通藏家或艺术爱好者的收藏能力是比较有限的。与国内很多地产商藏家旨在投资艺术品不同，更多的藏家是出于对艺术的热爱而收藏，喜爱的作品与不太高的价格是大部分藏家所倾向的。由于艺术品网络交易发生场所是虚拟的网络世界，因此提供千万级别的艺术品买卖不太现实，大多为价格不高的古玩字画抑或当代艺术作品等这些更符合普通藏家需求的艺术品。国内几个大的艺术品在线交易网站如博宝网所提供的在线拍品大多在万元以下；嘉德在线除书画价格相对较高外，其余艺术品也多在万元之下；而国内首场当代艺术在线拍卖的 HIHEY. com 所拍卖的当代艺术作品中，也只见两幅著名当代艺术家陈逸飞、吴冠中的作品过百万元。在国外 Artnet. com 网站上拍卖的艺术品也在 1 万美元上下；而 Artprice 上销售的艺术品则在几百欧到几万欧元不等……可以看到，通过网络平台进行交易的艺术品价格并不属于天价级别，是普通大众可以够到的。[①]

从始至终，艺术品有非常多的层次，创作资源也非常丰富。从几十块到几千、几万甚至数十万不同层次的拍品，以更多更丰富的面貌提供给大众。网络这种平民的方式，正在打破那种艺术神圣化的条条框框，使艺术品真正走入他们的生活。艺术民间力量的集体觉醒要通过互联网把艺术发展成一件更全民、更触手可及的事。

（二）人人都是自卖家

在新的互联网环境下，一切等级都被解构和弱化，个人作为网络上的重要经营者，具有比现实社会中更大的影响力，也达到了在现实中所无法达到的更高层次的平等，从而将社会现实中的垂直关系提升到一种水平关系。个人在互联网平台上，潜力得到了充分的释放和发挥。在实体经济中，主要是卖家实体店作为主导，而这种实体店是需要一定的投资成本的。这也就将一部分没有一定资本积累的人排除在了卖家行列之外。比如

① 《艺术品交易搭网络快车交易火爆》，画艺网，http：//www. haryee. com/yhscytz/scytz/1148. html，最后访问日期：2016 年 1 月 9 日。

一个艺术家要办一个自己的画廊或者是个人工作室，这些都需要很大的一部分成本投入。但对于一个艺术爱好者或者是底层的艺术创作者，很多是没有固定经济收入的，开办一个画廊或者是个人工作室都是难以实现的。然而，在互联网经济背景下，在线上大的虚拟商业平台上，这些艺术爱好者或者是从业者就有了充分发挥的空间。因为在这个平台上，他们不需要进行什么成本投入，就可以开办一个自己的网上个人工作室或者是画廊，并且可以进行网上展厅展览，推销交易。与此同时，艺术家在线上可以与买家进行即时沟通与交流，形成个人的网上社会交际圈层，接触更多的人群，带来比线下实体艺术工作室、艺术交易场所更大的市场。在互联网平台上，人人都是自卖家，人人都是个人的包装者和推销商，只要个人具有良好的经营策略和受买家普遍欢迎的作品，都可以在互联网的平台上进行个人全球研发、全球生产和全球销售。尤其是移动媒体的出现，更为自卖家带来了便利。作为一个艺术品的卖家，甚至无须天天坐在电脑面前，依靠手机的移动端，就可以随时随地进行艺术品的宣传与推广，在网络社交圈里寻找投资者和消费买家，并即时进行交易谈判和线上交易。

（三）买家影响艺术品创作

买家中心化是指创作者的一切经营活动围绕消费者开展，一切价值创造围绕消费者进行，消费者中心化的过程实质上也是生产者“去中心化”的过程，它是一场进化、一场回归，回归到“以人为本”的商业本质，即消费者实现了“多快好省”，服务更多，速度更快，质量更好，价格更省。

互联网的迭代思维对传统企业而言，更侧重于及时把握消费者需求的变化，进而迭代自己的产品。从本质上讲，艺术品产业中的艺术品创作犹如企业设计开发的产品。企业设计开发的产品，主要是为客户提供服务的，客户需求是产品设计的出发点。过于孤立的产品设计，虽然凝结了企业精英的智慧，但产品是否为买家接受将会是一个概率事件。以客户需求为出发点的产品设计，将会增大产品在市场成功的概率。企业在开发产品前应该充分了解客户，了解客户的痛点和需求，设计出来的产品将会得到市场的认可。企业千万不要闷头进行产品开发，活在企业自己闭塞的世界里，其后果将会是失去市场和客户。但从商品角度来讲，艺术最不适合做商品，因为艺术太不标准化、均质化，不像化妆品、手机之类的商品，其规格和品质是固定的，可以同一型号在多家商铺比较价格。艺术品有着独一无二的孤品特性，鉴定、评估向来就十分复杂，也许目前人们还不习惯相信网络虚拟世界的承诺；其次是质地问题，网络上贴出的照片因光线、角度、后期处理技术等，多少与实物存在着差距，这些都妨碍人们建立竞买艺术品的信心。艺术品都和艺术家本身联系在一起，对一件艺术品每个人有不同的看法，但如果一个艺术家在业内的知名度很响，即使不是特别喜欢他的观赏者，也会觉得这是一件值得收藏的东西。[①] 所以，互联网思维下，做生意的一切工作都是围绕买家来进行，和买家建立关系和黏性，围绕买家的特点和需求进行艺术品的开发升级。

互联网对于艺术行业来说，最大贡献也在于打破了审美垄断，即去中心化和权威化。以前只有拥有话语权的专家可以评判好坏，而互联网使传统话语权被稀释和解构，每个人都可以通过网络自由表达看法，也就不再需要所谓权威的价格评估体系。

目前艺术品在网上的交易主要有两种方式，第一种是C2C，即消费者对消费者，这种是卖家和买家直接对接，没有拍卖公司的参与，如淘宝、ebay、拍拍等综合类电子商务平台。第二种是B2C，即商家对顾客，这种有拍卖公司参与，具体又分为两类：第一类是由拍卖公司充当网站建设方，如嘉德在线；第二类是由第三方的中介机构作为网站的建设方，拍卖企业运用平台提供的功能开展网络拍卖活动，如中国拍卖行业协会网络拍卖平台。

二　个人帝国主义

互联网作为一种新的社会文明的载体，成为人们交往、交流的新的平台。互联网不仅改变了人们的生活形态、生产方式，而且对人们的价值观、生活观、行为准则等都产生了深刻的影响。生活在互联网下的一代人，不再仅仅是一个自然人，而是逐渐成长为一个社会人。也就是说，我

① 《艺术品交易进入互联网时代》，中国瓷网，http://www.zhongguociwang.com/show.aspx? id=9355&cid=121，最后访问日期：2016年1月16日。

们的生活圈、人际交流圈和社会影响范围不再局限于你所熟知的周边环境和人际圈，而是在互联网大的平台上你可以影响到上千万，甚至上亿规模的人群。随着网络的无边际、地球村的影响，一个人甚至可以影响整个全球的舆论。也正是这种趋势所使，也使得个人帝国主义得以成立。经济发展阶段的不同，个人和组织在社会上的地位也是不同的，对于整个社会的影响力也是有限的。过去社会价值的创造主体是政府，因为政府可以动用和主导社会的力量，组织起个人去开拓资源和市场，从而构建起强大的政府帝国时代。但是随着商业的逐步繁荣，尤其是市场经济在整个社会的主导作用和国际贸易的逐步深入，一些企业开始在全球大的市场上去分配资源，标志着这个社会进入了以经营企业为主导的卖家帝国主义时代。但是随着现代互联网的发展，尤其是移动互联网的来临，网络买家已经在整个社会中占据了巨大的规模。在互联网或是移动互联网上的每一个买家，都是一个具有能力、知识、思想和资源的集合系统，他们都有着功能相当的工具和自由的环境，每个人每天都在大批量地传输着个人的思想、喜好和价值,[①] 盘活着自己背后巨大的资源，并通过这些资源将个人的价值无限放大，从而将这个社会带入个人充分自由与广泛影响的个人帝国时代。在个人帝国的时代里，每一个人都是自由平等的，尤其是自媒体的大力发展，在互联网新的商业环境里，我们可以充分发挥个人的聪明才智，去经营、去创造。

（一）人人都是自媒体

“过去 20 年互联网改变了人们的消费行为和生活，而未来 20 年互联网将改变‘社会的核心’”。[②] 互联网不仅改变了人们的生活习惯、行为准则，而且正在重构新的生活习惯和行为准则。特别是互联网终端与移动互联网终端技术的不断改进与产品的日益丰富，人人都在互联网的平台上传播着个人的所见所闻、所思所想，并对一些社会现象第一时间在自己的终端在互联网平台上发布，并对一些社会新闻进行转载和传播。这就使得人人都成为媒体新闻的采编者、传播者、评论者和接受者。个人在互联网媒

---

① 李海舰、田跃新、李文杰：《互联网思维与传统企业再造》，《中国工业经济》2014 年第 10 期。

② 安建伟：《为什么说产业互联网将成为经济的新引擎》，《互联网周刊》2014 年第 11 期。

体的平台上，几乎扮演了媒体所有的参与人员，这也真正预示着人人自媒体时代的来临。

自媒体时代改变了传统的由各大纸媒、广播、电视控制舆论的格局，在更为自由、更为开放的互联网媒体上，一些人凭借其广泛的社会影响力可以成为新的社会舆论引导的新宠。在微博、微信等社交平台上都出现了一批拥有上百万、上千万粉丝的大V，他们的每一条评论、每一条信息，都会牵动成千上万人的注意，并通过相互转载，再传播，在社会上形成巨大的影响力。这种自媒体的灵活度、自由度与开放度，为产业互联网、互联网产业都带来了巨大的发展机遇。一些具有网络商机嗅觉的人开始在互联网的平台上去经营、去运作，成功开发出了许多优秀的商业平台。甚至一些产品的运营商，也会主动找到这些具有较大社会影响力的大V，去推广、宣传自己的产品。另外，这些网络红人也会经营自己的一些微店，来推广一些产品。当然对于一些艺术品产业的经营商来说，也是难得的发展机遇。一些艺术家在互联网平台上，借助一些新闻事件的炒作，一些热点话题的讨论，为自己包装，为自己艺术品的推广探试渠道，拓宽市场。这是互联网发展环境下所形成的一种全新的营销模式。比如一些艺术家在微信平台上，建立自己的微信公共平台，在平台上发表一些自己的原创作品或艺术评论，吸引了不少人的关注。这些都为这些艺术家获取社会的关注度，提升自己的社会影响力，从而提升自己作品价值创造了条件。现在不少艺术家已经意识到了自媒体所蕴藏的巨大价值，他们认为这种自媒体具有多媒体融合、精准定位与快速传播的优势，他们可以在这个平台上，更精准、快速、多样化地传播自己的产品，无须花费什么成本，就可以获得在传统媒体上难以实现的效果。比如“微艺术”公共号的创办者张鋆，是一名无线产品设计师，2012年底，凭借个人对艺术的爱好，她在微信上创建了个人公共号“微艺术”。她把“微艺术”看作是一个发现艺术、分享艺术的草根性自媒体。她的目的就是尽量每天在这个微信公共平台上分享自己的一件艺术作品，让更多的人近距离地接触自己的艺术，了解自己的艺术，进而喜欢上自己的艺术。[①] 当然在这种自媒体的环境之中，去

① 刘黎雨：《微信自媒体：人人都是艺术传播者》，《中国文化报》2014年6月19日第8版。

传播自己创作的艺术品，也并非是一件易事。这种自媒体的平台，需要艺术家准确地把握公众的需要，进行有针对性的推送。传播个人的艺术价值观固然重要，但关键是要找到与大众的契合点，才能真正引起公众的共鸣。而且，其间不可或缺的就是与买家的即时互动与沟通，并精心策划一些活动，让买家参与其中。

（二）人人都是自结社

互联网给予个人自由展示的舞台，同时也给予一些有号召力的人自我结社的平台。每个人都可以通过这个平台，凭借个人所塑造的权威来搭建自己的社群，从而形成庞大的社交团体。进而通过粉丝效应，形成粉丝经济。目前在互联网领域，比较成功也比较有影响力的自结社平台当属罗振宇所创办的罗辑思维。它包括微信公共订阅号、知识类脱口秀视频及音频、会员体系、微商城、微信群等多种互动形式，吸引了大批的忠实粉丝，研发出了多种经营渠道。由此可见，个人社交平台，在互联网的发展环境之下，大有可为。在罗振宇的罗辑思维中，有人归纳出了五条心法，即用死磕自己唤醒尊重，用每天 60 秒的语音，来表达对买家的充分尊重，从而获得买家发自内心的尊重与信任；用情感共鸣黏住买家，罗辑思维的团队，在社交平台上设计了打赏箱、吐槽箱两个箱子，来充分接纳买家的建议，并不断改进，团队还亲自在微博、微信客户服务系统中向买家回复意见，与买家进行充分沟通交流，从而与买家建立真实的连接与情感关系；用人格思维凝结社区，罗辑思维充分重视人的重要性，尊重每个人的人格，以自己的人格与禀赋为自己创造价值；用势能思维建立品牌，它认为传统的品牌是通过坚实的基础来造塔，而互联网的集聚变化，则像浪，不会有持久的商业势能，需要借助跨界合作，整合资源，发挥智慧，不断创造时尚浪潮，势能思维就是造浪的能力；用社群力量拓展边界，罗辑思维与其他自媒体、互联网最大的差异就是除了数百万的买家之外，还建立了一个由数万人组成的一个付费会员群体，这个群体成为了罗辑思维不断拓展事业边界的核心力量。罗辑思维的成功之路，是自媒体下自结社探索的一个成功模式。这个模式对于所有的网络社交团体来说，未必可以全盘照搬使用，但它在某些思维模式上可以给大家一些启迪。就艺术品产业而言，艺术家可以凭借个人的影响力，在微博、微信等平台上，注册、搭建个人的社交平台，通过共同的艺术爱好、价值追求汇聚一批忠诚的追随者，形成庞大的社交群体。在这个社交平台上，艺术家通过发表一些艺术话题、艺术作品与买家进行交流，分享观点，通过细腻的情感交流，来抓住买家的心理，形成彼此的黏性，从而搭建起比较稳定，拥有较大买家流量的社交群体。借助这些庞大的社交人群流量，艺术家可以在这个平台上，开拓出会员经济、粉丝经济、流量经济等多种经营渠道，并可以充分利用线上线下互动的方式，将线上经济与线下生产有机地结合，从而形成一条或多条产业商业链条，打造出基于社群的商业生态。

三 创作、交易、收藏的一体化

互联网思维本身就是开放、共享、共赢的思维，而互联网模式的精髓，在于打造一个多主体共赢互利的生态圈。过去，消费者与产品设计、生产、销售和评价完全分离或部分分离。现在，消费者与产品设计、生产、销售和评价部分合一或完全合一。对于艺术品市场而言，藏家、创作者、买家三个身份可以自由转换，和谐统一。

传统艺术品交易关系是线性传播、以自我为中心的推销模式，购买活动完成即告结束，是一种纯粹交换关系，缺乏对于消费者的充分了解，营销活动频繁且达成率低。在整合营销下的艺术品交易关系，是以消费者为中心的互动式传播关系，客户关系容易维系持久。①

在这个信息时代，谁也不敢轻视网络的作用，即使是已腰缠万贯的画廊经营者们。如果上千万的客户在选购生活用品的同时能够顺便看一些艺术品，那么对于艺术作品的普及和推广作用将是很大的。同时，如果艺术家能够相应地为这些客户推出一些价格亲民的艺术消费品，对于艺术品市场的拓展作用也将是十分积极的。在很多人看来，艺术品交易往往是在布置别致的画廊里产生的，却不知网络给传统艺术品交易带来的变化。曾有人指出，传统画廊永远无法想象自己的商品每天被几十万名消费者关注，

① 安博：《2014 艺术互联网大会的发言》，华夏收藏网，http：//news. cang. com/info/374667_2. html，最后访问日期：2015 年 10 月 2 日。

这是传统交易模式无法比拟的。而当综合性大电商涉足艺术品时，能够关注并可能投资的消费者数字显然会变得更为庞大。[①]

在艺术市场电商化的趋势下，人人都可以成为收藏家。于互联网时代成长起来的年轻一代，对于艺术品在线购买与竞拍的接受程度更为惊人。丰富多样的艺术品类及超值的售价，加上在线竞拍自身的趣味体验，吸引了众多艺术爱好者与资深藏家参与其中。这种完全市场化的运作方式，使得艺术家与艺术藏家、艺术爱好者同时获益。长远来看，这对艺术市场的健康发展更是有着不可忽视的影响。当然，不管是高端还是低端，艺术收藏品和商品的区别始终存在，今天我们就是交易一件 1000 元的艺术品，它也始终是一件值得收藏的艺术品；但购买一辆价值几百万元的轿车或者几十万元的包，它始终是一件商品，这个区别不是在价位上而是在内涵上。

随着文化水平的提高，经济财富的增长，越来越多的人会关心艺术，不断投入文化和艺术的消费。也许将来某一天，艺术会跟电影一样，成为大众消费品。购买艺术品，一方面可以陶冶情操，另一方面也是个不错的投资。艺术创作本身也可以更多地与互联网元素结合，比如油画二维码、网上虚拟博物馆、心象精灵的网络表情。互联网不只是便捷，不只是快餐，它更应该促成我们这个时代伟大的艺术。[②] 正如网络购物已从当初少数人的尝试变成今天众多消费者生活中不可或缺的内容一样，随着互联网的快速发展，广大消费者的生活也因此而在悄悄变化，同时互联网产业也在消费者更多的需求之中开始加速发展。下一个十年，网络可能将彻底颠覆整个艺术行业，超过一半以上的艺术品交易将会在网上完成。

第三节　艺术品产业转型与互联网大数据应用

电子商务从 20 世纪 70 年代最原始的银行间电子资金转账发展至今，

---

① 《电商巨头加盟　艺术品更加生活化》，http：//www. hihey. com/article-359. html，最后访问日期：2016 年 1 月 9 日。

② 安博：《2014 艺术互联网大会的发言》，华夏收藏网，http：//news. cang. com/info/374667_2. html，最后访问日期：2015 年 10 月 2 日。

已经充分利用互联网技术的创新成果并日趋成熟，与此同时，互联网营销策略也开始为人们所接受和重视。从嘉德在线揭开艺术品电商的序幕，到2013年国内首个艺术品移动电商——翰墨千秋艺术交易中心APP上线，艺术品电商实现了从PC端到移动端的跨越。艺术品借助互联网的发展和优势摸索了一条在线交易的道路。

从2008年开始，中国艺术品交易的线下市场持续低迷，来自这个市场的种种并不利好的消息，却让许多商家看到了艺术品交易在线上的机会。当艺术品市场的高价位到了没有办法突破的时候，它就会面临横向的扩展。与线下以收藏、投资为主要目的的高端艺术品交易相比，这代表着一种新的可能性，在未来不仅是艺术品行业，大多数行业都会互联网化。笔者觉得，有一半艺术品会在网上完成传播与销售。这不只是一个笼统而时髦的互联网概念，在欧美传统的艺术品市场，5000美元以下的东西占78%，但在中国，50%以上的艺术品却高达100万美元。

电子商务、在线竞拍、网上画廊正在形成艺术品交易的另一个平台。要利用移动互联网快速累计海量的艺术品消费潜在买家，打造一个基于信任的买家数据库，然后利用网拍迅速成交，并对买家进行持续跟踪，直至产生二次销售或者多次销售等营销模式。①

电子商务的日趋成熟为艺术品电子商务奠定了发展的基础，其主要表现在B2B、B2C、C2C的蓬勃发展。B2B（企业对企业）模式以沃尔玛连锁超市等为典型，企业为了降低成本、加快供货，开始在互联网上处理订单与交易信息，拉开了电子商务时代的大幕，也为阿里巴巴（Alibaba）成长为全球最大的网上贸易市场提供了成功的经验；而B2C（企业对消费者）模式以亚马逊（Amazon）和易趣（eBay）最为著名，前者创造了网上零售模式，后者开启了网上拍卖的大门；以淘宝网（taobao）为代表的C2C（个人对个人）模式，将互联网的交易扩大到每一位网民，并成功打造出新一代以互联网为交易平台的“网商”。与之相适应的网上银行

① 安博：《2014艺术互联网大会的发言》，华夏收藏网，http：//news.cang.com/info/374667_2.html，最后访问日期：2015年10月2日。

的开通、网络支付的升级，也对电子商务的蓬勃发展起到了推波助澜的作用。[①]

传统的艺术品交易载体包括一级市场的画廊和二级市场的拍卖行等，如今艺术品电子商务正在冲击一级市场，吸引二级市场主动向其靠拢并力图紧密合作，例如一些拍卖行、画廊、艺术机构为了配合线下的销售与宣传会搭建独立的网站进行电子商务交易。搭建一个成功的艺术品电子商务平台，十分不易。不是有大资本进入或大品牌支撑就可以使艺术品电子商务交易平台成功出世，因为这种艺术品交易平台不是平面化的、模板式的，它是立体的、综合的、线上线下相结合的。需要平台的搭建者和企业管理团队有综合的商业运营素质与能力，既深谙互联网技术、互联网运营、互联网发展前沿，又拥有艺术品行业内的艺术家资源、收藏家资源、鉴定专家资源；深谙国内外艺术经纪应该遵守的规则；有追求长线利润的前瞻性的远见卓识，而不只是牟取短期利润，等等。不管是翰墨千秋旗下的艺术交易中心 APP，还是保利旗下的艺典中国，亦或是掌拍、大咖等 APP，都在积极与各大画廊机构、拍卖机构建立不同程度的线上线下合作。画廊机构、拍卖机构无疑可提供大批经过市场考验的优秀艺术家作品，这些机构与电商平台的合作，也是 O2O 路线的一种尝试，跨界合作很重要。画廊借助网络“走出去”，拍卖机构借助网络进行预展宣传和藏家吸引，艺术电商丰富拍品资源和类别，才能达到共赢。与其他行业的传统电商相比，目前艺术品电商还处于平台架构建设阶段，关注艺术品消费阶层与销售渠道的拓展，主攻中低端的艺术品投资收藏市场，甚至还没有达到小数据层面。据文化部发布的《2013 中国艺术品市场年度报告》显示，截至 2013 年底，我国包括从事在线拍卖业务的拍卖公司的艺术品交易电商不低于 2000 家。但由于鉴定、仓储、物流、售后服务等一系列环节与机制的不完善，这一艺术品线上消费市场近年在增量之下并没有质的提升。另外，近期的维权纠纷案件又将艺术品电商推到风口浪尖。艺术金融的电商平台布局恐怕要厘清与传统的艺术品一、二级市场的关系，实现

① 郭峰：《当代中国艺术市场及其互联网经营模式研究》，南京艺术学院，博士学位论文，2008。

差异化的商业模式。如果能进一步借鉴网络经济的特点，有关艺术品市场的大数据分析是相当值得期待的。①

被誉为“大数据先驱”的迈尔·舍恩伯格在《大数据时代》一书中总结了大数据分析的特点：更多、更杂、更好。即采用全体数据，而非部分采样的数据；强调数据的完整性与混杂性，而不局限于小数据的精确性；着重“是什么”的相关关系预测分析，而不探寻“为什么”的因果关系。

大数据时代的技术基础在艺术品行业集中表现在对艺术品数据的挖掘，通过特定的算法对大量的艺术品数据进行自动分析，从而揭示艺术品数据当中隐藏的规律和趋势，即在大量的数据当中发现新的艺术品共性知识，为艺术品交易决策者提供参考。大数据的运用是将艺术品“店商”与“电商”互动融合的共性之一。艺术品电商通过云端APP了解消费者的消费习惯以及偏好从而调整商户，店商则通过实体运营升级商户。现在的信息技术已经可以把每一件艺术品的流向、每位消费者的情况都记录下来，再通过获取的艺术品数据进行挖掘，为客户量身定制，把消费和服务推向一个高度个性化的时代。基于网络艺术品数据的挖掘，不需要制定问卷，也不需要逐一调查，成本低廉。更重要的是，这种分析是实时的，没有滞后性，数据挖掘将成为越来越重要的艺术品分析预测工具，抽样技术将下降为辅助工具。数据挖掘的优越性，也集中反映了大数据“量大、多源、实时”三个特点。大数据的前沿和热点是机器学习，和数据挖掘相比，其算法并不是固定的，而是带有自调适参数的，也就是说，它能够随着计算、挖掘次数的增多，不断自动调整自己算法的参数，使挖掘和预测的结果更为准确，即通过给机器“喂取”大量的数据，让机器可以像人一样通过学习逐步自我改善、提高，这也是该技术被命名为“机器学习”的原因。②

大数据可以为艺术品企业的智慧决策提供依据，通过对艺术品的大数据获取、挖掘和整合，将会为艺术品从业者带来巨大的商业价值和无限可

① 《艺术品电商如何打造自己的良性生态?》，艺术中国，http://art.china.cn/market/2015-07/21/content_8087719.htm，最后访问日期：2016年1月15日。

② 张兰廷：《大数据的社会价值与战略选择》，中共中央党校，博士学位论文，2014。

能。在当今信息技术发展日益成熟的产业格局下，艺术品营销也要借助大数据的优势来推动产业升级，在海量数据精准分析的基础上，依据数据为发展决策提供支撑。[①] 艺术品大数据在国际市场上发挥的作用已经越来越重要，通过挖掘艺术品大数据，可以掌握从藏家、艺术家到画廊经纪人等的各种需求动态，精准引导藏家，做好艺术品行业的“私人定制”。值得注意的是，2014 年春拍，国内研究机构也开始逐步着手研究大数据背后的艺术金融。[②] 由雅昌艺术市场监测中心（AMMA）出品的《中国艺术品拍卖市场调查报告 2014（春）》体现了这样一种特征。艺术金融的大数据研究主要体现在以下两个方面：在艺术金融的宏观经济、政策环境层面，除了过往的将艺术市场成交额增速与对经济反应敏感的狭义货币 M1 对比，研究艺术品二级市场与宏观经济联动关系之外，还进一步细化了几大投资增长极的研究，将艺术指数与房地产指数、股票指数计算、比较，研究艺术品资本属性的优劣势；在艺术金融的微观市场层面，通过计算反映风险收益比的标准离差率，研究艺术品的风险收益比。[③]

目前艺术金融的数据主要来自二级市场，如果从二级市场进一步拓展到一级市场，将能更全面地反映整个艺术市场的生态环境。当然，这还需要行业监管、法律法规的到位。现有的艺术指数有：艺术市场研究指数（AMRArt Index）、美国的国家艺术指数（National Arts Index）、希斯科斯保险公司创立的艺术市场指数（Art Market index）、苏富比艺术指数（Sotheby's Art Index）、梅摩指数（Mei Moses Art Index）、雅昌指数、中艺指数（AMR）等。由于艺术指数存在数据不全、艺术价值的突发性、公信力困扰、无法定性定量等因素，目前还不能对投资起到决定性作用。初步估计，还有待进一步展开分析艺术品市场微观环境的相关数据参数包括但不限于如下：一级市场方面，国内外画廊、操作模式偏重学术价值挖掘还是偏重商业炒作、潜在资金投放量、推广计划、代理艺术家的综合情

① 安博：《2014 艺术互联网大会的发言》，华夏收藏网，http：//news. cang. com/info/374667_2. html，最后访问日期：2015 年 10 月 2 日。

② 《艺术品电商如何影响传统艺术品市场》，中国文化传媒网，http：//www. ccdy. cn/chanye/shichang/201405/t20140509_ 925686. htm，最后访问日期：2016 年 1 月 15 日。

③ 《解读大数据时代的艺术金融》，中国文化网，http：//www. ce. cn/culture/gd/201409/12/t20140912_ 3522753. shtml，最后访问日期：2016 年 1 月 15 日。

况、平均培育艺术家所需的时间、年成交额排名状况、收藏家的综合情况等。二级市场方面，通过历年的单件、专场和整体成交额、成交率分析不同年龄、教育背景、地域性、行业背景的高端客户对不同板块的关注程度，以预测未来市场的走向趋势：市场买家群体的内在变化，潜在资金投放量中老钱、新钱的比例变化，收藏、投资趣味的变化，地域性的差异所体现出来的不同地域的喜好、特点，以及识别某些艺术家的作品是否存在违规炒作的现象等。[①]

国外有很好的经验值得学习，如日本画廊大多备有艺术家年鉴，年鉴中收录5万个左右活跃在日本美术界的艺术家，有他们的个人艺术简历和近年作品的成交纪录，及其艺术品种、尺幅大小及市场走向等，均一目了然，令人信服，极大地促进了销售。所以商业网站如果聘请专家群，拥有准确、丰富的艺术家资料及艺术品成交价格资料，标注令人信服的定价，一定能吸引不少买家的眼球。如 Eppraisals. com 公司吸收了1000名专家的经验，或称“专家网”，他们在艺术品、古董的收藏方面有很丰富的经验，能够对图书、珠宝、艺术品和家具等物品做出客观的评估，评估过程迅速而准确。顾客只需填写一张详细的问题单，附上需评估的物品照片，3~4天以后，即可收到评估专家发出的记载有该物品价值的评估证书。

互联网的发展滋生了大数据时代，由此产生出数据挖掘、数据管理以及数据应用等一系列课题，对艺术品行业的发展产生了巨大的推动作用。大数据时代的核心在于“精准”“创新”，艺术品行业更高层面的问题则是，如何正确地理解并恰当地使用如此海量的艺术品数据，在数据时代艺术品行业迎来的是更多的机会，但接踵而至的也有更大的挑战。

一 精准定位潜在目标客户

现代社会正在走向分化，每个年龄段、每个区域、每类人群都有自己的独立价值观，不存在任何一个产品可以包打天下。即使很牛的苹果手

① 《解读大数据时代的艺术金融》，中国文化网，http://www. ce. cn/culture/gd/201409/12/t20140912_ 3522753. shtml，最后访问日期：2016年1月15日。

机，其在智能手机的市场占有率也大大低于30%，过去“一招鲜吃遍天”的情况不复存在了。个性客户和分类客户的趋势，要求艺术品企业定位要将自身产品和服务当作考虑的重中之重。

艺术品电商的目标是要让新朋友对艺术品收藏感兴趣，变成藏家或者是买家。艺术品市场的网络主力军将会是谁？无论是传统的市场营销还是现在的创新营销，归根到底，营销活动离不开人，离不开消费者，离开了消费者就是无源之水。通过对消费者行为的分析，判定消费者是不是潜在的客户；通过对消费者习惯的分析，判断消费者在某一段时间内是否为潜在的客户；通过对客户地域的分析，判断消费者是否为某个企业的潜在客户；通过对客户消费能力的分析，判断消费者是否为潜在的目标客户。任何企业不可能做到服务所有的人群，如何利用有限的资源，创造最大的利益无疑是值得思考的问题。通过精准定位目标客户，把有限的资源提供给最有购买潜力的客户，可以大大提高效益，创造更多的价值。

艺术品电商首先要定位于大众市场。大众是互联网经济消费的主体，而大众在艺术品收藏、图书、教育等方面的消费总额远远大于高端市场，而大众艺术品网站正是当下艺术市场的蓝海，不仅服务于消费者，同时也为广大的艺术工作者开辟了传统画廊、拍卖行以外的新市场。目前，艺术品电商网站的访问者以20～40岁为主，买家以经济条件较好的大中城市为主要来源。网络平台将成为他们以后进入艺术品市场的主要通道，而这部分人将是整个艺术品消费市场的主力军。

2013年4月，英国希斯柯（Hiscox）保险公司与英国艺术市场研究机构阿泰戴克（Arttactic）发布《2013艺术品网上交易报告》。这份报告调查了101位在国际上有影响的国际艺术品买家、130位国际知名艺术品收藏家和58家当代艺术画廊，报告显示，71%的艺术品收藏家仅凭网上图片便购买艺术品，89%的画廊表示他们通常用作品的图片销售作品。这个数字让人难以置信。另一个令人惊讶的是近1/4的知名藏家年度网购艺术品的花销在5万英镑以上。人们通常认为，版画和摄影作品在网上会更受欢迎，然而，调研结果显示绘画作品是网络销售冠军。报告指出：“有64%的藏家在网上购买艺术品只是通过网络进行购买，而很少或者几乎没有与卖家有任何的互动。买家最为关注的是艺术品的来历、流传出处和作品的真实性，当然网上卖家的信誉对于买家而言也很重要。买家在网上倾向购买具有唯一性的作品，尽管限量版画和摄影作品可能是最适合通过在网上销售的艺术品，但45%的买家喜欢购买独一无二的原作。有43%年龄在25至29岁的买家通过网络购买艺术品，年龄在65岁以上的买家中有55%的人表示他们会通过网络购买艺术品，另有18%的人表示他们愿意花费5万英镑以上的价格购买一件艺术品。买家习惯和性别也有关系，男女藏家在网上购买艺术品的习惯是不同的，女性藏家喜欢从画廊网站（52%）和在线画廊（31%）购买艺术品，而男性这两项的比例是48%和31%。”①

当前，艺术品营销遇到一个很大的发展瓶颈，就是如何找到精准的消费群。而借力互联网的商务功能则可以解决精准客户群聚合的问题。互联网实现了把买家转化为客户的平台功能。同时，它实现了第三方支付的功能，进而解决了艺术品行业最为基础的信用问题。互联网和物流的结合，还解决了销售服务的便捷问题。

二 建立艺术品产业诚信体系

无论是对网络拍卖，还是对现场拍卖，乃至对天下所有的买卖交易来说，诚信都是共同的立足之本。藏家和艺术爱好者，最关注的问题就是担心在网络平台买到赝品。一是担心艺术电商平台本身知假售假，二是担心艺术电商平台把关不严，给买家造成损失。②

其实，互联网艺术品市场一直发展缓慢，如生活在互联网时代的我们遇到了一个人类历史上从来没遇到过的事情，就是整个的工业社会锻造起来的那些庞大的社会组织体的崩溃。信任是在多次博弈中建立的一种关系，而现在互联网的技术把整个这种博弈关系都解构了，人们很容易在一个单点上和其他人达成绝对的信任，用互联网构建起来的一个一个的单点信任来构架自己的生活，我们可能已经不再需要那种全面的信任。目前，

---

① 参见马怡运《互联网闯进了“瓷器店”》，雅昌艺术网，http：//auction. artron. net/20140110/n557477. html，最后访问日期：2016年1月15日。

② 《艺术品电商如何打造自己的良性生态?》，艺术中国，http：//art. china. cn/market/2015－07/21/content_ 8087719. htm，最后访问日期：2016年1月15日。

国内大部分的艺术品电商都在主打当代书画艺术家作品的移动在线拍卖业务，签约艺术家直接委托，来规避赝品的问题，确保买家竞拍的艺术作品全部都是保真、原创。①

当然，大量的在线交易藏家表示，网上购买艺术品的最大障碍是不能够直接检验艺术品实体，但是这种担忧可以被作品更为详细的参考信息所克服，网站应该提供艺术品卖家更详尽的作品信息，尤其是艺术品详情图。也有一些艺术品电商提供了非常符合网络购物特色的“7 天退换货制度”，只要对艺术品不满意或者订完后不喜欢的话，收到作品后的 7 天内，都可以申请退换货。虽然这可能会引起网站承担不断增长的“购买并退货”的风险，从网站长远发展来讲，这表示有信心培养国内藏家对于在线艺术品市场的信心。

艺术品电商的诚信，最终还要依靠制度与法律的完善和制衡，而大数据的应用也为艺术品电商的诚信的构建逐步奠定着基础。

第一，大数据时代减少了现代社会不确定的交往格局，为“陌生人”诚信交往提供了可能，也奠定了艺术品电商的诚信基础。人类自进入工业文明之后，交往的范围急剧扩大，社会流动性明显加强，交往主体的异质性增加，因而交往行为的不确定因素也在增多。大数据时代的到来，虽然没有改变交往主体的“陌生人”身份，但却减少了交往信息的不对称性，从而大大加强了交往行为的确定性和可控性。在艺术品电商行业，消费者可以通过艺术品行业的大数据搜索以及相应的授权等多种途径获悉交易对象的诚信状况，据此直观而迅速地判断对方是否值得交易。这也使得个体的诚信监督越来越深入，扩展到一切可能被信息技术记录的范围，这如同营造了一个新的“熟人社会”。因而，随着大数据时代的进一步发展，无论是艺术品电商的诚信监督，还是诚信信息的共享，抑或诚信行为的评价，都将体现出如同传统社会的“村落式”特征，失信和背信的成本将越来越大。

第二，大数据时代为个人诚信信息的存储、征信、搜寻、评价和共享提供了技术支持。大数据为艺术品电商诚信诸环节提供的技术支持主要来

---

① 《艺术品电商如何打造自己的良性生态?》，艺术中国，http：//art. china. cn/market/2015 - 07/21/content_ 8087719. htm，最后访问日期：2016 年 1 月 15 日。

源于信息技术的扩展和云计算。一方面，信息技术的深入和扩展使得几乎一切重要的生产生活领域都会生成数据，如交易历史、房产状况等信息，也包括个体的社会关系和社会交往信息都能保存下来，甚至包括个体的任何网络行为，因而个体或组织在这些领域的诚信或失信的行为和信息也将一一存储。另一方面，云计算不仅使上述大数据得以储存和使用，而且通过后台服务器以极为廉价和高速的方式计算这些数据，并将系列数据以网络途径快速传递给相关买家（或者买家在网络上自行操作），以便为买家在海量数据中得出有价值的关联信息。也就是说，云计算为综合分析和评价主体的信用行为提供了可能。

第三，大数据时代为社会诚信的奖惩机制和舆论扬抑机制的建立提供了约束性方式。这些约束和规范效应已经初现端倪，大数据也使得公共权力部门和服务部门能够实现信息共享和联动，并利用这一方式参与到社会诚信机制建设之中。这些措施均依托于大数据得以实现，同时又以市场化或舆论方式形成了诚信的奖惩和扬抑机制，这就“倒逼”艺术品市场主体不得不重视自身的诚信行为和诚信交往。这些举措的完善和推出，无疑将推动整个艺术品电商诚信机制的建构和创新。

三 提供个性产品与服务

互联网思维就是一种买家思维、产品思维，本质上就是大家将传统企业做到极致的一种看法。互联网讲的不是把东西卖给谁，而是如何提供有价值的服务，让买卖的双方永远保持连接。艺术品买卖双方之间的交易并不是一锤子买卖，而是长期的关系。在互联网上聚集越多的买家，就会产生越大的化学反应，并产生巨大的创新。随着电子商务平台的发展，越来越多地改变着人们的消费习惯与生活方式，现代人越来越追求个性的解放，追求与众不同的生活方式，艺术品电商平台无疑是一个庞大的数据库，深度记录了大众的消费习惯、生活习惯。借助这个强大的数据后台，可以进行准确的分析，消费者的地域分布特征、经济水平、年龄层次、消费水平，都可以成为艺术品企业营销的参考工具。通过精准定位，精确触发，降低企业成本，增加企业盈利的同时，可以通过对消费者购买行为的分析，提供最佳的艺术品销售服务增加顾客的消费体验。同时，通过长期的数据统计分析，可以为定制化艺术品、个性化艺术品提供数据参考，通过后台分析，可以根据买家需求打造个性化、定制化艺术品和服务提供给消费者，大数剧会深刻地带动艺术品电商平台的发展变革。

国民的艺术品消费价值观正在被启蒙、引导和改变。在环境的影响、媒体的引导、从众的心理、消费的回报等影响下，艺术品消费、投资、收藏正成为全社会关注的话题，艺术品市场正成为继房地产市场和证券市场之后的又一吸“金”通道。[①] 随着互联网传播性的加速，带来的直接后果是审美价值的折旧速度大大加快。互联网艺术品市场出现之初，就更适合那些追求独一无二的个性藏家。当前很多艺术品电商除了出售艺术家已完成的作品之外，还接受藏家的艺术品预订服务，通过在线沟通，了解藏家需求，完成藏家定制的作品。这样的方式在传统艺术品市场上实现起来就困难得多。借鉴众多行业 O2O 的做法，对这个线下行业利用互联网技术进行信息化改造，比如对全国的画廊进行信息化处理。给画廊老板一个后台，上传画廊作品、作者等信息，实时更新。这样所有人都能看到每个画廊的作品和作者信息。虽然这个工作肯定不好做，但是这也是几乎所有线下行业 O2O 化的必经之路：要经过漫长和艰苦的工作把行业的信息化先做起来。当然在当下的市场环境下，信息化的速度会快很多，毕竟互联网无论在观念还是在基础设施上，都有了很大的进步。在线上进行了详细的浏览之后，潜在购买者可以去线下画廊具体交涉交易的事情。[②]

伴随移动互联网设备使用的大幅增加，艺术品的电子商务正在蓬勃发展，高端艺术品市场近几年的销售纪录也在不断地刷新。年轻购买者的数量急剧增加，他们在寻找更多方式，以便更加方便地购买到不同价格等级的艺术品。对于精通互联网的年轻一代，在线购买艺术品是一个容易跨越的门槛，只需补充一定的艺术品教育，这在学校或通过社交媒体微博、Instagram 等就能够获得。有一部分购买者，是不愿意在拍卖会上抛头露面举牌的收藏家，他们往往采取选择信誉诚信度高的网站进行交易。网上

① 安博：《2014 艺术互联网大会的发言》，华夏收藏网，http：//news. cang. com/info/374667_2. html，最后访问日期：2015 年 10 月 2 日。

② 《艺术品电商不要端着，用点 O2O 思路》，天下网商，http：//i. wshang. com/Post/Default/Index/pid/36853. html，最后访问日期：2016 年 1 月 15 日。

交易的全过程是买家网上看画，喜欢后可以找网站介绍艺术家，确定后付全款，网站收到全款后再联系艺术家将原作邮寄给购买者。

在传统经济时代，很多时候给买家提供的产品够用就好，能卖就成。但在互联网上，买家的选择成本被降到极低，鼠标一点就用你了，鼠标一点又不用你了。所以要想办法让大家感受到超出预期的感受，产生交易之外的感情上的认同，这样买家才能变成你的粉丝，才会有口碑。[①] 艺术品市场在经历了前几年的炒作以后，慢慢趋于理性，一批中产富裕阶层取代了投机炒家，成为艺术品购买主力。在未来，随着年轻的艺术品买家逐步步入成熟期和财务发展期，他们的需求会爆发在手机移动平台上。

四　预测市场动向

互联网具有超出想象的聚合能力、碎片整合能力。进入互联网时代之后，社交网络和各种传感器将会给企业反馈很多数据，这些数据可以帮助艺术品企业精英更好地了解客户需求。艺术品企业精英应该对反馈数据进行分析，辅助其进行商业决策和艺术品设计。[②] 利用大量客户反馈数据，进行科学决策，大大降低产品设计失误的概率。未来社会，所有的商业决策都需要数据支撑，数据就代表了客户体验和需求。反馈经济学的优势就是以数据作为决策支持的基础，商业决策就是有数据支持的科学决策。

运用科学的方法，对影响艺术品市场供求变化的诸多因素进行调查研究，分析和预见其发展趋势，掌握艺术品市场供求变化的规律，可以为企业经营决策提供可靠的依据。艺术品市场行情存在着不稳定性，如果从消费者的需求、地域分布、季节、消费习惯、购买周期入手分析，就可以得到比较精确的数据，通过对这些数据长期的记录、跟踪、分析、汇总，便可以得出消费者对艺术品需求情况的模型，由此便可以确定企业的生产、进货、物流、仓储等一系列中间环节，大大降低生产的风险和不可控性，而且通过对市场趋势的分析，可以帮助艺术品企业更好地做决策，提高工

① 白雪：《周鸿祎：互联网思维是常识的回归》，《中国青年报》2014年10月8日第10版。

② 鲍忠铁：《互联网+就是一种新的商业思维方式》，零壹财经，http://www.01caijing.com/html/zl/1446_9366.html，最后访问日期：2016年1月2日。

作效率。

自始至终，艺术品有非常多的层次，创作资源也非常丰富，价值和价格永远都有区间，而市场价值就是供求认可的一种关系。齐白石、张大千的价格也并非一开始就那么贵，优秀的作品也是随时间、历史的沉淀慢慢升值，画家和作品一样需要时间来检验。现在很多年轻的艺术家们，尽管知名度不高，但他们的作品生命力旺盛，富有创意和思想，而好的平台则会不遗余力地推动这些年轻画家的发展，为其提供一个全面展示的平台。

比如，淘宝的数据营销可以说已经比较成熟了，在市场趋势分析方面可以很好地给我们提供一个参考。艺术品电商也需要同样的数据营销，来预测市场。大众市场收藏艺术品除保值外，还有装点家庭和生活的作用。引导艺术品进入生活，有时尚、应用等实用价值，应是大众艺术品价值的体现。而在产品制作上，要脱离艺术家个人、小工作室的生产方式，将新技术、新材料、新工艺纳入艺术设计和生产中来。①

互联网的快速发展，加快了艺术数据库的快速建立，为艺术指数提供了有利条件。艺术指数的完善与广泛应用，有力地推进了互联网艺术电商的发展。艺术指数将成为艺术互联网电商发展的必要因素。除了国内知名的一线、二线艺术家，国内非知名艺术家是一个庞大的群体，当然也不乏实力派艺术工作者，但多数经济生活相对窘迫。帮助艺术家成功销售其艺术作品，无疑是大功一件，前提是成功地销售掉。②

一切艺术品都是传递工具，用来传递美，用来传递思想、传递情绪、传递文化等精神信息，艺术家应该敢于打破传统观念的框框进行创作。③艺术品的需求是丰富多样的，有需求，就有市场，在兼顾市场的同时，也不能媚俗于市场，这就必须要有一定的前瞻性和引领性。艺术电商平台还需针对艺术家情况和自身资源，重点宣传推荐相应艺术家，共同成长。

---

① 《中国艺术市场如何向大众化发展?》，雅昌艺术网，http：//auction. artron. net/20141028/n669480_ 3. html，最后访问日期：2015 年 11 月 15 日。

② 《艺术品电商如何打造自己的良性生态?》，艺术中国，http：//art. china. cn/market/2015 - 07/21/content_ 8087719. htm，最后访问日期：2016 年 1 月 15 日。

③ 安博：《2014 艺术互联网大会的发言》，华夏收藏网，http：//news. cang. com/info/374667_ 2. html，最后访问日期：2015 年 10 月 2 日。

五 降低交易成本

近几年，艺术品交易一直处于“高热”状态，由于在艺术品市场中存在“有钱的不懂艺术，懂艺术的没有钱”的普遍现象，艺术品交易很难在艺术家和收藏者之间直接发生。一般来说，艺术品交易通常要经过鉴定、估价、保险、拍卖等多个中间环节，而且支付给中间环节的佣金，即交易成本所占比例较高。伴随移动互联网的迅猛发展，线上艺术品交易平台如一夜春风，瞬间发展起来。目前传统的艺术品交易形式主要包括拍卖会交易、经纪人交易等。相比于这些传统的交易形式，首先，通过移动互联网平台网上销售能打破地域限制，平台以自身品牌号召力吸引全国数百位知名艺术品收藏者入驻，同时将天南地北的买家聚集在一起，最大限度地满足了买卖双方的需求。其次，传统的艺术品交易渠道因房租、人力等成本因素的影响，售价一般较为高昂，而艺术品电商平台销售则直接与卖家合作，大量购藏，能节约交易成本。

时间成本成为当代新藏家考虑的一个因素。与收藏界前辈们会花大量的时间甚至需要跋山涉水去寻宝不一样，年轻的藏家们希望把艺术品投资变成一件有效率的事情。互联网艺术品市场的出现无疑解决了这个问题。如，艺客平台近半受访者表示他们仅仅是通过在线点击浏览艺术品详情后，在几个小时甚至更短的时间内就下定决心购买了艺术品和收藏品，这清楚地表明线上艺术品交易市场的交易效率远高于传统艺术品交易。[①]

在线的竞拍流程非常便捷，只需在网站上注册会员、申请参加看好的某一场拍卖会，就可以参与竞拍，足不出户竞得心仪的艺术品。对于拍卖企业而言，线上拍卖省去了传统拍卖会制作拍品图录及预展的成本，拍品征集工作也大大简化，相对于传统拍卖会，在线竞拍更为灵活，会成为未来艺术品交易的主流方式之一。

线上艺术品市场未来的发展趋势获得了诸多业内人士的肯定。北京匡

① 杨蕾：《艺客：用互联网让艺术家的原作进入普通人家》，http：//tech. sina. com. cn/i/2015 - 03 - 24/doc-iawzuney1033155. shtml，最后访问日期：2016 年 1 月 15 日。

时国际有限拍卖公司董事长董国强称，“谁不把互联网当回事谁就要被这个世界淘汰”。北京华辰拍卖有限公司董事长甘学军也认为，“它在现阶段是传统拍卖的辅助和补充，它还是一种传统拍卖服务的延伸，但将来网拍占的市场份额会迅速扩大，网络拍卖对市场来讲是个大得无边的市场”。①

第四节　艺术品价格与市场均衡理论

均衡即平衡。在经济学中，均衡意即相关量处于稳定值，在供求关系中，某一商品市场如果在某一价格下，想以此价格买此商品的人均能买到，而想卖的人均能卖出，此时我们就说，该商品的供求达到了均衡。它是一种稳定的博弈结果，表明所有的博弈参与者为了保证他们的利益，都不会首先打破这个均衡。艺术品是艺术活动的产物和对象，是艺术家有目的的“产品”，其价格制定也脱离了一般产品的范畴。根据艺术品价值存在形式的小同和属性的差异，艺术品包含两方面的属性：精神属性和物质属性。精神属性体现为艺术品的艺术价值和历史价值；物质属性则通过艺术品的使用价值和经济价值表现出来。

经济学的一般均衡分析证明，在完全信息、不存在规模收益递增和交易成本为零的条件下，完全竞争市场存在一般均衡，而且在其均衡状态下，经济社会实现了经济效率，即消费者实现了效用最大化，厂商实现了利润最大化，同时在他们各自利己动机的驱使下，社会实现了整个资源配置的效率最大化。艺术品具备双重属性，它既是一种消费品，也是一种投资品，从购买目的上看，艺术品购买行为也是双重性质的，既可以是消费行为，也可以是投资行为，如果将艺术品单纯视为类似证券的金融产品，那么就无从体现艺术品的审美性，艺术品也被庸俗化了。由于艺术品是极端特异商品而且是以实物形态存在的，将其作为有形资产来看待更加适合，这种看法不仅能体现艺术品的经济价值，也能体现它的审美价值和效

① 《艺术品拍卖进入互联网时代》，人民网，http：//culture. people. com. cn/n/2014/1105/c172318 -25979260. html，最后访问日期：2016 年 1 月 15 日。

用性。

艺术品价格的确定是艺术品市场运行的基础。在充分竞争的市场条件下，价格作为沟通艺术品买卖双方行为的基本桥梁和资源配置的核心手段，能够通过对需求与供给的调节，引导艺术品市场的资源配置达到最优，促进文化产业的蓬勃发展。在互联网兴起之前，商家不得不对标准商品支付固定的价格，因为一对一的协商谈判对于大批量生产商来说非常麻烦。艺术品市场是一个复杂的商品市场，垄断性、信息不完全和高交易成本是其突出特征。在该类市场中，寻找艺术品的定价规律是一件较难的事。在艺术品市场中，如果购藏者对艺术品的价值有足够的认知能力，艺术品的价格应该围绕其价值波动。如果购藏者对艺术品的价值不具有足够的认知能力，则艺术品的价格往往成为其价值的代表。

艺术品市场里潮起潮落，最牵动人神经的，莫过于价格。既然艺术品有价格，又是什么因素决定了这个价格？历史上艺术总是需要通过货币来实现它的市场价值或者以社会职位（对应薪酬）来表现它的社会价值。艺术品价格的变化发展，这是很多市场参与人士关心和思考的问题，也是很多研究机构力图解释的问题。令人无奈的是，书画作品具有多种附加值，是特殊商品，这种非标准化的商品，很难用经济学原理上的“劳动价值论”来衡量其价格，更由于书画价值主要体现在虚幻的精神层面，而非物质的物质层面，很难用成本加利润的方式简单加以判定。近年来，有些研究者试图借用《公开市场价值法》《零售替代价值法》《特征价格法》《相似作品比较法》等经济学工具解释艺术品价格形成的原因。[①] 至今全世界的经济学家也没能为艺术品定价设定出一个模型，一劳永逸地套用。然而，奇怪的是艺术品在市场中流通，每次交易必有价，这市场价格又是谁依据什么制定的呢？

判断艺术品的价值就像要说清什么是艺术品一样困难，从价格上把艺术品分为中高价、低价艺术品相对简单。艺术品市场大致也可以划分为低端艺术品市场、高端艺术品市场和中端艺术品市场，从低端艺术品市场、中端艺术品市场到高端艺术品市场，构成正金字塔形状。低端艺术品市

① 王艺：《绘画艺术品市场定价机制研究》，中国艺术研究院，博士学位论文，2010。

场，艺术创作者众多，艺术家缺少名气，作品缺乏个性，虽然每一件艺术品都是原创的唯一商品，但对同一流派来说，作品之间具有较高的可替代性。这一市场与一般商品市场相同，遵循一般商品的市场规律：供给量与价格为正向关系，需求量与价格为反向关系，供需的相互作用形成艺术品价格。高端艺术品市场，艺术品由顶级艺术家创作，兼具学术性、艺术性、历史性价值，且随着时间的推移逐步成为绽放光芒的艺术精品，并从艺术品沉淀为人类的瑰宝。这种艺术品多为已故艺术家的作品，是唯一的且不可替代的。因此，这种艺术品的供给完全无弹性，其价格由需求唯一确定。中端艺术品市场，介于低端与高端之间的艺术品处于中端艺术品市场。在这一市场中，艺术创作者较多，同一流派和档次的艺术品具有替代性，但替代性较弱，供给曲线向右上方倾斜，供给弹性较低端艺术品减小。需求曲线较为复杂，对作为奢侈品消费的一般中端艺术品，需求价格富有弹性；对于具有投资潜力的艺术品，需求价格缺乏弹性，且需求收入富有弹性。这正是当代艺术品市场受金融危机影响最大的原因。

随着全球经济持续多年的增长所带来的财富效应，原有的财团更加富有，同时还迅速涌现出大批财富新贵。他们已经满足了物质需求，作为精神需求的艺术品消费成为他们的消费新领域。可以肯定，随着世界经济的持续发展，财富新贵会越来越多，再者，市场经济发展的一个基本趋势是财富分配越来越集中，出现富可敌国的财富集团已不稀奇。因此，财富的增长会成为左右艺术品价格的极其重要的因素。

关于艺术品定价，至今仍有两种不同的观点。观点一认为，艺术品没有确定的价值，艺术家、收藏家和市场专家也不具有准确判断艺术品价格的能力，艺术品价格随着时尚和偏好的变化影响需求，需求的大幅波动和收藏者的狂热，使价格在高低之间徘徊，因此，艺术品价格不具有可预测性。观点二认为，艺术品的市场价格依赖于传统的社会价值，而不是“生产成本”，这些社会价值是由社会发展长期形成的社会信仰和习俗固化所得的“基准”，这一“基准”是相对稳定的，市场能够提供一个适合于这一基准的均衡价格。

一幅画是不是艺术品、价值几何？国外艺术品市场运行时间较长，也较完善，对艺术品定价的定量研究比国内多，目前主要的定价方法有代表作方法、重复销售法、特征价格指数法及其他定价方法。国内关于艺术品定价方法的定量研究较少，目前还停留在估算和定性分析上。估算方法也只是简单的类比法和算术平均法，诸多的定性分析依然纠缠在关于影响艺术品价格的因素分析上面。事实上，无论是类比法还是算数平均法，对艺术品价格估算的准确度都很低，估算准确率平均只在30%左右，甚至更低[①]。

一 网络团购

网络团购是零售领域出现的一种新的消费合作方式，是指借助网络平台，将具有相同需求和购买意愿的零散消费者组织起来，形成较大数量的购买订单，集体向商家大批量购买，享受最优惠的价格，共同维护消费者权益的消费形式。

过去，生产者之间通过联盟合作等方式，容易团结起来，合作低成本，企业高收益，具备了组织的力量。相反，消费者之间的联系组织成本高、相对收益低，难以团结起来。在市场交易中，消费者与生产者之间的谈判，其形式是个体对团体、散户对组织，交易双方地位不平等、势力不对等，互联网经济时代，市场均衡理论从理想变成现实，市场交易双方具有规模经济效应和范围经济效应。经济学中的市场交易均衡只是存在于理想世界之中。现在，生产者之间的团结成本更低，而消费者则通过网络虚拟组织，实现零时间、零距离和零成本团结起来。

消费者通过团购、余额宝等方式在交易中团结起来，从生产者和销售者那里分享部分权力和利益，使生产者和消费者之间的权责对等、利益共享。网络把无数的个体团结成一个个团体，把无数的散客集合成组织，由一盘散沙到聚沙成塔，这增强了消费者的议价能力，实现了无组织的组织力量。在市场交易中，消费者与生产者双方的谈判由过去的个体对组织，变成了团体对团体、组织对组织之间的议价，交易双方地位平等、势力对等，市场均衡理论在现实交易中普遍应用。需求方在同一购物平台，选择多种品类商品下单交易，不仅享受商品价格折扣，还能享受免费物流精准

① 王艺：《绘画艺术品市场定价机制研究》，中国艺术研究院，博士学位论文，2010。

配送，形成了需求方的范围经济，这对供给方的范围经济具有正反馈效应，从而实现了供需双方甚至交易关联方的双赢、全赢、多赢、共赢。这样，互联网经济改变了市场交易双方力量的对比，出现了新的势力格局。

就艺术品而言，首个对外打出“艺术团购”理念的是由今日数字美术馆打造的“团艺术”艺术品团购网。在其网站上，第一批主推的团购艺术品以版画为主，作者包括杨少斌、朱伟、王广义、张东红等国内知名版画家。团购价格从千元到万元不等，例如，张东红的《戏人 NO 2》以7.5 折 4500 元秒杀出售，颇为抢眼。选择团购的艺术品价格大多在 10 万元以内，艺术家也以中青年为主，作品类型以现当代的油画、版画、国画为主。也有的艺术品网站推出了全场买 1 万送 1 万、买 3 万送 3 万等优惠活动，让不少头一次接触艺术品网络购买的顾客颇感新奇。

目前，很多人对于艺术品团购褒贬不一。很多艺术家并不认可艺术团购的做法。在大部分普通人的印象里，团购是廉价的代名词，艺术品如果过度参与团购，可能导致艺术作品恶性竞价，最后在大众心中一文不值。但也有人不认为网络团购会降低艺术作品在大众心中的地位，应该鼓励艺术品销售与网络营销结合。以版画为例，现在版画在国内还是不为人知的小艺术门类，借助团购的力量，能够让更多的人欣赏版画的魅力。而团购模式好不好，应该由市场说了算，如果没人愿意购买团购的艺术品，那就证明这种模式失败，但应该鼓励艺术家去探索艺术与网络的结合。

对艺术品团购这样的新兴形式或许可以抱有观望的态度，若是有了正确指导，也许未来的某一天团购可以成为收藏的理想途径之一。收藏品团购并非完全不可取，对于市场来说甚至可以算是一种进步。不过现在的状态是缺乏如秩序，需要规范，核心问题是藏家与商家都要弄清楚什么样的收藏品才能团购，什么样的不能。收藏品团购网与销售收藏品的普通网上商城并无本质区别，只不过是有没有折扣的区别。收藏品团购这种形式还可以帮助新生代艺术家成长，事实上，已经有几位新锐艺术家曾经在事业起步阶段采取过类似的方法并得到了藏家认可。一件物品进行团购的原因就是买家不足，像一些新兴艺术家刚刚出道，他们的收藏群体还没有形成，会有不少作品积压在手中。这时如果将自己的作品以团购的形式出售，可以扩大艺术家在收藏圈的影响力，也可以扩大收藏者的选择范围，是较为可取的一个方法。当然，这里所说的“团购”与目前大家普遍理解的“团购”不太一样，并不是艺术家将同一幅作品绘制成很多份，而是同一个人的多件不同作品同时参团。

目前，雕塑应该有很大的市场。这里指的是小型雕塑，可以当摆件的那种。中国消费者对于雕塑的需求量正在增加，这种占据空间、具有实体性的艺术品，会比仅挂在墙上的画作更具特殊性，且雕塑本身的行业难度也会更高。除个人需求之外，现在中国很多公园、酒店对于雕塑的消费量也很大。而绘画这一领域，由于从业人数太多，艺术家太多，对购买者来说，选择太多也不一定是好事。有成熟的艺术家，有年轻的艺术家，比价难度很大。雕塑市场已经有所启动，十几万元、几十万元的雕塑都非常好卖。对比画作的平面性，雕塑的立体感有时会带给消费者更多震撼。下一阶段，陶瓷艺术品、红木家具、漆画、雕塑，以及几万元不等的家居化、生活化油画市场都是最具潜力的艺术品细分种类。

同时，收藏品团购如果缺乏强有力的监管机制，可能会对收藏市场带来消极影响，因此有关部门应尽快出台相应的管理措施，使收藏市场中的各方摆正自己的位置。

二　捆绑定价

捆绑定价策略是企业常用的营销策略，它是指商家将两种或两种以上的相关产品组合在一起出售，并制定一个合理的价格。现实中捆绑定价要求产品之间有一定互补性，目标客户有重叠性。捆绑定价往往能提供比较大的折扣以吸引眼球，最极端的例子是微软当年将 IE 免费捆绑于 Windows 来阻击网景，要知道当时的浏览器都是收费的。捆绑定价一直是学界关注热点，垄断公司对信息产品提供捆绑定价也已被证实是可以实现帕累托最优的。针对艺术品市场，在营销上有一个很好的方法，叫作预售制，改变以往艺术家先画出来再去销售的模式，一年定量出作品，然后就可以更好地投入到创作中。①

① 安博：《2014 艺术互联网大会的发言》，华夏收藏网，http：//news. cang. com/info/374667_2. html，最后访问日期：2015 年 10 月 2 日。

用于艺术品与艺术衍生品的捆绑。艺术衍生品不太像纯艺术，因为纯艺术不具备实用的功能（当然也不能说一把包豪斯风格的椅子就不是艺术品，这是另外一个问题）。衍生品的市场巨大，这个毋庸置疑。比如手机壳，艺术家把自己的作品印上去就增加了产品的趣味性和个性。再比如抱枕、围巾等家居用品。只是一旦艺术品实用化了之后，将面对的是激烈的商品竞争。①

把实用的东西做成艺术品，这也是商品文化发展的方向。反观日本、欧洲等国家在商品上下的功夫，我们还有很大的空间和潜力去提高，也意味着潜在的市场。人们对生活的要求越来越高，对商品的要求越来越精致，也会带动艺术品电商的发展。现在有一些做得还不错的平台，比如暖岛，比如豆瓣的东西，都在朝此方向发展。因为人们购买的不仅仅是一个商品，同时也代表了他们对生活的态度。②

三　免费定价策略

免费定价策略是指将企业的产品和服务以免费的形式提供给顾客使用，满足顾客的需求，同时对企业和商家起到推广和宣传的作用。它是一种促销推广手段，也是一种非常有效的定价策略。对艺术品电商企业来说不失为一种好的定价策略。

免费定价策略目前在电子商务平台比较流行，比如新产品的免费试用。互联网出来之前，很多人一提免费，认为不是骗子就是不可能。因为，现实生活中“免费”基本不可能，免费多是一种推销的噱头或营销的技巧。互联网发展这么多年，许多伟大的互联网公司的实践证明了这一点：如果一个公司能把免费服务做得很好——如，谷歌把搜索做得很好，腾讯把聊天做得很好，那么，这种免费服务汇聚了巨大的买家量之后，总有办法在海量买家基础上，构建一种新的商业模式。这种模式不是我们发明的，实际上已经被中国互联网证明了。过去，要免费就不能赚钱，要赚

① 《艺术品电商不要端着，用点 O2O 思路》，天下网商，http：//i. wshang. com/Post/Default/Index/pid/36853. html，最后访问日期：2016 年 1 月 15 日。

② 《艺术品电商不要端着，用点 O2O 思路》，天下网商，http：//i. wshang. com/Post/Default/Index/pid/36853. html，最后访问日期：2016 年 1 月 15 日。

钱就不能免费，免费与赚钱之间的关系是对立的。现在，既免费又赚钱，通过免费赚钱，免费与赚钱之间的关系是统一的。也就是说，互联网时代的基本商业模式就是免费，免费成为常态。那么，到哪里去赚钱呢？或者通过和买家建立情感链接、产生更多的需求来赚钱；或者通过和买家的交互产生数据，用数据来赚钱。

不仅如此，网络时代的实物商品以软件化、数字化形式展现，因此软件就是商品，数字就是产品。数字化产品生产的固定投入成本高，但是边际成本低，即产品初次生产成本高，再次生产成本低甚至几乎为零，因为产品再次生产只需要在电脑上复制和粘贴，所需成本几乎为零。可见，商品免费是符合互联网经济的基本规律的。而且，当商品价格等于零时，买家选择心理成本消失，导致消费心态发生转变，产品消费变得非理性，企业看似放弃了部分收入，实际上带来的是更多的尝试者和参与者，免费模式开创了蓝海市场、蓝海买家。免费不仅是商业模式，而且它也有很多充满魅力的地方。很多时候，如果我手里有1000万元，在中国打一则广告连个响儿也没有，我还不如花1000万元做一款免费的互联网产品，给几千万买家使用。这几千万买家用了我的产品，就建立了对我品牌的认知、忠诚、信任，这比广告有效得多！免费既是商业模式，又是一种商业革命的手法，也是一种营销手段，更是互联网的一种精神。免费是互联网主基调，所以现在很多厂家做硬件也开始用了这个思想，目前就是成本价出，不赚钱。主业不赚钱，靠增值服务收费，先靠免费做大量买家，再去寻找盈利模式的方法，也就是典型的互联网思维。[①]

四 秒杀

秒杀最早出现在网络游戏中，是指瞬间击杀敌人，现在已经延伸到网络购物，是网上竞拍的一种新方式。网络商家为促销等目的组织网上限时抢购活动，商家在网络上发布一些价格低廉的商品，所有购买者在规定时间进行网上抢购，由于活动中商品的价格超低，吸引来大量的购买者，商品一上架很快就被抢购一空，有时只用1秒钟。目前，在淘宝等大型购物

① 白雪：《周鸿祎：互联网思维是常识的回归》，《中国青年报》2014年10月8日第10版。

网站中，“秒杀店”的发展可谓迅猛。

低价定价策略可以说是一种耳熟能详的定价策略，低价定价策略的核心是薄利多销和抢占市场。薄利多销的前提是产品的需求量大，生产的效率高，如日常的生活用品纸巾、洗发水等。对于艺术品企业来说，抢占艺术品市场适用于一个新艺术品的发布，为了提高在艺术品市场的知名度，为了树立消费者的认知，新艺术品的低价定价策略是一个不错的选择。

“价格”是亚马逊最大的吸引力之一。在 200 美元商品名录里，你可以找到一些不错的东西，像自然历史插图画家约翰·詹姆斯·奥杜邦（John James Audubon）的作品，他绘制的鸟类图鉴被称作“美国国宝”。如果你想在这里“捡漏”，还有雷恩·亨弗里的钢笔速写作品，只要 1 美元。因为买家大多是抱着“买着玩”的心态网购，中低价位的成交价格使得艺术品装饰性更强，升值空间有限。

五　网上拍卖

拍卖定价策略是一种较为新颖的定价策略，物品起始的价格非常低，甚至为零，但是经过一番消费者的争夺后，其价格便会无限制地上涨。甚至其竞拍的价格会高于货品一般的价格。如一些数量稀少难以确定价格的货品都可设置拍卖定价策略。拍卖定价策略的前提是稀少、市场需求大。对于艺术品本身来说具有一定的特殊性和唯一性，这就注定了其艺术品的稀少性，对于优秀的艺术品来说大众也是求之不得，所以，拍卖也是艺术品行业内最为常规的定价和销售方式。

进入 21 世纪，人类迎来了以信息经济、网络经济为重心的新经济时代。在新经济中最令人注目的就是当代信息高科技与经济、管理紧密结合的电子商务。电子商务的产生给全球制造业、流通业和服务业带来了一场深刻的革命，它改变了传统的事务与经济模式，并迅速影响着人们的社会生活方式。随着互联网的发展，扩展了传统艺术品市场的时间和空间。互联网技术和传统拍卖机制的结合产生了网上拍卖。

网络拍卖很大的优势是利用互联网的特点，将原本贵族化的交易方式变成了平民交易，打破了时间、空间上的限制。多数艺术品电商采取在线拍卖和“一口价”的形式销售作品。不过，在线拍卖比“一口价”的形式更加亲民，也更加利于艺术品与藏家的网络互动。在线参与竞拍的过程增加了购买的乐趣。商城式的“一口价”销售，很难激起网民买家对作品的购买动力，总认为作品价值达不到价格标签，一批买家无缘由地就流失掉了。这也是多数书画艺术类网络商城一直不温不火的原因。网民总希望能以最低的价格，买到最优、保真的艺术品。[①] 每年艺术品春秋大拍中，买家们都有赶场忙的烦恼。各大艺术品拍卖公司也有意错峰开拍，避免买家在竞买上“撞车”。有时令买家感到无奈的是，每件拍品的竞价时间只有短短几分钟，藏家需要当即决定要不要继续加价。借助互联网，问题就迎刃而解了。一场网络拍卖可以持续几天，昼夜不间断，无论北京、纽约还是伦敦的买家都能借助网络随时竞买，并且做出更加理性的决定，免去了“赶场”的烦恼，节约了时间、交通、住宿等诸多成本。

网上拍卖基于网络平台的随意性、便捷性，拍卖者可以随时对物品的价格进行修改，动态拍卖已成为网络拍卖的新趋势和必然走向。同现场拍卖相比，网上拍卖无疑具有更大的优势，这种拍卖形式不仅方便、快捷，而且极大地提高了拍卖效率和拍卖过程的透明度，已经成为帮助个人之间交易的一种有效方式。移动拍卖是移动电子商务的一种形式，较之传统的互联网拍卖方式，它是通过可以装在口袋里的终端，随时随地及时接收和了解信息并进行出价的拍卖方式。它在一定程度上解决了传统网上拍卖对互联网 Web 系统的依赖，可以使竞价者在没有互联网的情况下也能进行竞价拍卖。随着移动电子商务的发展，这一拍卖形式将会成为主流。

---

① 《艺术品电商如何打造自己的良性生态?》，钛媒体艺术中国，http://art.china.cn/market/2015-07-21/content_8087719.htm，最后访问日期：2016年1月15日。

第四章 “互联网+”推动艺术品产业进入分享经济模式

第一节 从艺术品创作就开始的分享

一 买家本位主义

不同的经济发展阶段，在社会上起主导作用的主体不同。传统的计划经济时代，是鲜明的政府主导经济时代，一些社会资源的供需都是通过政府来进行配置。在这个商业环境中，政府处于经济运行的核心地位，卖家的生产经营、产品的生产都是通过政府的指令来进行。政府分配是主要的经济运行方式，政府是创造社会财富的主体和背后重要的推动力量，形成“政府本位主义”。在计划经济向市场经济转型过程中，卖家开始居于市场经济运行的主体地位，买家被动地接受卖家的产品，卖家成为创造财富的主体，形成“卖家本位主义”。在这个阶段，市场上往往是需大于求的，企业占据着主导定位，产品的生产规模、生产的产品类型都是企业根据自身的定位，生产能力来进行。消费者还处于一定的被动接受阶段。随着互联网的发展，大众成为社会舆论的主体和经济的主要推动者，社会进入一个消费主导的时期。互联网的平台也为大众提供了便捷化的、低成本的、廉价的购买产品的机遇，消费者拥有了更大的主动权和选择权，并在很大程度上反向影响着卖家的生产。今后乃至未来，社会将进入一个由个人主导的个人帝国主义时代，个人成为创造财富的主体，形成“买家本位主义”。①

① 李海舰、田跃新、李文杰：《互联网思维与传统企业再造》，《中国工业经济》2014 年第 10 期。

同时，经营发展模式从以卖家为中心转向以买家为中心，由 B2C（Business to Custom）转向 C2B（Custom to Business）。

从互联网思维来看，互联网思维给营销带来的最重要的理念也是买家思维。“在互联网时代，借助于博客、微博、微信等互联网产品，信息的传播不再是一点对一点或一点对多点的单向传播，而是多点对多点的多向传播。而在这信息的大网中，核心就是买家。买家的意见与反馈借助于互联网而变得更有分量，因此企业的产品和服务的质量也变得更为透明。随着大众点评网等新型互联网企业的出现，买家的话语权更是增强，这种自由而互助式的点评方式，对于企业也是一种客观的评价。因此，追求好评，杜绝差评成了企业的营销任务之一，这背后即是买家思维的体现。当然，这与传统营销中一切以顾客为中心的营销理念有所区别，因为在互联网时代，顾客或者说买家的声音将更有威慑力，它不再可能仅仅是口头上的一句口号，而是要切实转化为以买家为中心的互联网思维。”① 对于艺术品产业来说，在互联网的思维下也具有同样的营销诉求。互联网对于买家地位提升的大环境，使得包括艺术品在内的网上运营产业都要充分考虑买家的需求，从买家的角度出发，而非艺术家本身。过去我们更多考虑的是艺术品的特殊属性，艺术品是一种精神产品，附带更多的个人色彩，越是个性的，也越是备受市场关注的。然而在互联网经济生态环境中，这种思维方式就需要进行一定的调整，因为越是个性的，也往往越是难以被大众接受的。不被买家所接受，就难以在互联网这个舆论平台上获得买家的认可，也就难以形成经济上的效益，形成口碑效应。

（一）从卖家来讲，创作设计来自买家，选择标准来自买家

互联网经济是典型的买家经济，因在互联网上交易的艺术品对象较为明确，艺术品卖家的一切艺术品的创作设计、选择标准的制定都要满足买家的需求。卖家不再是封闭式的自我陶醉的产品创作设计方，因为卖家自己喜欢的，认为市场欢迎的产品未必是真正的市场需求。随着社会的发展，人们的消费是逐渐多样化的、分散的而且是不断变化的，再好的一种款式，也可能瞬息万变。要把买家看成是善变的，而不是轻易容易满足

① 张正元：《互联网思维下的营销模式研究》，广东外语外贸大学，硕士学位论文，2014。

的。所以对于产品的设计，就需要抓住买家的心理，为买家提供自我设计，自我认可的款式。这就要求艺术品的经营者不能再以艺术家为主导，以艺术家的意志去影响消费者。了解买家需求，从买家的角度出发，让买家设定标准，才是当下经营的王道。郭敬明的《小时代4》取得了好票房的重要原因在于郭敬明抓住了买家的心理，特别是年轻一代的消费需求。尊重买家的需求，才能获取市场上的丰厚回报。“互联网是较为典型的长尾经济，这就意味着企业的市场定位要尤其关注长尾人群，他们虽然单个消费能力不强，但通过互联网聚合起来，就会有强大的影响力和消费力。传统行业很难满足小众需求，但在互联网思维下，依靠长尾理论，企业依然可以活得很好。”①

（二）从生产来讲，生产来自买家，内容来自买家

互联网时代的买家多为年轻群体，他们自我意识强烈，有很强的参与感，喜欢分享与表达。因此，在品牌规划过程中，企业可以在买家的情感需求上下功夫，让买家参与到产品和服务生产的环节中去，通过定制化的服务，来带动互联网时代的粉丝经济。② 以往的艺术品创作是艺术家的事，艺术家把自己关在自己的艺术室里面，埋头创造，最后创作的作品未必被买家买单。互联网作为一个大的虚拟社会，是艺术品市场的重要销售区，里面既有艺术创作的源泉，也有潜在的巨大消费人群。他们来自五湖四海，有着各种各样的知识背景，更有着千奇百异的想象，充分调动他们的积极性，让他们参与到艺术的生产与内容创作中来，并通过他们的渠道宣传推介出去，艺术品经营者就可以在其中获取巨大的资源和经济来源。以工艺艺术品的创作而言，艺术品的经营者可以通过互联网的交易平台，来获取买家的各种诉求意见，并根据这些数据的处理，得出现今工艺品艺术市场消费者的消费倾向是怎样的，哪些工艺品最受欢迎，哪些款式的艺术品最为消费者所喜爱，什么样的质地最为消费者认同，这些为工艺艺术品的生产提供了重要参考。这样买家在某种程度上就参与了艺术品的生产环节中，成为整个工艺艺术品生产的重要参与者。此外，艺术品的

① 张正元：《互联网思维下的营销模式研究》，广东外语外贸大学，硕士学位论文，2014。

② 张正元：《互联网思维下的营销模式研究》，广东外语外贸大学，硕士学位论文，2014。

经营者还可以在互联网经营平台上，专门设置与买家沟通的平台，虚心接受买家所提的各种建议和意见，并通过有偿奖励的方式，给买家以鼓励，从而激发买家参与的积极性。这种对买家的重视，会给予买家一种比较强的尊重感，使其得到精神上的一种满足，从而也会在情感上拉近与买家的距离，使其成为此种艺术品的忠实粉丝，从而带来附带经济效益。

（三）从推广来讲，推广来自买家，销售来自买家

互联网的巨大经济规模都是建立在庞大的买家群基础上的。互联网经济的一个重要经营策略就是粉丝经济。也就是通过良好的产品和买家体验，来牢牢抓住买家的心理，让买家成为产品推广的主力，使卖家与买家不再是一种对立的关系，而是通过情感的沟通，良好的体验服务，共同的价值诉求，把卖家与买家融为一体，把买家从一种买家身份培养成卖家粉丝，让买家对卖家从满意度提升到美誉度再进一步提升到忠诚度，形成持续购买、终身购买。与此同时，卖家不仅要把买家发展成为普通粉丝，还要发展成为活跃粉丝、核心粉丝，让粉丝买家自动对外宣传产品、评价产品和销售产品，形成产品的良好口碑，实现更多潜在买家关注和购买，进而滚动发展。[①] 忠实粉丝对于当今互联网经济具有巨大影响力，当然这种粉丝经济不只是靠买家的一腔热血，若想将这种粉丝效应长久持续，形成一种彼此的黏性，还需要进行产品极致化的提升，产品服务的不断完善，体验效果的不断优化以及与买家情感的良好互动。总之，若想在粉丝经济时代打好持久战，必须要做到与买家的心理沟通，优质服务，只有这样才能长盛不衰。[②]

（四）从体验来讲，体验来自买家，评价来自买家

从体验设计来说，互联网经济也是典型的体验经济，一切以买家感受说了算。"所以在品牌与消费者沟通的每一个环节，都要注重买家的感受。售前的咨询、售后的服务、产品内外包装给人的感觉、认知的媒介、

① 李海舰、田跃新、李文杰：《互联网思维与传统企业再造》，《中国工业经济》2014 年第 10 期。

② 《对粉丝经济时代的讨论》，http：//cul. china. com. cn/zt/node_ 527761. htm，最后访问日期：2016 年 1 月 11 日。

购买的渠道等，都是构成消费者体验的一个部分，所以从满足买家需求的角度，在品牌与消费者沟通的整个链条，都要贯彻买家体验至上。”[①] 之前的产品生产大都是短期的交易行为，产品一旦售出，基本上就与商家断绝了联系。至于产品的质量如何，体验效果怎么样，就只能看你前期的准备与交易时的现场决断。但是在互联网平台上，任何产品与服务都是可追踪的，而且买家可以随时对你的产品进行信息反馈和评价。这种评价不仅是消费者个人的一种行为，而且这种评价会对其他的买家形成一种消费行为的影响。所以注重消费者的体验，引导消费者深层次地进入产品生产、制作、销售、推广、售后服务的各个环节，为消费者提供良好的体验环境，对于互联网经济环境下的企业是至关重要的。艺术品产业是一个比较特殊的产业，它不同于普通的商品，可以获得比较直观的感受。它主要是一种精神体验，获得的是精神上的需求满足。所以在产品的体验上，艺术品的经营者要更加注重艺术的创作与买家的精神沟通与体验。比如对于一件艺术品的创作，艺术家可以在网络平台上分享自己的想法，然后争取买家的良好的构思与想法，并即时与买家进行沟通，从而实现创作者与买家双向受益的结果。艺术家可以在交流中了解消费者的趋向爱好，买家则可以在平台上实现精神体验。此外艺术产品的经营者还可以开设专项定制服务的窗口，可以让买家自己提供设计方案，然后让工艺制作的艺人按买家的设计进行生产，最后由买家购买。这样买家就可以得到充满自己创作灵感的艺术品，从而实现在体验服务中获取收益。

二 一切都极致化

极致化思维不是互联网思维所特有的一种思维模式，追求极致、追求卓越，一直是人类的一种精神追求。互联网的出现将极致思维的营销模式推向了新的高度。因为互联网是一种开放式的平台，在这个平台上人人平等，没有高低贵贱，没有人为你所谓的权威买单，看重的只是你的产品是否为我所爱。互联网商业生态一方面在拓展市场领域上大显神威，同时也

---

① 张正元：《互联网思维下的营销模式研究》，广东外语外贸大学，硕士学位论文，2014。

对商家的市场竞争提出了更高的要求。因为对传统时空秩序的消融，消费者无须花费什么成本，即可以在网上商城了解各类产品。足够的选择权、便利的消费渠道，也提高了消费者在整个市场上的话语权。特别是买家与买家之间时空渠道的打通，使得口碑营销在互联网商业环境之下更为重要。这也决定了互联网经济中产品的极致化生产理念的重要性。在现有的互联网巨头对互联网思维的阐释中我们也能初见端倪。例如，小米手机的创始人雷军，在互联网思维“雷七诀”中就提出了“专注、极致、口碑、快”，将“极致”与“口碑”作为一项核心内容，当然在其产品生产中也充分显示了这一点。和君集团的合伙人赵大伟提出的“独孤九剑”的九大思维中也提到了“极致思维”。由此可见，极致化生产应是互联网经济生态圈中不容忽视的一种经营理念。在以往的经营过程中，艺术品产业更多的是以艺术家和卖家为中心展开经营活动，更多的是卖家在主导整个市场。卖家创作什么、生产什么，就去销售什么。在经营理念上追求的是单一产品的大规模生产。[①] 这样的一种经营方式，在市场中容易导致以自我为中心的生产怪圈，不仅不能有效对接市场，而且容易引起市场上同质化竞争。随着互联网市场大社会化的生产，以及同质化竞争的弊端的显现，卖家开始认识到创作自我品牌价值，提升产品特色化、异质化经营的重要性。以买家为中心，围绕买家需求和消费特点，提升产品竞争力，实现极致化生产，成为当下经营的重要理念。

（一）产品极致化需要提升产品设计理念

过去我们生产产品更多的注重产品的使用价值和物理价值，对产品本身的设计、包装等外在价值重视度不够。也就是强调了制造，而忽略了创作；强调了客观使用，忽略了精神需求。然而，在当下物质需求与精神需求都不断增长的形势下，在保障产品质量的前提下，提升产品的设计理念，赋予其更多的观念价值、情感价值，显得尤为重要。特别是互联网思维对传统产品生产理念的影响，更使得产品需要注重设计的理念，来提高产品的良好口碑。

---

① 李海舰、田跃新、李文杰：《互联网思维与传统企业再造》，《中国工业经济》2014 年第 10 期。

正如LKK洛可可整合创新设计集团创始人贾伟所说，“互联网思维就像一杯理性的凉水，它强调买家的痛点，解决价格、速度、数据等问题。但是，仅有一杯凉水还解决不了生活中的所有问题，还需要一杯感性的热水，也就是设计思维。后工业时代，买家更需要爱和幸福感，需要物我的交互和情融。设计思维恰恰能满足买家的情感诉求，解决买家的幸福感问题。理性的互联网思维+感性的设计思维能产生一杯温和的水，能够带来科技、文化、生产和艺术之间的完美结合。”[①] 也正因为如此，洛可可才在众多的设计公司之中脱颖而出，生产出了许多具有实用价值，而又富有设计感的产品。

艺术品产业本身就是一种富有创意色彩的产业，其产品深深地印刻着艺术家的思想火花和创意灵感。那么艺术产品是否就可以忽略这种设计的思维呢？答案当然是否定的。越是创意型的产品，越需要强化设计色彩，才能在追求极致的互联网经济体系中脱颖而出，占得先机，赢得市场主动权和话语权。比如说传统的工艺美术产业，一些在中国传承了几百年甚至上千年的艺术品，随着历史的风霜沉淀，能够传承到今天说明了其强大的生命力和艺术魅力，但是这些艺术品如果原汁原味地生产制作，未必能在市场上取得良好的效益。因为它们是在历史环境中产生的，是符合当时审美习惯的，在当今社会未必就能有良好的市场价值。所以必须要对这些艺术品进行符合当下审美习惯的二次设计创作，才能使其焕发出新的商机。2014年故宫博物院设计出品了一款特色艺术品——仿蜜蜡朝珠耳机，一经微博发布，短短数小时之内，便引来了网友上万次转发和数十万次的点赞，网友纷纷欢呼故宫博物院脑洞大开。博物馆开发“萌物”引发网络热评已非一次，台北“故宫”出品的“坠马髻”颈枕也一度被网友热捧。这些广受买家欢迎的艺术品，其实都是设计赋予它们的极致化的艺术魅力，极大地提升了这些艺术品的商业附加值。

（二）产品极致化需要提升产品营销理念

如要实现艺术产品的极致化，仅仅拥有充满创意设计色彩的产品是不够的，还需要有与互联网发展特点相适应的营销理念。“酒香不怕巷子

---

① 《LKK洛可可十年再起航：设计思维+互联网思维》，《新经济导刊》2014年第12期。

深”的时代已经过去，靠打广告，在电视上轮番播放的时代也渐趋弱化。在全媒体、自媒体的时代，以互联网为平台，消费者由被动接受者为主动传播者，打造粉丝效应，进行病毒式营销、口碑式营销的时代已经悄然来临，并且拉开了序幕。“在互联网时代，媒体的传播已经从传统的自上而下的传播逐渐扁平化，每一个有影响力的买家都将变成自媒体，不管是名人明星，还是草根意见领袖，不管是微博大号、微信公众账号，还是普通的买家，都是有一定影响力的传播媒体。因此，把握买家心理，用好极致思维，对于产品和服务的营销，有着巨大的帮助。”[①] 在互联网领域小米手机是口碑营销的典范，并将口碑作为其对互联网思维定义的核心组成要素。所谓口碑营销，就是通过超客户预期的效果，良好的产品质量，抓住客户的心理，让产品自己说话，从而达到一种口口相传的效果。然而若想达到此种效果，就必须将产品做到极致。这也是为什么产品的极致化需要提升产品的营销理念，产品的营销理念要围绕产品的极致化的原因。二者是彼此联系，而又相互促进的关系。特别是互联网背景下，媒体的传播已非自上而下的线性传播，而是发展成为一种扁平化的传播方式，商务平台上的每一个客户，都是媒体的策源地，人人都是自媒体，不管是明星还是普通的消费者，无高低贵贱。每一个客户都可以根据自身的感受，对产品的满意程度发表意见，并回馈到网络，从而对其他的消费者产生影响。这就如同病毒扩散一样，从一个点迅速地扩展到整个面。因此把握好消费者心理，将产品做到极致化，提升产品的营销理念，是互联网经济下极致化思维的重要体现。

对于艺术品产业而言，随着艺术品产业向互联网领域的逐步渗入，二者之间的联系也更为紧密。然而，仅仅依靠互联网的电子商务平台进行艺术品的销售是远远不够的，这只是浅层次的与互联网嫁接的一种方式。若想真正实现艺术品产业在互联网平台上走得更远，实现跨越式的发展，就必须充分发挥互联网思维的作用，用互联网思维去运营，运用互联网的营销策略去运营。比如艺术品中的工艺品设计行业，除保证工艺品的使用价值之外，更要在设计上、服务上下大功夫，精益求精，设计制作出超乎受

---

① 张正元：《互联网思维下的营销模式研究》，广东外语外贸大学，硕士学位论文，2014。

众预期的艺术精品。要充分利用网络平台，了解、分析客户的需求，抓住客户的消费心理，使艺术产品真正为买家所青睐。改变以往以商家为核心，艺术家为核心的创作、生产模式，将重心转移到艺术接受环节，转移到消费者身上来，通过消费者的口碑效应，进行大众化的传播，从而实现艺术品产业在互联网经济下的跨越式发展。

（三）产品极致化需要提升产品消费理念

产品的极致化不是围绕产品做产品，而是围绕消费者做产品，必须树立以消费者为核心的产品生产理念，触及消费者的“痛点”，然后把“痛点”做到极致，并根据消费者的“痛点”进行创新，或者是微创新，从而迅速地占领市场。以往产品的生产，往往是围绕企业的生产能力、创意设计水平来进行产品生产，然后将产品推向市场，接受市场的检验。这样不仅花费大量的成本，而且在市场上的风险较大。特别是随着时代的快速更新，人们的消费习惯瞬息万变，一款产品很容易在日新月异的社会大浪潮中被淘汰。所以互联网经济下的艺术品生产，必须抓住消费者消费理念这一核心环节，提升企业的产品消费理念，也就是我们在互联网思维中经常提到的买家思维。艺术品作为满足人们精神需要的一种特殊产品，跟人们的审美习惯、价值认同密切相关，所以在艺术品产业中尤其要注重消费的理念。产品消费理念的提升，一方面体现在产品生产上，企业要充分运用互联网信息平台、大数据进行消费心理的研究，抓住消费者的“痛点”，生产出超出消费者心理预期的产品，从而实现产品在市场上品牌的迅速提升。另一方面体现在产品的更新换代上，也充分认识到科技对产品更新换代的影响。在互联网时代，科技推动产品生产，包括艺术品生产迅速迭代更新。在当代商业环境之中，尤其是互联网经济环境之下，客户的需求瞬息万变，这就决定了速度有时候比质量更重要。一次性的生产未必就能满足客户的需求。因此艺术品的生产商、经营商要充分运用互联网平台，根据消费者信息的反馈情况，及时进行产品的调整，通过一次次迭代更新作用，不断完善产品和服务，才能真正在互联网经济的平台上立得住脚跟。例如艺术品的设计，到底设计的效果能不能得到市场的认可？消费者是否习惯？符不符合当下消费者的审美心理？仅仅依靠设计者的个人感觉是靠不住的。必须在产品推向市场之前，先将产品放到互联网大的网络经销平台上，让消费者去评判。根据消费者评判信息的反馈情况、市场动向来确定产品的生产规模。此外，对于消费者的评判意见，不能因为是消费者的个人见解而被忽视，应把这些意见作为一种难得的资源。根据消费者的意见，迅速地对产品进行重新构思和设计，不断迭代更新，使其成为广受消费者欢迎和认可的产品。

三 一切都模块化

模块化是极致化分工与极致化合作的结果。[①] 随着产业的发展，特别是互联网经济形势下，产品的更新迭代速度不断加快，产品的产业链条也不断地延伸、拓展，产业的分工也越来越细，人们对于产品质量的要求也不断提高，推动着产品不断向极致化、精品化方向转变。为跟上产品不断更新的步伐，提升产品的质量，提升产品生产的效率，模块化的思维逐渐得到市场的认同。一些企业甩掉了大而全的企业包袱，开始追求产品的更加细化的分工，抓住自身所擅长的某一个关键的产业链环节，从而提高自身的竞争力。这也是我们经常说的由传统的“木桶理论”升级到“新木桶理论”。一套商业的链条被打破，被分割成了一个个链条的环节，大家通过分工协作，然后进行整合，从而取得整个产品生产线效益的最大化。

所谓模块化思维是一种方法论模型，即将产品的组成要素进行模块化分割。这里我们要清晰地认识到，“模块化不是简单的分割，它不是一种机械化的行为，不是死板的，更不是一成不变的，而是在一个合理的阈值内，可以完整表达一个产品要素或者产品要素的组合。”[②] 模块与模块之间是一种彼此独立，而又相互关联的关系，它是通过模块化的思考，是可以聚合分解的。[③] 它体现的是一种思维，而不是一种物理概念。它一定是可分又可聚的，它是分与合的哲学关系。分可以分到极致化，合可以合到极致化。然而分与合都是存在内在联系的，分是合的基础，合是实现分利

① 李海舰、田跃新、李文杰：《互联网思维与传统企业再造》，《中国工业经济》2014 年第 10 期。

② 王懿：《产品经理进阶篇：模块化思维下的产品逻辑来源产品 100》，http：//www.chanpin100.com/archives/13352，最后访问日期：2016 年 1 月 15 日。

③ 王懿：《产品经理进阶篇：模块化思维下的产品逻辑来源产品 100》，http：//www.chanpin100.com/archives/13352，最后访问日期：2016 年 1 月 15 日。

益的最大化。所以分与合既可以各自发挥，也可以互济。正所谓合久必分，分久必合，合与分没有确定清晰的界限，重要的在于把握好合与分的度。

（一）模块化要求分要分到极致

模块化的分要分到极致，是当下人们个性化、专业化、动态化需求的一种内在要求。过去我们对一件产品的认知，往往围绕产品的整体，对于产品的某一个环节、某一个部件是没有多么大的概念的。因为这些环节都是隐藏于企业生产线的内部，甚至一些高端环节往往是保密的，不会轻易为消费者所认知。然而随着当今社会更新换代的加速，特别是互联网经济视域下，产品日益丰富，人们的需求日益多样化、动态化、精细化，一些隐藏于企业底层的商业秘密不断浮出水面。在以买家为核心的新的商业形态下，商品的生产也会随着消费者关注点的转移而转移到某些细的生产环节上来，对这些细的环节做精做细，做到极致，做到超乎消费者的预期，才能真正笼络住消费者人群，使其成为产品最为忠实的粉丝。比如说与互联网最为紧密的手机终端生产商，在模块化生产上先行一步。最为典型的就是谷歌经过多年研究，即将上市的全球首款模块化手机 Spiral2。这款手机由 11 个模块组成，而且谷歌还将推出具有 20～30 个模块的手机。这款手机与我们普通手机的最大区别就是，手机上的每一个零部件都是独立的，你可以根据自己的需求或是个人喜好，随意进行组装。这其实就打破了传统的整体化思维，而运用一种结构主义思想模块化的思维，实现了产品的突破。这种思维不仅是对产品生产的一种重构，而且也是对消费理念的一种再建。传统的产品再好，它也是企业生产的结果，给你的是一件成品，你只能钦佩、欣赏。而这种模块化的生产模式，则是把产品生产的一部分权利转接给了消费者，消费者不仅是产品被动的接受者，同时也是整个产品生产的参与者。消费者不仅实现了物质消费，而且获得了精神体验，自然而然的对产品也就有了一种荣誉感与归属感，成为产品的推销者或是口碑传播者。

有人会问：手机这些都是实实在在的物质存在，是可拆可重构的，那么艺术品产业作为一种精神产品、文化产品，可以拆分，进行模块化生产吗？当然，我们说艺术品因其自身的特殊性，它与物质产品存在一定的区别。但是我要说的是，美作为一种精神享受，也是可以重构的。这也说明艺术产品是可以分割重构的。比如电影，电影其实就是一种非常典型的艺术分割与重构。我们都知道电影是一种蒙太奇艺术，是由不同的镜头按照导演的意志和审美逻辑进行排列组合而成的。那么也就是说不同的人对这些镜头进行排列组合，就会得出不同的艺术美感。但是电影这种艺术品在传统的生产模式之下，你是无法获得模块分割、重构机会的，我们看到的都是经导演组织完成，经电影发行公司发行，院线上上映的成品。原因就在于之前我们没有平台，也没有这种理念去经营这些产品的。那么互联网平台的出现，就可以为消费者提供这种可能。当然电影是专业性非常强的一种艺术，对于普通的受众来说，还难以普遍接受。但对于一些专业的电影爱好者、高校电影专业的教学是有这种需求的。电影制作公司可以考虑在这方面进行一些尝试。除了电影，其他的一些艺术品也是可以进行这方面探索的。比如艺术工艺产品完全可以进行这方面的运作。当然这种艺术产品的模块化生产方式，必须是基于互联网平台的。因为互联网平台给予了买家了解产品、反馈信息的畅通渠道。一件陶瓷艺术品，它由陶瓷艺术品的造型、色彩、配件等部分组成。艺术品销售商可以将三者进行拆分，分别置于网上电子商务平台。造型是多种多样的，色彩也是多种多样的，配件也是多种多样的，三者就形成了一个多对多的组合矩阵。在这个平台上，消费者完全可以根据自己的喜好去进行搭配，选择最适合自己，最符合自己的款式，从而将简单的艺术品放在消费者充分的想象空间之下，生产出成千上万种艺术品。这就是模块化思维在艺术品领域的充分发挥。例如，虽然行业内普遍认为大芬村的油画生产是艺术品的工业化生产，其实也是模块化生产的一种线下生产的典型。大芬村内的油画生产商，将油画艺术品进行拆分分工，将艺术品的每一个人物，每一种色彩，甚至一双眼睛，由专职的人员去制作，从而形成了艺术品生产的产业链。这种线下的生产模式，如果转移到线上，并由消费者自己根据自身的喜好去操作的话，会在现有基础上，取得与消费者更好的沟通效果，对消费者的黏性也会更大，从而取得难以预期的良好效果。

（二）模块化要求合要合到极致

模块化生产是分与合的艺术，分要分到极致，合也要合到极致。合是区别于传统的合，是在围绕不同的环节、区段、部件组成系统的模块，再把模块归类为通用模块或者是专用模块的一个过程，进而制定模块的界面联系规则和系统集成规则，最终组装为产品。[①] 传统的艺术品生产往往是艺术家个人的一种行为，从艺术的构思，到产品的设计，再到产品的制作加工都由艺术家一个人去完成。比如一件雕塑艺术品，往往艺术家要通过采风，形成构思，然后设计出模型，再到个人的工作室进行产品的制作，从而完成整个艺术品的创作。接下来的艺术品展览、营销等环节，也往往是艺术家自己亲力亲为，去组织策划。这种方式虽是艺术家组合了全部内容，但是未免会投入太多，成本相对较高。而模块化思维下的合，则是建立在模块细化分工的基础之上的，也就是说艺术家或是艺术品的经营者同样是要进行全产业链的经营，以追求艺术品经济效果的最大化。作为艺术家不用对所有的内容都进行亲力亲为，而只需对一件艺术品的整个产业链条进行细化、模块化分割，自身则牢牢抓住艺术品创作的构思设计这一个核心环节，运用自身的艺术思维，创作出艺术作品的一个小样，其他的操作则分别由每一个环节的制作者或经营者去运作。因为在艺术品互联网平台上拥有从事艺术品行业的各类专业人才，都有自己最擅长的部分，那么就把艺术品的各个环节由最擅长的人去完成，最后获取整体最佳的效果。假如同样是雕塑品行业，艺术家可以只进行雕塑的模型创作，雕塑的制作、包装、展览、宣传、衍生品开发、版权的运作等都可以通过互联网的平台去对接专业的团队，通过产品外包，交由专业团队去运作，最后艺术家在各个环节的效益中去收取相应的分红。这种合的方式，不仅减轻了艺术家自身的负担，艺术家可以腾出更多的时间投入创作，而且也将一件艺术品的产业链延伸到最长，经济效益实现到最大化，自己获取利益的渠道也更宽、更长久。同样对于艺术品经营商来说，也可以围绕自身的专业定位，通过向上笼络一批艺术家资源，向下掌握艺术品的版权运作、衍生品开发、生产制作等环节，从而在模块化的分工之中，获取利益的最大化。

---

① 李海舰、田跃新、李文杰：《互联网思维与传统企业再造》，《中国工业经济》2014 年第 10 期。

第二节 互联网金融与艺术品产权分享

一 互联网加速艺术品产业金融化

（一）艺术品产业金融化

何谓艺术品产业金融化？通俗地说，是指将艺术品及相关产品变成一种投资品，实现金融资本与艺术品收藏、艺术品投资、艺术品版权、艺术衍生品的融合，使得艺术资源变为金融资产。所谓艺术产业金融化指的是研究如何将艺术品原件及相关权利作为金融资产纳入个人和机构的理财范围，以及使艺术品原件及相关权利转化为金融工具，从而将艺术品产业金融化等。简单来说，艺术品产业金融化就是通过金融方式让金融资本进入艺术品原件及相关权利交易市场的过程。具体方法包括艺术银行、艺术基金与信托投资、艺术品按揭与抵押、艺术品版权交易、艺术品组合产权投资等。

艺术品金融化在西方金融界有悠久的历史，包括荷兰银行、花旗银行、瑞士信贷等金融机构，都有一套完整的艺术银行服务体系，服务项目包括鉴定、估价、收藏、保存、艺术信托、艺术基金等专业的金融手段。藏家将艺术品交由银行保管并以之为抵押从银行获取资金，作为其他类型投资的杠杆。从2005年西安“蓝马克”艺术基金发布开始，艺术金融在我国只有10年的历史。当前国内艺术与金融的对接还仅处于点对点、艺术品对金融产品的初级层面上，并且关于此类产品的定制也一直是在金融产品的基本架构下进行的。这种倾向使人们将金融普遍置于艺术之上，艺术品金融化中金融起点过高，对于市场双方参与者来说并不是一件好事。在很多时候，投资者似乎不自觉地忽略了产品运营的内容，即艺术品或艺术资产本身，而将关注重心更多地投向了金融产品本身可能会带来的收益；同时，作为产品和服务的提供方，金融机构不可避免地把非标准化的艺术品投资拉入了标准化金融产品的投资范畴，扭曲了艺术资源本身的特性，从而增加了风险管理与监管的难度，不利于其长远发展；艺术品在价格衡量、保管、储藏上的特殊性，已经决定了此金融化过程中的文化价值，这是金融框架下所无法体现的。因此，我们需要更多地关注资源本身的特征与特性，同时遵循金融产品的运行规律，只有这样才能增进两者的关系，减少不必要的磨合成本。[①]

互联网对艺术品产业的渗透直接促进了互联网艺术品产业金融化。25年前，世界第一个艺术品价格数据库与网络交易平台 Artnet 在美国成立。Artnet 现任首席执行官雅各布·帕布斯日前表示，Artnet 线上销售艺术品的利润以每年 20% 的速度增长，“得益于网络的发展和信用的确立，越来越多的人以更高的价格购买更多的艺术品。”[②] 文化部《2014 中国艺术品市场年度报告》显示，去年中国艺术品网上交易额为 30 亿元，同比增长 67%。当下，艺术品电商衍化出更多形态，试图打破“信任”“低价”等传统壁垒。目前国内外艺术品电商的确已成为资本市场的宠儿。例如，美国手工艺品电商 Etsy 已宣布 IPO。而艺术作品发现平台 Artsy 近日也获得了由私募基金 Catterton 领投的 2500 万美元 C 轮融资。据报道，目前 Artsy 已经和超过 80 个国家的画廊和美术馆建立了合作关系，此轮融资将主要用于扩大规模（特别是进军中国）。[③] 国内近期也有数家艺术品电商对外宣称获得了千万级的风投，并不断尝试跟更大的电商合作，整合国内的画廊资源。他们的盈利模式主要对签约艺术家收取年费，同时对每件作品抽取 5% ~ 30% 不等的佣金，有的还跟银行合作，推出了艺术金融产品，使买家更方便地进行分期付款操作。

在过去几年里，中国艺术品市场呈现出一些类金融的发展趋势，主要表现为：一是拍卖行规模的增长，交易时间的减少和交易的快捷透明，使得艺术品的流动性提高。拍卖行通常收取买卖双方各 10% 的佣金，与画商和画廊的买卖差价相比，还是小得多。二是网络拍卖、艺术投资基金等新兴交易方式，大大降低了艺术品的交易成本和费用。拍卖价格的及时披露，媒体信息的广泛传播、艺术品价格指数的出现等都为艺术品投资者提

① 胥睿哲：《中国艺术品金融化发展现状及问题研究》，西南财经大学，硕士学位论文，2013。

② 孙行之：《“互联网 +”时代，艺术品电商期待突破“天花板”》，《人民日报（海外版）》2015 年 5 月 8 日第 16 版。

③ 孙行之：《“互联网 +”时代，艺术品电商期待突破“天花板”》，《人民日报（海外版）》2015 年 5 月 8 日第 16 版。

供了获取信息的渠道和机会。三是银行等金融机构为艺术品交易提供了便利和金融服务，拍卖行的融资、艺术品投资基金、文化艺术品交易所等都为投资者拓宽了融资渠道。科技的发展和全球化使得艺术品的国际流通更为便捷。四是艺术品拍卖的天价效应和媒体的高度关注吸引了越来越多的人参与到艺术品市场交易中来，尤其是财富新贵和白领阶层的加入，使得艺术品市场的代表性更强，市场的深度和广度大大增加。①

2013年迎来了“互联网+”艺术品金融的发展元年。“互联网+”艺术品金融有四大表现：艺术众筹、艺术品证券化、艺术品基金和艺术品银行。互联网+艺术品产业+金融（例如余额宝、P2P、众筹等商业模式）突出了信用在艺术品产业和互联网金融中的地位和作用。基于互联网的艺术品产业金融降低了市场信息的不对称程度和金融服务的成本，使许多传统金融难以覆盖到的产业参与者也成了金融服务的对象，并推进了艺术品产业的金融普惠化。

不言而喻，传统的艺术市场与金融市场存在着巨大差异。首先，金融市场由大量的同质化产品组成，市场参与者众多；而艺术市场的产品高度异质化，产品彼此之间不可替代，市场结构复杂，不同门类产品的市场高度分割和区间化，市场参与者少。其次，证券或股票可以被众多独立的、互不相关的投资人所持有；而一件艺术品一般只能由一个投资人所持有，垄断性很强。再次，股票和债券的交易频繁，流动性和市场效率高，而艺术品的交易频率很低，短则一两年，长则几十年甚至上百年，流动性差。最后，股票和债券的交易价格是公开的，信息对公众是充分的、完全的，而艺术品交易的价格，除了在拍卖等交易场所相对透明外，一般不对公众公开，信息是不完全透明的，甚至由于艺术品本身的复杂性，艺术品本身的价值也难以认定。

（二）人人都是自金融

随着互联网产业化的不断深入，“电子商务在企业中的应用也在不断提升，其服务内容已经从单纯的信息交换向集信息、交易、金融为一体的综合服务演进。特别是我国企业融资体系相较发达市场的差距明显，企业

① 陈君达：《艺术品金融眼下最缺“人”》，《上海证券报》2015年2月14日第6版。

融资渠道仍然以间接融资为主，所以未来金融将在产业互联网的发展过程中扮演重要角色”。[①] 特别是一些虚拟货币在互联网经济中的不断探索，使得个人在一定程度上具有了国家部分金融的职能。通过一些虚拟货币的单向或双向的兑换，建立虚拟的货币、债权、股权等金融交易市场，实现了金融管理职能。[②] 随着现代艺术品投资热、收藏热的社会化现象的发酵，艺术品金融化的倾向也越来越明显，一些艺术银行、艺术品信托、艺术品代理、艺术品抵押等具有比较浓郁的艺术品金融行业，在现代社会中愈发成熟。特别是随着基于互联网的自金融时代的来临，更是为艺术品金融化开辟了新的途径。在互联网平台上，艺术品经营者可以运用艺术品债券、艺术品代理、艺术品抵押、艺术品授权、艺术品收藏、艺术品投资等多种渠道，去充分调动分散的资本，实现艺术品的功能外溢与价值提升。比如艺术品债券，艺术品经营商可以充分发挥网络平台作用，将艺术品的债券化与互联网资本众筹有机结合，通过网络平台将一些具有广泛社会认同、升值潜力的艺术品通过估值，分成等额债券，在网络平台上吸引债券投资者，并通过运营、包装等方式，将艺术品低价买入，高价售出，从而使投资者在其中获取利益分红。艺术品投资。艺术品运营商可以通过网络众筹方式，在互联网的平台上招募合伙投资人。通过一定的议事规则和合作规则，运用征集的资本进行艺术家或艺术品的投资，并通过对这些艺术品的综合包装和商业运作，买生卖熟，从中挣取利润差价。投资合作人则通过利润分红的方式，从中获取商业利益。

二 利用大众力量

与互联网时代不同，过去信息资源大都被具有社会地位的少数人所垄断，他们具有更多的人脉资源，更多获取信息的渠道，所以大多数的关键信息是不为大众所掌握的。这些少数人他们或是专家，或是领导，卖家也

① 安建伟：《为什么说产业互联网将成为经济的新引擎》，《互联网周刊》2014 年第 11 期。

② 李海舰、田跃新、李文杰：《互联网思维与传统企业再造》，《中国工业经济》2014 年第 10 期。

专注于调动这些专家和领导的力量。[①] 但是他们人数相对较少，卖家调动的其实是小众的力量。现在，互联网的大平台以及自媒体的广泛认可，人们可以在互联网平台上，个人的社交圈层里面，迅速地获取一些重要的信息，从而使信息和资源逐渐由少数人向大多数人过渡。他们可能是专家、可能是业余爱好者，卖家发挥普通员工力量，能够聚沙成塔、涓流成河。此时卖家利用的是大众力量。[②]

（一）利用大众力量，拓展资源范围

过去由于信息资源都为少数人所掌握，所以商家会更多倾向于利用这些专家的力量，利用他们的专业知识、人脉资源、社会影响力去影响市场，并给予这些少数人高报酬，但往往是给专有知识、稀缺资源制定高价格，卖家往往是高成本、低收益。现在，互联网的发展为每个人充分发挥自己的潜力提供了一个重大的平台，每个人都可以通过在互联网平台上的经营，来扩大自己的影响力，来拓展自己的资源范围，充分发挥大众力量、普惠知识和充裕资源，将个人、大众的力量最大化发挥，是互联网经济的趋势使然。

基于互联网的一种重要营销方式是口碑营销，口碑一方面是通过优质的产品质量、优良的买家体验来获取买家对于产品的认可，但同时也是经营者通过大众这一渠道，将产品的内容传播出去，从而拓展了产品的营销渠道和生产规模。充分发挥大众的力量，关键在于如何迎合消费者的心理，增加消费者的体验感受，让大众在其中体验到自我价值的一种实现，从而主动地、积极地去为产品的拓展贡献自己的一分力量。利用大众力量，拓展资源范围大致可以分为这样几种方式：一是，充分利用在互联网上具有一定影响力的大 V 资源。因为这些人手中拥有巨大的粉丝群，他们一个信息的传递，带来的是上百万、上千万人的关注与再传播。所以利用这些人的专业资源、社会影响力和感召力，可以为产品带来巨大的市场消费潜力。比如陈丹青这样的一些艺术大家，他们在自己的互联网平台上

① 李海舰、田跃新、李文杰：《互联网思维与传统企业再造》，《中国工业经济》2014 年第 10 期。

② 李海舰、田跃新、李文杰：《互联网思维与传统企业再造》，《中国工业经济》2014 年第 10 期。

的一次评论与推介，都可能起到重大的推动作用。二是，利用网络的社交平台。在社交平台上都是一些兴趣相投，价值观彼此认可的一些群体。他们在一些问题上更容易达成共识，也更容易将一些信息更有效地传递出去。比如我们前面讲到的“微艺术”公共号的创办者张鋆，作为一名无线产品设计师，通过每天在自己的微信公共平台上展示自己的作品，传递自己的艺术观念，营造一种共同探讨艺术，传递艺术理念的氛围，从而与关注的粉丝达成一种思想上的共识。这些粉丝，往往就会通过个人的渠道，启动自己的资源，将这些内容传递出去。看似免费的一个平台，实则调动了大众的力量，使大众成为个人艺术理念的传播者。而这对于艺术家本身来说是没有什么成本投入的，得到的却是巨大的市场发展潜力。三是，通过产品的质量和良好的体验服务，形成口碑效应，让互联网上的大众都成为为自己做宣传服务的业务员，从而拓宽资源。

（二）利用大众力量，实现自我激励

过去，人们的工作劳动强度高、劳动时间长、知识技能含量低、个人收入低，工作为报酬为利益，业务增长靠外在激励，科学管理理论指导卖家生产。现在，人们的工作劳动强度低、劳动时间短、知识技能含量高、个人收入高，工作为爱好为兴趣，业务发展靠个人创新，自组织理论指导卖家经营。互联网对于大众的激发，不再是一种刻意的任务量的指派，一种高强度的业务增长的外在压力，而是对大众潜力的一种激发，一种对个人兴趣的引导，是对大众自我价值实现的一种满足。它更多的是让大众感受到公司对个人价值的认同，对个人创新能力的一种肯定。受众不仅获得由此而带来的经济回报，更获得了企业甚至是社会对自身的一种肯定，从而实现自我的一种激励。当然这不仅是个人发展的一种需要，同时也是一些艺术公司发展的需要。仅仅通过规范的、严谨的、层级分明的管理，在艺术品创作产业是难以取得优质成果的。因为艺术是一种创作式的产品生产方式，它需要充分激发每一个人的创造力，业务发展靠的是个人创新。尤其是互联网提供的这种可以与买家即时沟通的平台，可以让个人的创作更具活力，他们可以在这个平台上寻找市场的关注热点，寻找商业的气息，并通过与买家的即时沟通，不断完善、优化自己的创作。所以一些艺术品的经营者，往往赋予这些创作者充分的自由权，让他们充分激发自己

的创作活力，创作出具有较大社会影响力和市场影响力的作品。一些艺术创作者也充分地感受到这种方式给自己创作带来的益处，他们通过在互联网平台上获取消费者的消费心态和趋势，发掘社会的热点，进行艺术品的创作，并随时将自己的设计产品推介到网络平台上，去获取艺术评论家或者买家的信息反馈，进而对产品不断进行再创新和完善，从而创作出为大众所喜爱的艺术品。对于艺术品的销售经营者，他们也会充分地运用社交平台、互联网交易平台，通过产品的包装、热点制造等方式，进行产品的宣传推广。这种经营方式，就打破了传统的线性宣传模式，而将线性的运作，优化为点对点、点对面等更为多元开放的经营空间，从而取得良好的经济收益。

（三）利用大众力量，实现开放经营

过去的经营模式主要是一种封闭式的经营模式，即一切都以卖家本身为核心，围绕卖家进行封闭式研发、封闭式制造、封闭式营销、封闭式运营，产品全价值链都在卖家内部，眼睛向内，资源主要补短板，卖家重资产经营，运营低效率、规模低增长、资产低收益。但是互联网经济环境下的商业经营正好是对传统经营模式的一种颠覆与重构。因为互联网打破了卖家的主导权，互联网作为一个平台为商家、个人提供了平等竞技的舞台，供给远远超过了买家的需求。买家可以在各种各样的商店中，自由选择自己喜欢的产品，并且还会对同类型的产品进行价格对比，从而对自己的消费做出最物有所值的选择。这也就从市场的环境中形成了一种倒逼机制，推动卖家进行开放式研发，利用全球研发资源，开放式制造利用全球资源，病毒式营销利用大众传播、利用海量粉丝来进行经营。卖家价值链中的某一个或几个环节设在内部，其他环节则采取虚拟经营方式，“不求所有，但求所用”，眼睛向外，资源主要做长板，卖家轻资产经营，运营高效率、规模高增长、资产高收益。在艺术品拍卖领域，经营者可以借助互联网免费平台笼络大批艺术家资源，然后将整合的资源进行系统梳理，通过网络平台，将其有效地呈现出来，为艺术家提供免费的展览服务，买家则可以在这个平台上进行艺术品的选购，并通过线上支付方式，进行艺术品的交易。同时在这个平台上，经营者可以充分整合艺术品鉴定、艺术品评论、艺术品代理、版权受理等资源，通过行业的细化分工，将艺术品

的产业链条不断地延伸，实现效益的指数增长。以互联网的全球化传播渠道，买家的口碑效应，海量粉丝的潜在消费需求，实现运营的高效率、规模的高增长以及资产的高收益。

三 通过免费赚钱

互联网思维的一种重要商业思维方式就是免费。免费作为一种盈利的方式，在传统的思维方式中是无法理解的。因为在传统的商业模式中，我们普遍接受的是要免费就无法赚钱，要赚钱肯定就不能免费，赚钱与免费之间完全是一种对立的关系。然而在互联网的环境中，赚大钱的往往都是通过免费来获取的。之所以会出现这样的一种现象，是因为在传统的商业模式中，营业收入都是通过产品的直接销售来获取的，也就是说营业收入等于销售的产品的数量与价格的乘积减去产品的总成本。但是互联网的商业模式中，营业收入往往是通过流量或者是借助流量通过第三方获取营业收入。比如我们比较熟知的网络巨头，阿里巴巴、腾讯、百度、奇虎360等网络公司，它们的网络平台都是免费的。在互联网商业环境中，免费是常态，也是最为普遍的一种商业模式。特别是数字化、大数据等技术的成熟与应用，使得传统的产品可以以软件化、数字化的形式展现，使产品的边际成本不断降低，买家的需求越大，生产的数量越多，产品的边际成本越趋近于零。由此可见，在互联网环境中免费是符合互联网经济的基本规律的。而且，当商品价格等于零时，买家选择心理成本消失，导致消费心态发生转变，产品消费变得非理性，卖家看似放弃了部分收入，实际上带来的是更多的尝试者和参与者，免费模式开创了蓝海市场、蓝海买家。概括而言，通过免费赚钱在现实中存在以下几种模式。[①]

（一）交叉补贴的模式

交叉补贴的模式，是一种免费与收费交叉互补，互促互赢的营销模式，它主要是通过一种商品服务免费，来捆绑销售另外一种商品服务的方式，来获取商业利益。这种商业模式最大的特点就是以免费作为吸引客户

① 李海舰、田跃新、李文杰：《互联网思维与传统企业再造》，《中国工业经济》2014年第10期。

的诱饵，通过连带附属效应，将客户引入商业的生态圈之中。对于消费者而言，可以从中获取一部分免费的服务，同时若获取更好的产品体验或精神体验，则需要付出一定的经济成本。交叉互补的商业模式主要分为以下几种：

常规产品免费，升级产品收费。常规产品免费，升级产品收费是互联网商业环境中最为普遍的一种交叉补贴的模式。许多产品的经营商都是通过提供一个免费的平台，让买家享受免费的服务，而背后隐藏着一个体验更丰富、服务更专业的平台，作为收费的平台。这种商业运营方式在游戏行业中最受欢迎，进入游戏平台是一种免费体验，但你若要在其中成为众人羡慕的佼佼者，就需要更好的装备，进行产品升级。而这种升级的产品往往都是收费的，这也是网络游戏行业中收入的重要来源。在艺术品行业之中，也是可以充分运用这种商业模式的。例如艺术品网络教育平台，对于基本的艺术常识可以进行免费服务，通过一些教学视频、教学模拟等方式，传递给买家，进行免费学习，从而培养出一批忠实的买家粉丝。在更专业、更深入层次的艺术教育培训上，则采取收费的方式，通过会员注册、课时购买等方式，进行付费服务，从而获取商业利润。在网络电影、网络电视等行业中，对一些普通的影视作品，通过免费的方式提供给买家，对于买家关注度高、期待值高的影视作品，则通过付费的方式获取。

单个产品免费，关联产品收费。“关联营销是一种建立在产品双方互利互赢基础上的一种营销方式，在交叉营销的基础上，在事物、产品、品牌等所要营销的东西之间寻找关联性，来实现多层次的多面引导。同时，关联营销也是一种新的、低成本的、企业在互联网上用来提高收入的一种营销方法。”关联营销一般是一件产品免费，而与其关联的另一件产品则收费。比如我们在互联网平台上购买一件雕塑艺术品，对于艺术品的相关底座、装饰等配件都是免费的，只有雕塑品本身是收费的。而这两件产品的关联度是非常高的，所以当消费者购买艺术品时，就会因为免费获得一件底座或是配件等艺术品而感到欣喜，这也大大刺激了买家消费的欲望。

搜索服务免费，广告客户收费。对于大部分的网站平台大部分都是采取此种经营方式，在艺术品的服务网站上，买家可以免费享受网站提供的艺术品信息、展览、搜索等服务，从而获得庞大的点击买家群，从而以这些买家流量来获取广告费用。

（二）三方市场的模式

三方市场模式是互联网经济中的一个重要特点，也就是直接对话的双方是彼此免费的，而为服务买单的是潜在的第三方，即“羊毛出在猪身上”。第三方市场的出现是基于互联网免费平台上所形成的巨大的买家流量，这些买家流量在网络平台上的聚集和关注点，都是一些产品宣传、销售的重要的潜在客户群。一些平台性的网络平台在为客户提供免费服务的同时，也将所有相关买家的流量出售给了第三方投资企业，从而形成了买卖双方不对称的第三方市场现象。第三方市场的主要方式包括广告投资、数据挖掘等。所谓的广告投资，就是在艺术品公共服务平台上，在微博、微信等社交群体中，广告商根据网络平台的买家量，根据消费者的关注点，来进行有针对性的广告投放，从而使艺术品的平台经营者在其中收取丰厚的广告投放资金回报。通过这种方式将买家牢牢地拴住，互联网平台就获取了庞大的买家人群。然后它们再去开发一些新的产品和服务，吸引这些买家参与购买服务。在一个艺术品的网络平台上，买家浏览网络信息，都是艺术品网络平台经营商为客户提供的免费服务。同时，在艺术品互联网的平台上，商家会开发如艺术品的鉴定、价值评估、艺术品代理经营、艺术品衍生品开发等业务，这些都是收费服务的。而这些付费的买家，就为前端免费享受艺术品服务的前端客户买了单。

（三）数据服务的模式

谁掌握了大数据，谁就掌握了未来发展的主动权。在互联网思维经营模式之下，艺术品产业的互联网经营商必须要有大数据思维，注重大数据的搜集、整理和运用，充分发挥大数据的重大商业价值。买家在免费的互联网艺术平台上的任何浏览信息的过程，都会在终端服务器上留下痕迹，而这些痕迹都带有消费者的一些消费心理倾向。通过这些大数据的分析，就可以对艺术品的发展趋势、消费倾向进行分析。而商家就可以将这些数据出售给大数据分析商或者是舆情公司，这些做大数据分析的公司就自然成为消费者享受免费服务的买单者。综合而言，消费者在表面上是享受免费服务的，并且会有第三方为他们的免费服务买单，但是其实真正的利益来源，还是消费者本身。只是消费者不是通过具体的产品购买行为来支付服务费，而是通过买家的集体意识、集体习惯、潜在消费习惯来为经营商提供商业运作的可能。

定向推送。传统的商业经营，主要是大众推送，由于没有办法掌握消费习惯分散的买家的消费行为，所以只能以产品为核心进行产品的推送。但是基于互联网平台，经营者可以在平台上获取庞大的消费者消费习惯的数据和消费问题的反馈，这些都为艺术品的经营者进行产品的定向推动提供了重要的指导。经营者将对从前端传入后端服务器的消费者的消费痕迹进行消费者心理研究，得知消费者最近都在消费哪些产品，可能会对哪些相关的产品感兴趣，从而对消费者进行定向产品或相关产品的推送，提高交易的概率。

对接商家。通过互联网的平台，艺术品互联网的经营商获得了消费者大量的消费数据以及商家的经营状况，这些信息对于商家改善经营策略，把握消费者的消费心理，提供更为消费者所喜欢、所认同的产品都具有重要的指导意义，是所有网络经营者最想获取的资源。因此，艺术品产业的互联网平台经营者，可以充分挖掘这些数据的商业化转型渠道，获取商业价值。

第三节　跨越式的价值分享

一　虚拟实体打通

互联网不仅再造了一个虚拟世界，而且随着互联网与传统产业融合的深入，也打通了这个虚拟空间与实体空间的互联互通。过去的商业运营模式都是以卖家与买家的实体经营为主要形式，多为面对面的互相连通。而互联网的出现，则打破了这一传统的经营模式，不仅实现了虚拟产品之间、虚拟经营之间的连通，而且虚拟与实体的连通，将商业的空间瞬间带入虚拟与现实无边界的广阔领域之中。艺术品产业长期以实体的经营机构交易为主，即通过艺术品的展览、拍卖，获取投资者或收藏者的关注，从而形成交易行为。在互联网出现之后，基于网络平台的艺术品市场得以发展。互联网对于传统交易模式而言，最重要的在于打破了面对面、实体对实体的空间形态，使实体对虚拟、虚拟对实体成为可能，形成了一种虚中有实、实中有虚、虚实结合的模式。那么这种虚拟实体的打通，到底实现了怎样的互联互通？具体概括起来，大致可以分为四种类型[①]。

（一）产品经营创造价值与资本经营创造价值打通

产品经营创造价值作为传统的一种盈利模式，在互联网思维下，依然发挥着重要的作用。但是互联网作为交易的平台，也为资本的运作提供了重要的渠道。特别是当下蒸蒸日上的众筹平台使闲散的资本得以汇集，然后进行产品的投资和运作，创造价值。对于传统的艺术品产业来说，艺术品作为一种稀缺资源，是个性化特别强的一种特殊商品，需要权威的鉴定评估，所以更多倾向于艺术品的实体交易，这也就决定了艺术产业围绕产品创造价值的主流模式。但是互联网的出现，尤其是艺术品众筹平台这一新型资本运作方式的发展，为艺术产业的发展带来了新的运作空间。在没有艺术品众筹这一概念之前，我们很难想象一个普通的社会人能与一个殿堂级的艺术品扯上关系，并拥有其版权、拍卖收益权、销售代理权，但是在“众人拾柴火焰高”的艺术品众筹平台上这一不可思议的想法成为了现实。通过艺术品众筹平台，去募集艺术品投资资金，然后再对具有较大市场升值潜力的艺术品进行投资，并对得到的艺术品原作升值带来的收益，出租带来的收益以及衍生产品开发带来的收益进行按比例分红。也许我们感觉这种艺术众筹的方式离我们还比较远，但事实并非如此。从世界大的市场环境来看，根据世界银行预测，到 2025 年，全球众筹市场规模将达到 3000 亿美元，发展中国家的市场规模也将达到 960 亿美元，其中有 500 亿美元会在中国。从全球看，互联网众筹模式已经在文化、创意、商业、教育等各个领域展开。[②] 从国内市场来看，从阿里的“娱乐宝”到大贺的艺术众筹，再到艺筹网、ARTIPO 等专业艺术品众筹网站的问世，预示着艺术品产品经营创造价值与资本经营创造价值的互通渠道正不断发

---

① 李海舰、田跃新、李文杰：《互联网思维与传统企业再造》，《中国工业经济》2014 年第 10 期。

② 李冰：《艺术众筹现状调查：“草根”难火爆项目成功率仅为 50%》，证券日报网，http://www.ccstock.cn/finance/hangyedongtai/2015-09-19/A1442594883266.html，最后访问日期：2016 年 1 月 15 日。

展成熟。除了这种艺术众筹的模式之外，在互联网思维之下，艺术品可以作为交易的前站，通过艺术授权、艺术品网上拍卖、艺术品出租等方式获取交易资本，形成资金池。对于资金池中的资本，网上艺术品商家可以对资本进行二次运作，通过艺术家再培育、艺术品再投资等方式，获取二次生产，形成虚拟空间市场的自我良性循环的生态，从而实现利益的扩大化。

（二）有形资产创造价值与无形资产创造价值打通

艺术产品总体而言包括有形产品与无形产品两种。有形产品即书画作品、雕塑、工艺品等，为有形资产。无形产品即艺术数字产品、版权、音像产品等，为无形资产。有形产品是传统艺术品市场中存在最为普遍，流通也最为普遍的产品。在艺术品的实体市场中，无论是一级市场的画廊、艺术家工作室的交易，还是二级市场拍卖行的交易，都是有形资产在创造价值，是艺术产业中创造价值最为重要的部分。而随着互联网技术的逐步普及，数字化、大数据等新兴技术的快速发展，特别是互联网电子商务平台的出现，基于互联网的数字化产品在市场中的作用不断加大，使无形资产创造价值成为可能，并实现了有形资产价值与无形资产价值的互通，双翼齐飞。尤其是文化创意产业的快速崛起，版权作为文化创意产业交易的核心要素，在文化创意产业交易市场上占据着至关重要的位置。艺术品产业作为文化创意产业的重要组成部分，艺术品版权交易也日益引起艺术品经营者的重视，并在艺术品市场上逐渐升温。艺术品的经营者通过所掌握的艺术品资源，进行综合集成，运用数字化、大数据技术，把个性化、特色化的艺术品进行数字化、碎片化、无形化整理，形成庞大的数字化艺术品资源库。在互联网思维主导下的互联网经济时代，数据库资源是掌握市场主动权的最重要资源。通过这一艺术品数据库，经营者可以对无形化艺术品的影像、高清图片进行授权、出租、网上展览、二次创作、衍生品开发等市场经营活动，从而形成经济效益。基于互联网而形成的艺术品有形资产与无形资产的互动互通，不仅实现了艺术品有形资产可以继续创造价值，借助互联网平台提升艺术品的知名度和影响力，实现价值增值，而且有形资产通过向无形资产的延伸，也进一步拓展了其产业链和服务链，丰富了商业开发渠道，使有形资产和无形资产都创造出价值。

（三）卖家内部创造价值与卖家外部创造价值打通

传统的艺术品经营是以卖家内部自身业务的开展为主要内容，艺术机构或从事艺术品市场的交易或是二级市场的拍卖，都是围绕企业内部的产品来经营。在经营理念上，主要集中于如何提升艺术品的影响力，改进包装、宣传和经营策略，实现经营效益的提升。而互联网的经营理念是基于互联网开发、平等、协同、共享的精神之上的，在互联网的平台上，拥有庞大的受众群体和利益链条上的各类从业人员，他们都是整个艺术品市场的重要组成部分和创造价值的重要潜在力量。比如，现在的一些艺术品电子商务网站，主要的功能是依托网上电子商务平台，搭建展览展示平台、艺术品拍卖平台，进行艺术品的线上交易或拍卖，是艺术品网上经营的一大块业务。这些都是围绕卖家内部资源创造价值。互联网、移动互联网交易平台作为聚集人气的重要窗口，可以凭借优质的产品内容、品牌效应，形成巨大的人流量，而这些人流量将是艺术品交易机构外部的重要价值。互联网端或移动端的网络平台，可以为一些艺术家做展览、植入广告、端口链接等方式，实现卖家主营业务外部价值的创造。在中国起步较早，并且发展较为迅速的易趣网，在公司开办不到 3 个月的时间里，就有 43000 多个买家进行了注册，而且在之后的时间里注册的买家也在不断地快速增长，被称为中国的“eBay”。这些注册买家既是艺术品电子商务平台上的忠实消费人群，同时也是平台运营者进行充分挖掘、创造价值的重要资源。

（四）线上创造价值与线下创造价值打通

线上创造价值与线下创造价值打通，也就是实现线下商务机会与线上结合在一起，让互联网成为交易的前台，即基于互联网的 O2O（online to offline）模式。线下与线上渠道的打通，对于艺术商家来说，可以获得更多的宣传、展示机会，以吸引更多客户，在社会化大平台上寻求交易。同时艺术品商家可以掌握买家的数据及消费者满意度反馈信息，了解买家的消费心理动向，从而提供更为符合消费者需求的商品。通过在线有效预定的方式，可以根据消费者需求，合理安排经营，从而节约了成本。艺术品电子商务平台作为一种虚拟的商务平台，不需要承担过高的房租租赁成本，也极大地节约了商家的成本开支。更重要的是消费者无须出门，在艺术品电子商务网站上就可以获取大量的艺术品信息，并可以对不同的艺术品做出价格上的对比，从而以最便捷的方式、最优惠的价格，获取自己最喜欢的艺术品。对于O2O模式本身来说，它是一种比较透明的交易方式，买家根据商家服务的质量、产品的质量，给予评价，从而形成一种公平、透明的商业平台。这种商业平台一旦被消费者所认同，就会形成很大的黏合度。这种经营模式，是艺术品产业在互联网经济背景之下，开展最早，也最为成熟的一种模式。目前，在国内外都有了许多较为成功的一些卖家，如美国最著名的拍卖网站Ebay、中国的雅昌艺术网等。雅昌作为中国较早开始进行基于互联网的艺术品运作公司，现已形成较为完整的体系，包括了雅昌艺术家网、雅昌艺术品网、雅昌拍卖信息网、雅昌画廊网、雅昌雕塑网、艺术品数据库、雅昌艺术图书网等系列艺术品网站，从事艺术品鉴定、艺术家推荐、网上展览、艺术品拍卖、艺术市场数据分析等多项经营业务，成为艺术品互联网思维下经营的范例。①

二　时空约束打破

近年来，互联网的发展不仅改变了人们的生活习惯和消费习惯，而且通过突破时空的约束，形成了对旧有时空的一种消融与瓦解，并在这一过程中重构了时空运行秩序。时空约束其实是互联网对于社会发展带来的最核心的改变。传统的商业模式，都是建立在旧的时空秩序的基础上的。这种旧有的时空秩序，在某种程度上是有边界的，当社会发展到一定的程度，现有空间得到充分利用的时候，空间资源的使用成本就会极大地提升，这就严重地制约了商业规模的扩大。比如举办一次展览，创办一个画廊，都必须有实体空间、经营时间作为保障，同时还要受周围交通环境、艺术氛围、生活环境、生态环境等多种因素的制约。而互联网的出现，特别是基于互联网的大数据、云计算、云储存等技术的逐步成熟，使得旧有时空的约束逐步消解，而在互联网无边界的时间、空间范围内，构建了一个新的时空秩序。比如艺术品的电子商务平台，商家可以尽情地去放置、出售艺术品，而不必为空间的约束所苦恼。对于交通环境、生态环境、生

① 郭峰：《艺术产业在互联网上的集群化发展研究》，《艺术百家》2008年第3期。

活环境等间接限制性因素，也完全没必要担忧。对于消费者而言，只要拥有互联网的登陆终端，就可以随时随地购买自己喜欢的艺术品。即时化的消费已成为当下新的消费形态。互联网对旧有时空的消融是一个综合瓦解的过程，它包括个人与个人之间、买家与企业之间、企业与企业之间及产业链的时空限制。总之，互联网消灭了距离，包括时间距离、物理距离。例如，O2O 消灭了线上和线下之间的距离，C2B 消灭了买家和卖家之间的距离，P2P 消灭了买家和买家之间的距离。其特点是，无线连接，连接一切，永远在线，随时互动，极高速度，极低成本。主要表现为以下几点。[①]

（一）个人之间艺术交流的时空约束打破

所谓买家之间交流时空的打破，是指互联网不仅为买家进行彼此的沟通交流提供了平台，而且建立在买家个人基础上的网络社区、电子商务平台、即时通信也为互联网 C2C 的商业生态奠定了发展基础。艺术品产业作为个性化十分显著的特殊行业，契合了这种 C2C 的商业运营模式。以往艺术家创作的作品要通过自己举办画展，参加博览会或是借助第三方运营公司去推广、宣传自己的作品，促成交易。这种交易方式，不仅需要花费大量的成本，支付第三方服务费用，而且在交易链条上拉得过长，花费了大量时间在中间环节上。而基于互联网的 C2C 运营模式，则打破了这种时空上的限制，实现了艺术家个人与买家的对话。艺术家可通过互联网、移动互联网终端，开办自己的网上工作室、展览厅、艺术网店，直接推销自己的产品，这样就省去了中间环节，实现了与消费者的直接交易。借助这些个人交易平台，进行消费者消费趋向和消费心理分析，了解买家的消费需求，从而为进一步的生产、创作提供方向指导。对于一些具有特殊需求的买家，艺术家个人还可以艺术品预约功能，为消费者定向生产产品。艺术家网上工作室、展览厅的创办，不仅解决了艺术家因空间限制无法尽可能多地展示自己作品的限制，而且解决了受时间约束只能在有限时间交易的约束。在网络平台上，可以全天候的、规模化的交易。对于买家而言，买家之间通过自发组织的网络社区、即时通信工具、电子邮件和电

① 李海舰：《互联网思维与传统企业再造》，《中国工业经济》2014 年第10 期。

子商务平台等多个网络交流空间进行交流，能够及时把自己的疑问发布出来以得到不同地区的买家回复与解答，或者主动分享产品设计、研发和使用的经验，甚至为别人解决疑难问题，而且买家之间可以通过团购、建立网络组织等方式结成买家联盟，提高个人在市场谈判中的议价能力。

（二）个人与企业交互的时空约束打破

个人与企业的交互时空即我们平时所言的 B2C 模式，也就是商对客。这种交易方式，省略了商家与消费者交易的中间代理环节，使厂商可直接对话消费者，是一种扁平化的交易方式。这种 B2C 的电子商务销售平台，随着互联网技术的不断发展及互联网经营思路的不断打开，在形式上也不断丰富，主要包括了综合性商店、品牌化商店、垂直型商店、服务型商店、导购引擎型商店、在线商品定制型商店等。它们都是以互联网的大平台，结合企业自身业务特长，实现两者的有效融合，然后为网络买家提供各种特色化的产品与服务。而传统的艺术品交易主要是通过二级市场的拍卖和画廊、艺术家工作室等一级市场进行交易。但这种面对面的沟通交易是受到既定时空的多重限制和约束的。比如，我想买一件艺术作品，我必须要找到艺术园区或艺术家的个人工作室、画廊，比如北京 798 艺术区、宋庄艺术区等，去亲自看他的作品情况，如果看的结果并不符合自己的个人收藏判断，那么可能这一趟投资之旅就是白白劳顿。而互联网对于企业与个人渠道的打通与时空约束的消融，为艺术品线上企业运营开拓了新的经营渠道。

个人与卖家交互的时空约束打破，更重要的是让消费者不再是被动的艺术品接受者，而成为服务卖家的重要一员。特别是体验式营销在互联网经济中的应用，为艺术品产业的发展提供了新的思路。在众多的互联网卖家中，体验式营销方式之所以屡试屡新，就是因为产品更加人性化、更加贴近买家的需求。艺术品产业作为个性化十分突出的产业，如何才能更为市场所接受，形成社会化效应？这种互联网背景下个人与卖家的中间墙壁的打开，对艺术品产业来说是天赐良机。卖家通过开发线上展览展示、艺术品拍卖平台，进行艺术品的经营销售，受众根据个人爱好，选择可心的艺术品，并对此进行个人主观的评价。这种信息的反馈，不仅拉近了卖家与受众的距离，而且在一定程度上指导了卖家的发展。特别是一些艺术品体验式平台的开发，也使消费者作为艺术创作的一员参与其中，从而形成黏性粉丝，更增加了卖家的知名度和对买家的吸引力。

（三）卖家所在的供应链时空约束打破

过去卖家更多的是依据大市场的预测分析进行艺术品的产业化生产，是一种单向的线性营销方式，艺术品产业作为个性化十足的产业，未必能够真正适合大众的碎片化、分散式的消费需求，经常导致艺术品供应环节的滞留，浪费人力、物力资源。在互联网无边界、无时空的大环境中，艺术家或卖家可以通过消费信息反馈或提前预订的方式，而后进行定向生产，打破艺术品供应环节与消费市场信息不对称的魔咒。跟着消费者的节奏走，跟着市场的需求走，不仅缩短了艺术品的生产周期，节约了成本，而且实现了效益的最大化。

网上买家反馈的信息是打通卖家供应链的主要资源。卖家通过网络信息服务平台对买家购买信息进行大数据处理，可以分析出买家的消费重点及消费趋势，并根据数据分析的结果，确定企业发展战略、生产重点，合理布置生产线，有针对性地进行生产。供应链信息平台化同时能够让不同地域的卖家之间实现产品订单信息互动，让模块供应商即时生产，即时发货，与系统集成商一起缩短产品的周转时间。

针对互联网消费的碎片化特点，商家可以根据艺术品的特点，进行体验式、定向化生产的营销策略尝试。比如一件陶瓷工艺品，艺术家根据个人的艺术理念和设计风格进行创作，这件艺术品到底在市场上受欢迎的程度怎么样？适不适合大批量生产？在以往传统的生产模式和营销模式下是很难判断的。互联网电子商务平台则破解了这一难题。卖家可以先将此件艺术品设计的样品挂到互联网交易平台上，进行预约销售。到底此件艺术品适不适合大批量生产，由市场反馈的结果来定。这不仅降低了生产的风险，而且提高了生产效率。

第五章　未来的艺术品产业管理

通过对大国崛起的研究我们可以发现，每一个时代经济发展的背后都会出现一个繁荣的艺术市场。比如，意大利威尼斯的经济发展导致了文艺复兴，从而出现了米开朗琪罗、达芬奇、拉斐尔这些大师。荷兰的崛起产生了伦勃朗，而英国也有像特纳这样的艺术家，法国出现了印象派，美国的崛起成就了安迪·沃霍尔等艺术家。那么中国近几年的崛起，是否会产生一个繁荣的中国艺术品市场?[①] 答案是肯定的。中国有句俗话："乱世藏金，盛世收藏。"艺术品投资成为继楼市、股市之后的中国第三大投资高地。随着艺术品市场的火爆，一些企业财团、金融机构、私人银行、基金管理公司纷纷加入艺术品投资行业，艺术品投资正处于井喷的前夕，市场热情空前高涨。在艺术品收藏领域，中国再次实现"超英赶美"。当今世界已然以势不可挡的姿态朝着数字化时代迈进，以互联网和信息技术为代表的高新技术迅猛发展，一次又一次地刷新着我们对这个世界的认知方式。[②] 未来的艺术品产业管理基于网络化生态，必将突破已有的管理、操作和经营边界，是对全球化资源的整合，必将走向平台化、法制化和国际化。

第一节　艺术品产业管理的网络化生态

传统互联网时代和后互联网时代最大的差别，在于其组织信息的方式

---

① 安博：《2014 艺术互联网大会的发言》，华夏收藏网，http：//news. cang. com/info/374667_2. html，最后访问日期：2015 年 10 月 2 日。

② 邹彬：《网络营销——艺术品市场发展的新引擎》，《公关世界》2014 年第9 期。

不同。传统互联网对信息的组织，主要是对“物”的组织——网页搜索和门户平台都以产品、服务为核心。而在后互联网时代，移动互联网和社交网络对信息的组织，则主要以“人的行为为核心”——随时、随地，以场景为背景的行为，这种“人的行为数据”比过去的物理数据采集，表现得更加精确、直接和相关。移动互联网和社交网络以“人的行为为核心”的信息组织方式，赋予“个体”前所未有的力量和权柄，但这并不是说“个体”变得无限强大，而是指由无数“个体”结成的网络是强大的。[①] 英国导演阿尔弗雷德·希区柯克（Alfred Hitchcock，1899－1980年）的作品《群鸟》（*The Birds*，1963）中描述的意象：单个的飞鸟是微弱而不起眼的，但无边无际的鸟群聚集在一处的疯狂攻击，可以让小镇里很多原本比“鸟”强大得多的“人”陷入灾难和恐慌。借由社交网络而集结一体的“个体”所拥有的权力和力量越来越大。互联网世界的本质又是现实的，具有可以共享的海量资源和财富。在这个虚拟的现实世界里，我们以另外一个自我的形态工作、学习、生活、相互交往，各种社会机构也以数字化的表现经营、成长、竞争、相互合作，所有这一切构成了一个全新的生态系统，共同作用、生生不息，这就是网络生态系统。

随着“互联网+”不断渗透到各行各业，正在影响和改变着传统的交易模式，艺术品市场也不例外，网购艺术品以及线上线下相融合也正变得越来越普及，“网络拍卖”“艺术众筹”等逐步成为我国艺术品行业中的一股新生力量，“互联网+艺术品产业”的发展空间越来越大。

2013年是中国艺术品产业“电商元年”。艺术品电子商务开始进入人们的视野，主要事件是几大电商巨头纷纷正式宣布进军或者是再次进军艺术品电商（如亚马逊、ebay都是再次实践者），如淘宝、亚马逊、ebay，伴随而至的是几大巨头拍卖行与之相伴相生，淘宝结合保利、荣宝斋等一批知名的拍卖行，亚马逊结合全球200余家画廊，超过4000名艺术家，

---

① 廖建文、施德俊：《后互联网时代的商业新规则——伴随移动社交网络而来的新冲击、新挑战、新机遇》，长江商学院网，http://www.ckgsb.edu.cn/about/article_detail/78/1251.html，最后访问日期：2016年1月15日。

ebay 结合苏富比，在全球范围内搅起一池春水①。

伴随着互联网助战艺术品产业，艺术品的网络化生态系统逐渐建立和健全，开始形成一种经营合理、竞争激烈、互相合作的产业型生态系统。

一　真正伟大的艺术家一辈子只做一件事

美国管理学家彼得提出的“短板理论”是，任何一个组织，可能面临一个共同问题，即构成组织的各个部分往往是优劣不齐的，而劣势部分往往决定整个组织的水平。现代社会，我们忽略了一个事实，“木桶理论”适用于工业时代。如今互联网时代，游戏规则改变了，当代的公司只需要一块足够长的长板，以及一个有“完整的桶”意识的管理者，就可以通过合作的方式补齐自己的短板。

如果我们仍然沿用适用于工业时代的游戏规则，那么必然要付出惨痛的代价。在互联网和各种移动终端普及的时代，艺术品产业搭乘互联网的东风走进一个新的时代。特别是在互联网生态系统中，艺术品产业也遵循着其中的道路，也要顺应当下互联网发展的趋势。互联网、移动互联时代讲究的就是“长板理论”。移动互联时代，我们要把自己的优势发挥到极致。“不求十全十美，但求单点极致。”因为“最长的那块板决定你的成就”。

（一）新时代艺术家的现状与艺术倾向

伴随着改革开放 30 多年来成果的逐渐显现，大众的生活水平逐渐提升，消费能力日渐增强，越来越多的艺术家也开始出现在大众的视野中。多彩的生活、自由的时间、优厚的收入、较高的社会地位，让艺术家成为令人羡慕的职业。然而，在光鲜背后，艺术家也面临着不同的生存烦恼：以国画为例，那些刚从艺术院校毕业的学生，被画廊签约的寥寥无几，大多还得依靠家庭的支持；那些底层画家画了几十年的画，有的甚至一幅作品都没有卖掉；那些已经成名的艺术家更是要天天忙于各种应酬。不同的阶层、不同的背景、不同的方式，职业艺术家各自述说着不同的生存

① 曹磊：《“互联网 + 文化艺术品”搅起“一池春水”》，中国电子商务研究中心网站，http：//www.100ec.cn/detail-6279228.html，最后访问日期：2016 年 1 月 15 日。

状态。[①]

书画创作群体数量庞大，据统计，全国目前有50万名左右的画家，仅各级书协美协就拥有会员万余人，画家的层次和社会地位各不相同，包括国家级会员、省级会员、各级画院供职人员、美术学院和各院校的艺术教师及其弟子等，此外，散落在民间的书法、国画爱好者更是不计其数。这些书画人的生活状况和收入水平悬殊极大，有日进斗金的大腕，也有混迹漂泊、艰难糊口、朝不保夕的书画从业人员。[②]

以近代青年艺术家而言，主要分为以下几类[③]。

第一，主流青年艺术家。这一群体活跃于当下的艺术圈及艺术市场。他们善于经营自己与艺术界各类重要人物间的关系，经常出现于开幕酒会、私人party等，通过自身不懈的努力，他们的生活条件比较优越。这些艺术家一般都拥有自己独立的工作室，有比较稳定的创作时间。因此，作品也成了符合当下艺术市场需求的样板。驾轻就熟的艺术圈关系网，让此类艺术家在展览中拥有颇高的出镜率及关注度。但严格意义上说，他们只是青年艺术群体中的小部分。

第二，青年非主流艺术家。这一群体的艺术家，目前与艺术圈的关系比较松散，为了支持艺术创作，大多从事着社会其他行业的工作：办高考培训班、开店、当白领、做公职人员、接行活……在当下的社会环境里，普通背景身份的青年人需要每天工作十几个小时甚至更多的时间。这种“5+2”“白加黑”的工作强度，也仅能处于蜗居的水准，何来富余时间去搞艺术创作？此级别的青年艺术家，创作时间没有保证，只能挤出时间去做；创作环境不稳定，颠沛流离。这样的青年艺术家，早期的作品数量、技法、创作语言还不够成熟。没有时间去艺术圈社交，没有渠道寻求展览机会，更没有学术交流的机会。但这类人群是隐含在社会中的青年艺术家主体，其中不乏优秀者。

以上两类群体，一类是少数，他们是艺术圈的“新贵”，活跃且自

① 参见陈丽君《当代国画家生存状况调查》，《北京商报》2014年7月23日G01版。

② 参见陈丽君《当代国画家生存状况调查》，《北京商报》2014年7月23日G01版。

③ 参见曹轶《青年艺术家的生存状况和艺术倾向》，网易艺术，http://fashion.163.com/14/0113/02/9IEF4K0300264MK3.html，最后访问日期：2016年1月16日。

信；另一类是大多数，融合于社会中期待“伯乐”的到来。他们共同组成了青年艺术家群体，就其本质而言并没有高低之分。

在过去慢通信、慢节奏的年代，依靠各种媒体包装成功的艺术家，现阶段已经成为大家、名家。这些国家级的书画名家，一幅画作可以卖到几万元、几十万元甚至百万元，日进斗金，他们不用为生计担忧，生活富裕。但是，这些知名度高的书画家却经常被俗事缠身，难有静心创作的空间。名家因其自身的知名度和作品的市场价值成为不少商家眼中的“香饽饽”“摇钱树”，画展、剪彩、笔会、出书等邀请纷至沓来，请客吃饭、索求作品的人更是络绎不绝。其实，名气很大的画家不需要借助各种应酬来博眼球，反而更需要自己的创作时间，所以，对于此类活动他们会有些排斥，能躲则躲。相对而言，名气较小的画家则希望借类似活动提升知名度，于是频繁参加各种应酬。①

与光鲜亮丽的名家不同，很大一部分画家为生活所迫，从北京 798 到宋庄艺术区，画廊、工作室频繁地开业和关门，也见证了这些艺术家生存的艰难。业内人士估计，目前专门搞书画创作的艺术家有 80% 左右的人被经济问题所左右，无法完全静下心来搞艺术创作，有 80% ~90% 的书画家没有经济实力出版自己的画册，进行宣传和包装。很多挣扎在二、三线的画家为了提升知名度，不停地参加各种书画大赛和展览，但是他们获得的奖牌、证书，并不会给生活带来大的改善，反而平添了一份买书、参赛的费用。而且，大多数靠卖字画为生的书画人都面临现实问题：精品的创作费时费力，书画家在没有出名的情况下，精品反而难以出售，书画商也不会出大价钱收购，为了生存不得不“量产”作品。②

目前来看，青年艺术家的艺术倾向也大致分为几类。③

第一，学院派。由于长时间在艺术院校学习，这一类艺术家毕业后的创作具有明显的学院风格，甚至是某些教师的影子。其艺术创作以模仿他人的形式语言为主。

---

① 陈丽君：《当代国画家生存状况调查》，《北京商报》2014 年 7 月 23 日 G01 版。

② 陈丽君：《当代国画家生存状况调查》，《北京商报》2014 年 7 月 23 日 G01 版。

③ 曹轶：《当前中国年轻艺术家生存现状》，豆瓣，http://www.douban.com/note/335999252/，最后访问日期：2016 年 1 月 15 日。

第二，西学派。近年来，由于中国的艺术教育和艺术资讯与国际快速接轨，很多青年艺术家的作品与西方的艺术流派在形式上惊人的相似。这些人的艺术倾向，大致来说还是归属于学院派的范畴，不同的是模仿对象转换成了西方艺术样式。

第三，自我发展派。这一类艺术家，在形式和主题上同自己的爱好连接缜密，有强烈的自主性。形式感突出，相对独立。他们对学院或传统的艺术形式不感兴趣，亦有很多艺术家对创作的媒介不限定，形式多样。他们注重自己的内心体验，相信艺术来源于自我。

（二）“互联网+”在悄悄地改变艺术家

“真正伟大的艺术家，一辈子只做一件事情”，这句话在众多伟大的艺术家身上得到了验证，凡高、达·芬奇、伦勃朗、塞尚、高更、莫奈等为自己的艺术梦想执着一生，为世人留下了《最后的晚餐》《蒙娜丽莎》《大卫》《大浴女》等伟大的作品。

这些伟大的艺术家也曾经有过现代艺术家的困惑和窘迫，甚至被当时的社会抛弃。在现代社会，互联网出现，移动终端无处不在，这种现象或许将得到改变。在过去，传统媒体的理念是“一对多”的传播，艺术家想要让自己的作品最大效力地传播出去，必须借助官方媒体的力量，而且需要花费大量的金钱。而现在，互联网改变了这一切，颠覆了传统媒体中的“一对多”的现状，实现了“多对多”的传播方式的改变。艺术家可以在网页、手机客户端以及微信、微博实时发布自己的作品，与同行交流经验，与粉丝互动。

小小的微信群，就能卖艺术品。这样的例子使得有些艺术家感到惊讶。① 基于微信平台的南京“扬子微拍”平台上线4个月，已经拍卖了16期书画，每场成交额约在30万元左右。现阶段，扬子微拍已经有20个微信群，总人数突破5000人。② 据统计，参与该微信平台拍卖的人员涵盖北京、上海、广州等一线城市，还有全国各地的网友也有参与。特别是为云南地

① 顾星欣、朱新法：《艺术电商，入市容易“霸市”难》，《新华日报》2014年10月30日第12版。

② 谢梦：《吸引年轻群体互动、培育新藏家，我国博物馆、拍卖平台频“触电”》，《南方日报》2014年11月3日A19版。

震灾区祈福义拍专场，100 多件艺术品很快被抢购一空。现在，除了书画外，“扬子微拍”逐渐增加了邮币卡、油画、紫砂、陶瓷等多个品种。①

同样让人惊讶的，还有“阿特姐夫微信拍卖”。这个在互联网上红极一时的栏目，创造了 8 个月拍卖超 800 万元的纪录。超乎人们的想象，这个如今很赚钱的项目，原本只是上海泓盛拍卖电子商务部总监、“赵涌在线”艺术品事业部经理胡湖的私人朋友圈。他只是尝试把朋友圈改建成一个交易群，竟然人气火爆。②

与此同时，传统的电商平台也在竞相投入艺术品在线拍卖。点开网上比较热门的“淘宝拍卖会”，③ 来自各家送拍机构的玉翠珠宝、水墨篆刻、文玩收藏等各种门类琳琅满目，每天都有密集的拍卖场次，成交量颇为可观。

当下，各种艺术品电商、圈子平台风起云涌，各自创造着奇迹。④ 2015 年 1 月 10 日，日本艺术家村上隆在他的 Instagram 页面上宣布他在高古轩将有一场画展，这位有 11 万名粉丝的艺术家没有白费力气，他的号召使得 1000 名粉丝出现在他的展览现场，他像明星一样，和粉丝们挥手致意、签名、合影留念。一个聚会，桌面上放着的是火锅、牛排或者随便什么美食，而桌子后面的椅子上，坐着的却是一位位拿着手机的“艺术圈人士”，他们中有的人在关注香港的拍卖；有的人在看艾未未又有什么新动静；有的人拍下桌上自己都来不及品尝的美食，忙着分享到朋友圈，记录下又一个美好的夜晚。那个大家安安静静吃饭，或者热烈讨论问题的饭桌似乎被遗忘了。2000 年后，移动互联网的应用以及各种社交软件，“侵蚀”了整个人类社会，艺术家当然也是其中的一员。

今天的艺术家，他们的生活也已被移动互联网深深改变。艺术家张晓

---

① 顾星欣、朱新法：《艺术电商，入市容易“霸市”难》，《新华日报》2014 年 10 月 30 日第 12 版。

② 顾星欣、朱新法：《艺术电商，入市容易“霸市”难》，《新华日报》2014 年 10 月 30 日第 12 版。

③ 谢梦：《吸引年轻群体互动、培育新藏家，我国博物馆、拍卖平台频“触电”》，《南方日报》2014 年 11 月 3 日 A19 版。

④ 关于日本艺术家村上隆、张晓刚、艾未未、毛姆等的描述见何宇达《移动互联网时代的艺术家：也许只是一种职业的代名词》，凤凰艺术，http：//special. art. ifeng. com/salt01/，最后访问日期：2016 年 1 月 15 日。

刚就曾写下这样一段话:“读书现在是越来越少了。看书比读书多,这个意思怎么讲?就是我也在买书,但就是看看、翻翻,大概感觉一下,不像原来那么认真地读,现在读不进去了。一个可能是现在好书太多了,无从下手,读不完;不过主要原因还是碎片化的交流占据了大量的时间和精力,你看每天几个小时在微信上面看一些碎片化的东西,跟人聊天、开开玩笑,很快所有的状态就消耗完了。”

另有一部分艺术家,与这个时代的距离更近。比如艾未未,他透过Instagram平台,来告知他即便不方便外出,还是有很多重要的人来访,附加草场地村子的生活风景。当然你还不难发现一些热爱自拍、颜值高的艺术家,常常在朋友圈分享自己的“靓照”。

毛姆在他的名作《月亮与六便士》中塑造了一位“半路出家”的画家——主人公以画家高更为原型——他最终在一个远离西方文明的南太平洋群岛的塔希提岛上,隐忍病痛与孤独,创作了人生最后,同时也是最辉煌的壁画。但这个一部智能手机就能连接整个世界的时代,想有这样孤独的创作,怕是要下更大的决心。艺术家们当然不必都走那样决绝的道路。他们的创作本身也随着这个时代有了变化。有的艺术家利用计算机技术控制LED灯,让这些灯在地面上呈现出独具特色的艺术作品,有的艺术家以一些大热的软件为灵感来创作,比如用手机APP记录下自己的奔跑路线,再由其出发,创作出艺术作品。

在2014年沙迦伊斯兰艺术节上,法国艺术家用数字阿拉布图案把阿联酋海滨的一块平台变成了互动景观商业与娱乐,是移动互联网时代不可忽略的元素。在艺术领域,人们也更习惯看到更具娱乐性的作品。比如杰夫昆斯的“气球狗”,以及至今仍在讨论的算不算“好”的公共艺术“大黄鸭”,还有保罗·麦卡锡的《树》。艺术在移动互联网时代被拉下神坛。它为艺术品与消费者之间搭建了一个桥梁,让更多人有更多渠道、通过更多角度去了解艺术。2014年末,北京艺术圈人士的朋友圈,就被一个叫“无人生还”的艺术小组刷屏,他们用相声来讲述艺术史。而英国,早在2012年便掀起了一场叫“艺术无处不在”的商业行动,街头巷尾的车站、广告牌都披上“艺术作品”的外衣,哪怕你是一个矿工家庭的孩子,也可以领略“the lady of shalott”的风采。

那些受商业鼓舞的、通过商业炒作高价卖出画作的艺术家们，也会不爽地发现，由于商业的发达，媒体的无孔不入，自己被贴上一流、二流艺术家的标签，这些本属于商业娱乐的东西，无孔不入地进入了艺术圈。不知不觉中，“艺术家”的定义发生了改变。这一词汇由指“具有较高的审美能力和娴熟的创造技巧并从事艺术创作劳动而有一定成就的艺术工作者”，变成了一种职业的代名词。这种职业从业者就在你我周围，他们不再衣着邋遢，他们懂得如何交朋友，也知道怎样“拉仇恨”，他们或许没有太多时间思考，但他们同你我一样，追随着这个时代的脉动。

不得不承认，艺术家与其他所有人一样，正在进入和创造一种新的文化领域，在这一领域里，一切都在重新被定义，有点宇宙洪荒中开天辟地的意思，而在这开启时代的朦胧景象中，我们似乎淡忘了 30 多年前，要写信才能与家人互诉衷肠，或者跑下楼，去收发室大爷的住处接电话的情景。很难说这一切好与不好，只能用那句大家都熟悉的话：这是最好的时代，也是最坏的时代。

（三）基于互联网的未来艺术家创作方向

网络的力量给人类社会带来的变革是毋庸置疑的。有人说，艺术是一面镜子，社会发生怎样的变化，艺术就会有怎样的反映。具体说来，网络传播时代的艺术创作有着以下几个鲜明的特点。①

1. 数字化的艺术创作语境

这一概念最早是由英国人类学家马林诺夫斯基（B. Malinowski）在 1923 年提出来的。最初指的就是语言环境，之后概念被逐渐拓展，泛指人们相互交流相关的社会文化背景、习俗，以及由此形成的生活模式。今天，生活在这样一个网络时代，它给人们带来的最大影响就是数字技术的广泛应用。数字设备已经深入大众的生活中，人们已经进入了一个由数字形成的语境中。在数字化的语境中，艺术创作者们开始以数字技术为创作手段，以网络为展示平台来创作艺术作品。由此，艺术界又诞生了两大新兴的艺术种类，这就是网络艺术和数字艺术。对于网络

① 闫波、张磊、宁宝玲：《网络传播时代数字语境下的艺术创作与审美》，《新闻界》2007 年第 2 期。

艺术的定义至今人们还没有一个清晰的概念，一般认为，网络艺术主要是指那些借助计算机互联网来展示和传播的艺术作品，也包括传统的艺术作品经过电子扫描或以其他方式进行技术处理后发放到网络上的信息内容。对数字艺术却有着较为清晰的认识，数字艺术主要是指以计算机为创作手段或以计算机相关软件为工具创作出的艺术作品，并不包括用传统方式创作的艺术作品。

总之，在网络时代，以数字技术为特征创作出来的艺术作品类型有数码绘画、数码摄影、电脑三维动画以及包括网络游戏在内的虚拟现实、数字音乐，还有基于数字影像成像技术的数字电影，等等。所有的这一切用数字技术创作的艺术作品都显示出统一的特点，那就是虚拟性、非物质性、交互性、公共性、综合性。

在数字化的艺术创作语境当中，艺术作品乃至艺术家都被简单化了。以往传统的艺术创作需要长时间对艺术技能的训练和精湛的技艺，但是，随着数字技术的运用和普及，艺术创作日益单纯化和低端化，对于需要日积月累和坚持不懈才能掌握的传统技艺被数字化的电脑软件所取代。运用这些数字软件只要经过一定时间的重复性操作提高其熟练程度，[①] 人人都能制作出艺术作品，在网络时代，数字化语言的运用，艺术创作走向平民化、大众化是其发展的方向。

2. 审美观念的转变

网络传播时代，人们的认知方式开始迅速转变。传统的美学观念已经不再适合现代人的审美标准，一种新的美学观念在网络的推波助澜下已经悄悄渗入现代人的意识中。网络时代是一个张扬个性、展示自我的时代，传统艺术创作所追求的那种深奥的艺术思想美或真情的艺术技法正逐渐被平民化、世俗化的审美情趣和“另类”或与众不同的艺术表现方式所取代。网络时代，人们对技术的痴迷和崇敬，使技术规则大于艺术规则。许多艺术作品以数字技术来修饰和改变艺术作品的思想主题。传统的艺术审美体系被符号化，更多体现着技术的价值观。

新时代的艺术创作仿佛具有先天的世俗化和大众化的特征。其实这也

---

① 张春新、王传龙：《数字艺术对架上传统绘画的消解》，《美术界》2009 年第 5 期。

正是人们的追求和网络带来的作用。纵观文化的发展，可以看到，每当一种科技广泛应用于民间的时候总能派生出一种新的文化观念，网络的飞速发展催生了现在众多学者所议论的网络文化，而不同的文化观念对艺术创作的风格又有着巨大的影响。网络文化弘扬的是个性的展示和自我观念的表达，其本身就是大众的、世俗的，和传统的文化观念格格不入，这就不可避免地影响到艺术的创作，进而产生了一种新的审美情趣。同时，也由于网络空间的无拘无束，一些喜欢颠覆传统的艺术创作者利用数字技术对经典艺术作品进行修改，产生了无数种版本，而每一种版本都是一个创作者对艺术创作激情的宣泄，在网络中，对经典艺术的再创作已经形成了一种新的艺术时尚。正如尼葛洛庞帝所说的："数字技术将使已经完成、不可更改的艺术作品的论断成为过去。"达·芬奇的《蒙娜丽莎》是绘画史上的经典作品，自从超现实主义大师达利把《蒙娜丽莎》进行再创作之后，对以往经典艺术的更改便一发不可收拾。随着数字技术的普及，对经典艺术作品的更改再也不是像达利这些大师们的专利，而是演变成一种"网上涂鸦"的时尚行为。如今，只要在网上搜索《蒙娜丽莎》，你会看到上百种不同的版本。可谓千奇百怪，无奇不有。这究竟是属于"恶搞"还是对经典艺术的再创作已经很难区分。

总之，对于这种艺术时尚，传统的审美标准已经不再适用。经典的艺术审美体系被大众化、世俗化，这恰恰是后现代主义者的目标，解构主义解构的目的。令人尴尬的是，虽然像"后现代主义""解构主义"等词汇已经进入中国文艺批评界，但是正像目前文艺理论研究者们的共识，中国还没有形成一个"后现代主义"的语境，中国正处于一个令人迷惑的过渡时期，还没有一套新的审美标准来衡量这些所谓的"后现代数字艺术作品"，但有一个现实的办法，就是利用网络传播，通过网上的点击率和下载率来衡量艺术作品，以此来评价艺术作品的受众程度。这也正是网络时代艺术作品的特点之一，也许这种方法将成为近一段时间内的审美标准，这种观念的转变又促使艺术创作走向市场化。[①]

① 闫波、张磊、宝玲：《网络传播时代数字语境下的艺术创作与审美》，《新闻界》2005 年第 2 期。

二 艺术机构小实体大虚拟

2014 年 7 月，中国互联网络信息中心（CNNIC）发布《第 34 次中国互联网络发展状况统计报告》称：手机使用率达 83.4%，首次超越传统 PC 整体使用率（80.9%），移动互联网带动整体互联网发展。① 移动互联网已经渗透到社会生活的方方面面，其威力无所不在，无时不在，无坚不摧。在互联网时代，一切都将重新塑造。②

一般而言，在艺术品价值网络体系中可有三类企业：艺术品供应商、系统集成商、规则设计商。艺术品供应商实施分工，系统集成商、规则设计商负责整合，不同的是，前者负责实体整合，后者负责虚拟整合。③

在艺术品供应商层面，市场高度竞争，每一个艺术品供应商只有凭借自身核心能力才能“入围”系统集成商；在系统集成商、规则设计商层面，每一行业有 3 ~ 5 家，属于垄断竞争市场或者寡头垄断市场。也就是说，在艺术品价值网络体系中，下层高度竞争，上层高度垄断。这里，竞争和垄断融为一体。这样一来，企业之间的关系从同质化竞争转向异质化合作艺术品供应商，作为节点企业，不是做大企业规模而是做强企业核心能力，然后凭借核心能力融入网主企业之中；系统集成商、规则设计商作为网主企业，不是制造产品而是打造平台，有了好的平台，就可以吸纳越来越多的节点企业融入其中。

这里，价值网络体系一方面在实体层面上“把大企业做小”，另一方面在虚拟层面上“把小企业做大”，即把“做大”和“做小”有机统一。价值网络体系，又可称为“独立联合体”“商业生态圈”。④

（一）艺术品产业的虚拟化

互联网改变的是人与人、人与组织、组织与组织之间的关系，这必然要求传统企业进行一场结构性大革命，即用互联网思维重新架构企业的运

① 参见中国互联网络信息中心数据，http://www.cnnic.net.cn。

② 李海舰、田跃新、李文杰：《互联网思维与传统企业再造》，《中国工业经济》2014 年第 10 期。

③ 参见中国工业经济学会网站。

④ 参见中国工业经济学会网站。

营模式，以此打造“智慧型组织”，旨在自学习、自适应、自协调、自进化，实现柔性、弹性、轻型发展，与外部不稳定性、未来不确定性、环境高复杂性动态匹配和整合创新。[①]

1995 年，美国成立了第一家艺术品电子商务网站 artnet. com，被看作艺术品电商这种新交易模式的肇始。2000 年，就在互联网泡沫破裂时，嘉德在线上线，揭开了中国艺术市场电商时代的序幕。近年来，淘宝、亚马逊等电商企业“反向”进入艺术品领域，进一步开拓了国内的艺术品电商市场。[②]

2014 年 8 月，文化部文化市场司发布《2013 中国艺术品市场年度报告》，报告显示，2013 年我国艺术品市场的整体成交较 2012 年有所回升，市场交易总额为 2003 亿元，同比增长 12%。2013 年，国内画廊、艺术经纪、艺术博览会、拍卖市场、艺术品出口、艺术品网上交易的原创艺术品交易额为 1003 亿元，同比增长 5%。2013 年，我国画廊、艺术经纪、艺术博览会一级市场的交易额为 475 亿元，同比增长 3%；艺术品网上交易额为 30 亿元，同比增长 67%。正是看准了艺术品电商市场的上升趋势，苏宁、国美这两家刚刚开展电商业务没几年的传统连锁零售企业，有点“急不可耐”地做起了艺术品电商这门全新的生意。[③]

2013 年“双 11”期间，苏宁易购推出艺术品拍卖频道，成为国内第一家开辟艺术品拍卖频道的 B2C 网站。该频道是由苏宁易购与艺典中国共同搭建而成，由艺典中国独家运营，每周推出 2～3 个艺术品拍卖专场，其中包含中国书画、当代艺术、古董珍玩、珠宝尚品 4 大品类 20 余种属性的全类别艺术品。在该频道的第一期拍卖会中，国画大师李可染经典书画作品之一《牧牛看山》，最终以 150 万元落槌，成为竞价最高的艺术品，而全场的总成交额达到 402 万元。苏宁易购透露的数据显示，拍卖频道上线半个月以来已经成功拍出 300 多件艺术品，总成交额超过 500 万元。作为苏宁的老对手，国美放出要做艺术品电商的消息则早得多。2013

① 参见中国工业经济学会网站。

② 参见祝剑禾《电商试水艺术品业内质疑跨度大》，京华时报，http://epaper.jinghua.cn/html/2013-11/27/content_43363.htm，最后访问日期：2016 年 1 月 15 日。

③ 文化部文化市场司：《2013 中国艺术品市场年度报告》，2014。

年，国美在线董事长牟贵先就称要推出一个可以颠覆传统电商的频道品类，9月，国美在线艺术品频道——国之美悄然上线试运营。①

淘宝网首先提“保底回购”，天仁合艺在淘宝拍卖会上的当代艺术品拍卖第一次提出了“保底回购”的概念，也就是如果淘宝买家在当年拍下这些艺术家的作品，一年后想拿出来再上淘宝拍卖会拍卖，如没能在前次拍卖成交价基础上拍出，天仁合艺将以前次成交价予以保底回购原作品。

天仁合艺公司相关负责人举例解释，如淘宝买家在2013年12月12日以100万元成交价拍下了某位艺术家原起拍价70万元的作品，2014年12月12日，买家再次拿出该作品委托天仁合艺上淘宝以100万元底价起拍，一旦拍卖价格没有高出100万元而流拍，则天仁合艺承诺以100万元原成交价回购原作。艺术机构采用这种“保底回购”的做法表明对其代理的作品确实很有信心，同时也是对客户的一种保障，这种做法值得肯定。线下的一些画廊对自有产品也有类似的做法，但是以公开拍卖形式来操作还是国内第一次，这种充分利用互联网拍卖的优势来进行营销创新对整个拍卖市场而言都是很有积极意义的探索。②

以上做法在一定程度上反映出互联网电商的发展趋势，也代表了艺术品市场上互联网格局的变化：

第一，互联网改变了艺术品的交易场所。现在，艺术产品供给方和需求方可以跨越空间约束，自由进入电商网站、微信、微博、APP客户端等虚拟场所，实现艺术品商品线上交易。

第二，互联网拓展了艺术品的交易时间。过去，艺术品供给方有固定的营业时间，超过这个时间范围，即使需求方有购买需求，商家也会闭门打烊。现在，供需双方在电子商务网站可实现24小时不间断的网络交易。

第三，互联网丰富了艺术品交易品类。现在，网络空间不仅交易中高

① 祝剑禾：《电商试水艺术品业内质疑跨度大》，京华时报，http://epaper.jinghua.cn/html/2013-11/27/content_43363.htm，最后访问日期：2016年1月15日。

② 以上参见《12位知名艺术家3000万当代艺术品“12.12”淘宝开拍》，新华网浙江频道，http://www.zj.xinhuanet.com/newscenter/2013-12/06/c_118453558.htm，最后访问日期：2016年1月15日。

端的艺术作品，而且交易在实体空间里大量存在的所谓滞销艺术品、小众艺术产品。

第四，互联网加快了交易速度。消费者通过手机、电脑等智能终端接入互联网，进入网络购物平台，根据艺术品历史交易信息和消费者的评价选择产品，减少了信息不对称，加快了供需双方的交易速度。

第五，互联网减少了中间环节。现在，去中介化、去渠道化，点对点、端到端，直通直达，即内去隔热墙、外去中间商，艺术产品从研发、制造到营销、营运各个区段的时间大大缩短。[①]

（二）艺术品机构的发展趋势

在移动互联网时代，艺术机构的类型多样，功能齐全，为多元化的艺术市场发展提供了重要的基础。

1. 个人媒体交互机构

艺术家个人媒体交互机构是指利用移动互联技术和当下热门的微博、微信公共平台，搭建艺术圈内的交流互动平台，使艺术家能够更深入地实现与互联网的交互，与艺术家之间的交互。艺术家个人媒体交互机构的品牌打造主要从五个方面进行塑造[②]。

第一，精心设计艺术家个人品牌形象（VI）。借鉴企业形象识别理论，艺术家个人品牌的塑造需要精心设计 VI。第二，形成鲜明独特的艺术风格，保持时代气息。鲜明独特的风格作为艺术家独特的标志，本身就是一种差异化战略。艺术家应充分张扬个人风格并融合民族元素，利用网络信息流通的自由性，凸显自我，吸引人群。第三，树立创作精品观念，防止作品粗糙复制。艺术家努力创作高质量的作品，不为谋利而草率创作。第四，保持艺术家纯正的品格。品牌高下不但取决于艺术家的水平，很大程度上取决于品格，是品牌背后支撑的软件。因此艺术家要保持纯正的品格，若蜕变成金钱的奴隶，丧失了高尚的精神追求，最终也将损毁个人品牌形象。第五，丰富艺术人生经历。艺术家的作品展览纪录、演出纪

① 李海舰、田跃新、李文杰：《互联网思维与传统企业再造》，《中国工业经济》2014 年第 10 期。

② 郭峰：《艺术产业在互联网上的集群化发展研究——以美术类艺术网站及江苏省发展思路为例》，《艺术百家》2008 年第 3 期。

录、获奖纪录、被收藏纪录等，都会丰富艺术家的人生经历。这些丰富的艺术经历将吸引更多收藏者和消费者对艺术家的关注。

2. 艺术信息发布机构

传统媒体背景下，艺术信息发布主要是依靠电视、广播、报纸等传播工具，进入互联网时代，以微信、微博为代表的自媒体平台的大众化为艺术市场开辟了另一个虚拟传播市场，为艺术家品牌传播提供了新的操作方式。艺术家通过建立自己的官方网站，发表最新作品，并对创作过程进行实录，以吸引广大网友关注。通过开设会员专区，让会员免费下载艺术家作品作为桌面、图标、屏幕保护图案，不定时地向会员们以自己原创的作品为内容，寄送电子贺卡，利用网络多种渠道进行品牌传播。同时，网络拍卖跨越了时间和空间的限制，可以充分展示拍品资料，如刊登相关评论家完整的文章，凸显作品价值，吸引更多有兴趣的收藏家，或利用电子邮件针对大量的会员发送，边拍卖、边推广。

与政府文化部门合作争取优惠政策，取得网络相关新闻发布许可证与网络视听许可证。结合对艺术行业敏锐的洞察力，提升团队专业素质，达到艺术资讯报道的权威性，创造艺术类媒体最高的点击率。推荐热点信息，不断深入并立体化报道资讯，互联网资源的不断整合加工，形成完备的艺术历史资料库。并且通过对艺术市场全面报道，吸引更多专业的艺术群体，提高媒体的点击率。①

3. 学术性的艺术机构

由权威艺术家担任相关频道负责人，建立艺术专业频道，成立艺术顾问团队，加强审核机制，并培养该专业的自由撰稿人在国内进行全面研究与探索，营造学术氛围。在今后的工作中，将与传统的权威艺术报纸、杂志进行深入合作，吸取相关的信息。②

4. 艺术品展示交易机构

结合新媒体，借助各大互联网交易平台，针对全球市场进行展示和交

① 郭峰：《艺术产业在互联网上的集群化发展研究——以美术类艺术网站及江苏省发展思路为例》，《艺术百家》2008 年第 3 期。

② 郭峰：《艺术产业在互联网上的集群化发展研究——以美术类艺术网站及江苏省发展思路为例》，《艺术百家》2008 年第 3 期。

易，为艺术品交易提供更大平台，对艺术家及相关产业是更大的促进，形成良性发展的产业链。以人为本，契合整个互联网的发展趋势。将网站打造成为展示更新、更快、更高质量、更权威、更综合的艺术信息发布平台，使其更有历史资料的积累性和沉淀性，以更好地继承发扬博大精深的中国文化，促进艺术品产业的跨越式发展。

网络游戏、艺术广告植入：艺术发生的本源之一就是“游戏”。通过植入生动有趣的艺术广告，与网游无缝组合，让网游大行其道，发挥艺术的趣味性。

搜索引擎、微博博客、微信：优化搜索引擎，设定艺术家的姓名为关键字，以快速搜索出艺术家个人的官网。积极建立和管理个人博客，精心设置自己的空间，透过博客的留言板功能，与来访者互动，利用博客、微博、微信等平台，广交博友，积累人气。

二维码在艺术领域的应用：随着“码”时代的到来，发挥二维码效率高、成本低、受众广的优点，使手机买家通过扫描二维码即可便捷获得艺术家个人相关的履历、艺术动态、作品发布、画展展览等资讯。

5. 艺术教育机构

艺术教育平台的搭建，弥补了当前艺术教育体制下一些艺术院校出现的教学内容上的不足和缺陷。丰富了艺术教育，促进了艺术教学，使其向着更具时效性、敏锐性的方向发展，使之能够迅速地把对先锋文化的触觉转化为先进生产力。为全国的艺术家、艺术工作者提供了一种公益性的艺术事业的支持。对于艺术家的作品推广及其本身的宣传要多做工作，营造整个社会的人文艺术环境。使艺术领域更多元化，提供一种信息传媒的交流，对艺术院校的招生、就业的宣传提供帮助和支持，真正协助其推出一些具有艺术生命力的艺术人才。架起艺术院校与社会之间的桥梁，让艺术院校与艺术产业相互促进，使其形成良性循环。让艺术教育与社会实践相结合，与社会接轨，帮助培养直接能运用于社会的人才。

6. 艺术公益事业机构

通过进行一系列的公益性活动，如艺术展览、座谈活动，结合一些现代艺术圈内的现状，和其他相关企业，尽力抢救民间艺术作品，让艺术具有一定的民间性。关注传统艺术、民间艺术，让中国博大的艺术文化发扬传承，提高全民的艺术修养和艺术鉴赏能力，并推动公益事业的健康发展。

7. 艺术创意产业机构

结合以上平台的发展，促进艺术家网络交流。他们的观点交锋，就是艺术创意的源泉。在网站程序上，结合“以人为本”的宗旨，结合艺术服务的实践经验，通过名家访谈调查走访，[①] 真正提供艺术家所需要的服务，开发一套完全属于艺术家的真正的艺术平台。同时结合艺术品展示平台的现状，大胆预测其未来的发展方向，提供一个艺术品交易平台，在一定程度上促进文化艺术市场的发展，形成一个良好的文化产业链。从文化艺术产业拓展到教育、体育、服饰、珠宝、服务等行业，模式的可扩展性为其他领域的互联网生存与发展积累经验，铺平道路。[②]

8. 艺术文献机构

通过人类发展长河中的每一点聚集汇总，结合艺术文献的精华展示，塑造出一个真正的艺术文献的交流平台，把历史文化以点的方式整合成线、面，通过横向、纵向比较，以立体式的方式展示出来，做成一个庞大的网上历史资料库，使其区别于类似的历史教科书式的平面教导，做到音像结合，让历史文献更生动、鲜活。[③]

第二节　艺术品产业管理的全球化

21 世纪，艺术品市场的发展已经远远超越了民族和国家的范围，形成了全球规模的艺术品大市场。信息技术在互联网领域的广泛应用更是对全球艺术品市场的形成起到了推波助澜的作用。艺术品产业规模的扩张同时受益于艺术品市场发展的全球化，全球化的市场推动了全球化的生产，指引着生产的方向，使艺术创作的目标愈加指向满足国际艺术品消费者的

---

① 仲惠圣：《江苏艺术界特色网络平台的策略研究与实践》，《南京艺术学院学报（美术与设计版）》2010 年第 1 期。

② 王涵：《新媒体的运营模式研究》，上海大学，硕士学位论文，2007。

③ 郭峰：《艺术产业在互联网上的集群化发展研究——以美术类艺术网站及江苏省发展思路为例》，《艺术百家》2008 年第 3 期。

审美趣味。

2011 年，中国超过美国成为全球最大的艺术品市场。然而在繁荣一年之后，中国的艺术品市场开始降温，中国内地及香港的艺术品销售显著萎缩。2013 年，市场开始缓慢复苏，无论是国内市场的销售规模还是作为全球买家的重要地位，中国仍然是最重要的新兴艺术市场。市场供求的动态因素使得中国成为增长最快的国家。[①]

《TEFAF 2014 全球艺术品市场报告》宣告，中国连续两年蝉联全球艺术品交易的第二位，占全球艺术品市场份额的 24%；美国以 38% 的市场份额再次成为全球最大的艺术品市场；第三位仍由英国保持，占有 20% 的市场份额。2013 年全球艺术品成交总额为 474 亿欧元，几乎接近历史高位 2007 年的 480 亿欧元。[②] 过去 10 年，中国经济的成长速度无疑是惊人的，2000 年以来，中国平均 GDP 年增长率在 9% 以上，尽管经历了经济发展的回调，2013 年中国 GDP 的增长速度为 7.6%，几乎是世界平均水平 2.6% 的 3 倍。作为艺术品收藏的主要群体，中国财富人群的增长同样迅猛。[③] 2013 年，中国（包括香港）百万美元（净资产）富豪增长 10%，达到 120 万人，人数居世界第 7 位。而严格意义上的高净资产（可投资资产）人数在 2012 年高达 64.3 万人，增长 14%，这部分人口数量在近 10 年内翻了一番。[④] 中国超级富豪的人数仅次于美国，为世界第二位，这样的经济基础为艺术品市场发展提供了重要的基础。

在全球范围内，以中国、俄罗斯、印度、中东地区为代表的新兴艺术市场的崛起，对全球艺术品市场的原有格局形成了挑战，导致 2002 年以来全球范围内艺术品价格的强势上涨。亚洲艺术品市场的整体发展速度远远快于欧美国家，反映出亚洲艺术品市场的活力与巨大潜力，中国艺术品

① 参见克莱尔·麦克安德鲁《聚焦中国艺术品市场的 14 个数字和三大发展趋势》，和讯网，http://shoucang.hexun.com/2014-04-23/164186093.html，最后访问日期：2016 年 1 月 15 日。

② 参见《从 2014〈全球艺术品市场报告〉看中国艺术品市场》，http://www.artdesign.org.cn/?p=14621，最后访问日期：2016 年 1 月 15 日。

③ 〔英〕克莱尔·麦克·安德鲁、上海文化艺术品研究院：《TEFAF 2014 全球艺术品市场报告》，中西书局，2014。

④ 孔达达：《从〈全球艺术品市场报告〉看中国艺术品市场现状》，《新民晚报》2014 年 3 月 15 日 B4 版。

市场的发展更是一枝独秀。

一 全球化的风格

伴随着经济全球化的发展，不管我们是否愿意，全球化已经不可避免的对我们的生活产生了影响。全球化的进程，也是全世界各个民族的文化相互交融、相互影响的过程。由此延伸开来，大众的精神生活会更为丰富，用来满足人们精神需求的文化消费的内容也会相应变得丰富多彩。

在全球化时代，艺术家的身份和处境发生了质的改变，市场是全球化市场，所以，这迫使艺术家把眼光放在世界范围内，必须做到真正的“放眼世界”。特别是在创作风格上，创作的产品不仅仅是针对国内受众，也将面临全世界各国的消费者，只有让自己的艺术品风格突破年龄、性别、种族等内容的限制才能真正实现艺术品的全球化运作。

随着艺术商品化，艺术家的创作要面临市场，要迎合市场的需要来创作，由于文化背景的不同，对艺术审美的趣味和标准不同，使迎合市场的创作倍感艰难。在全球化时代，由于艺术资源的全球重组，艺术家在全球范围内寻找更好的机会，已经成为现实。一方面，全球范围内的艺术经营机构以最大的努力在世界范围内寻找优秀的艺术家；另一方面，艺术家自身也有迫切寻找更好的创作空间的强烈愿望。

文化艺术还必须与设计服务紧密结合，只有通过设计，才能实现文化资源的创意转化和创新发展。根据 2014 年 3 月 14 日《国务院关于推进文化创意和设计服务与相关产业融合发展的若干意见》提出的“文化传承，科技支撑”，以创意开发为途径，促进文化资源的价值转化，为文化艺术的生产和消费，植入更多的创意和设计内涵，使其与新兴产业和新型市场深入结合，要让文化艺术与互联网充分融合。艺术市场已经到了需要“整合”和“多元化”的时代，需要更多的从业者和专业机构以大产业的思维协同发展，需要一个能够促进艺术产业大繁荣和大发展的新兴市场，需要一个支撑艺术品资产化和金融化融合互联网的综合运营平台。创新形式，进行线上线下互动，以社交网络、移动互联网、云计算和大数据分析为技术支撑形成闭环艺术生态系统。①

艺术家应积极主动地研究公众口味，创作具有一定主题和技巧、品种多样、价格合理的作品。他们往往受雇于艺术企业或艺术商，或者与艺术经纪人有相对稳定的合作关系，他们的目标对象是具有一定欣赏水平和经济水平的某个消费群体，他们的想象力和个人风格要与作品的市场销售情况结合起来。例如，美国著名波普艺术家安迪·沃霍尔就是自觉主动走进艺术市场的一个代表。他说："我最初是一位商业艺术家，是从商业艺术起家的，我希望我最终成为一位从事经营的艺术家，在经营上的成功是艺术的最佳境界。""那些不是作为商业设计人员，就是作为奢侈品和娱乐品供应者，把他们自己置于有组织的企业控制下的艺术家，他们的作品被他们的雇主认为是好得足够导致销量或增加娱乐时间的。"虽然，这样的评价有点刻薄，但是，有一点是毫无疑问的，在今天的西方社会里，一个艺术家试图完全与市场绝缘已经是不可能了。

在全球化时代，艺术家所面临的市场是全球化的市场，正如巫鸿所说："至于艺术家，他们一方面注意观察国际艺术的动向和策展人的喜好，一方面也在不断和变化的环境互动。随着 20 世纪 80 年代初以来艺术家创作独立空间的增加，艺术作品的展览渠道逐渐多元化，美术作品流通渠道也更为畅通。中国社会商业化程度的不断提高，艺术与商业的关系也越来越密切，艺术家的商品意识也越来越明确、越来越坦然，许多艺术家开始脱离国家身份认同，而更加明确地趋向于一种依附市场生存的职业。在美术展览中，90 年代开始有更多的企业、画廊等商业性机构介入，美术拍卖活动不断增加，一些美术家的作品在国内外美术市场上被看好，并且能够因市场的不断成熟而在经济上独立。艺术家的作品除了国家收藏之外，有了更多的非国家的流通渠道，更大程度上依赖于市场。这些情况表明，在市场机制介入艺术品的创作与流通下，艺术家的创作心态随着职业意识的变化，也在发生着市场化的转变。而艺术家一旦被艺术商品化的潮流推到独立谋生的社会大市场时，他们的创作就不再是纯粹的"艺术探

① 孔达达：《从〈全球艺术品市场报告〉看中国艺术品市场现状》，《新民晚报》2014 年 3 月 15 日 B4 版。

索”行为，而是一种满足社会民众需要的迎合行为。因此，职业心态下的艺术行为，在因市场竞争而更加突出艺术家的独立性和能力价值的同时，也存在着因适应市场需要的媚俗倾向，存在着艺术家异化为以媚俗而获取利润的“工具人”的可能。[①]

二　艺术评论体系的全球化

艺术评论体系的全球化对于中国艺术家和艺术评论家来讲，可谓筚路蓝缕[②]。早在20世纪80年代中期，就有不少艺术家到国外，但是他们的思维基本停留在国内的艺术经验中，他们希望以国内形成的个人艺术样式，以不变应万变的方式在西方世界获得发展。但是，十几年过去了，不少人还是没有在西方主流艺术圈中找到自己的位置。

海外的艺术家和国内的“外展艺术家”、批评家认为，中国的艺术要想进入世界艺坛，要想与西方艺术平等对话，首先还是要“走出去”，要在借鉴吸取的基础上创造中国自己的现代艺术。世界艺术在当代的发展，已经使得艺术的国际性和民族性成为二位一体的问题。而持反对意见的批评家则认为，中国无须搞什么国际化，最具有民族性的，就是最具有世界性的。迎合西方的现代艺术只能使民族艺术丧失自我，世界上没有无差别的艺术大同。

但是，主动接近与迎合，是否一定能够获得善意的回应与理解？这就要看实力和话语权掌握在谁的手中。许多艺术家在海外的亲身体验使他们明白，在当代艺术界，艺术的评判标准是由西方人主宰的，中国艺术家进入他们的世界，遇到的首先就是如何适应他们的问题，这就以其切身的遭遇说明了“世界艺术”的中西差别，在西方世界中，中国和其他第三世界国家的艺术只是处于可怜的被发现的边缘地带。即使是进入世界性的双

---

① 汪洋：《回归本位——论中国当代都市人物肖像绘画现状与绘画语言的拓展》，上海大学，硕士学位论文，2004。邢涛：《消费时代下中国当代油画价值取向探讨》，西南大学，硕士学位论文，2011。黄宗权：《全球化时代的艺术现状与反思》，福建师范大学，硕士学位论文，2007。

② 参见贺万里《中国现代艺术：是否还有“前卫”?》，《文艺理论》2003年第5期；陈米莉、李倩、高翠莲：《当代华人艺术家的散居、迁移与流动性：海外华人艺术家的中国性认同问题》，《民族史研究》2011年第1期。

年展，也多是由西方策划人以其走马观花似的对中国艺术的粗浅了解及其展览需要来决定艺术家作品的入选。这就使中国艺术家在海外的成功，蒙上了一层边缘艺术的“媚洋”与“迎合”的阴影。对于这类参展作品，许多批评家认为它们是被西方艺术市场左右的，由西方人选拔的，符合西方人新殖民主义思想口味的所谓“中国现代艺术”。

相比较而言，开放的态势和主张，更符合中国艺术发展的长远利益，更契合中国当代艺术的总体进程。当代世界由于经济、科技的发展，在信息、文化、政治等方面都已经无法分离，已经成为一个整体，所谓世界的一体化，不仅是经济的一体化，而且是文化、艺术等方面的一体化。当然，“一体化”不是指各门艺术的一律化、单一化，不是要消解民族差异；地域差异的一体化，也不是指其边缘艺术服从于西方中心艺术这样一个中心整体格局的一体化，一体化是基于科技和信息发展带来的“地球村”的形成而形成的，它所指的就是在当前这个世界，已经不可能存在完全孤立而独自演进的文化了，各地域文化艺术的发展是在相互影响、相互依赖中进行的。

每个民族的艺术发展都要依赖其他民族的文化艺术的整体发展演进才能获得自己的进步。每一个民族的重大问题，往往也是世界性意义上的共同话题。但是，如果艺术家完全丧失了民族特色而追随西方，对方也不感兴趣。所以，中国艺术家就处于两难境地。许多艺术家、批评家把问题的解决归结为创立一种具有个人话语性的当下艺术。艺术性语言的个性话语再创造，必须与艺术家对当下个人经验、当下社会境遇的关切与表达联系，必须与本土资源联系，这才是中国艺术与世界艺术对话、对接的根本点。就此而言，海外艺术家以融于西方社会触及西方工业文明时代问题的策略介入西方艺术界，与中国国内本土艺术，以中国当下的社会资源、当下个人日常体验作为切入点来从事艺术，以达到中国艺术的国际对话与国际身份的获得，这不仅是理论问题，而且是现实的问题。所以，许多人认为应该换一个角度来思考出路，因为从当代世界的一体化现实来看，从中国现代艺术样式在20世纪90年代的发展来看，艺术的国际性和民族性的关系，已经不是过去所理解的二元对立的中西融合或者中西相分或中体西用、西体中用的二分思维状态了，民族性与世界性已经有了达到统一的基点。这个基点就是当代性，关注当下现实，力求介入社会并具有现实精神的艺术成为艺术获得国际性认可的一个策略。

每一次国外的威尼斯双年展、卡塞尔文献展等国外大展举办之际，那些参加展会的华人艺术家们，都成为国内众多媒体竞相宣传的对象，成为前卫批评家们竞相评说的中心，在这些媒体主持下，中国前卫艺术的方向，由这些参展的海外军团决定了；中国前卫艺术的水平，也由这些参展的华人艺术家代表了。由于这种宣传，以及其中透露出的西方策展人的选择口味，致使国内众多艺术家们开始仔细揣摩，认真模仿，一批相似的现代艺术品随之产生了，并在国内举办的各种现代艺术展上露面。[①] 而这种艺术的后现代特色的策略之举，给艺术创作带来了深刻的影响，一个争论是，西方策展人选择的中国参展作品是否代表了中国艺术的最高水准。

“为什么在欧洲，只有先锋派的中国艺术得以发展，并且被推动和卖出？……当代水墨画却无人问津，该如何解释这一现象呢？在欧洲展出的一些中国画家的作品常常使人们无法辨识它们是否来自中国。是谁挑选了它们？选择的标准又是什么？是谁举办了这些展览……这种挑选方式是否有利于中国艺术的发展？它是否真正反映出了中国艺术的现状？……这种艺术挑选很可能提供一幅非真实的当代中国艺术的图像。”[②] 受到海外画廊关注的艺术家有一大批，这预示着中国当代艺术将整体被西方的艺术代理商接受。

三　全球化的资本众筹

公元前 2000 年，从美索不达米亚人在瓷片上用楔形文字记录远期合约开始，金融创新便推动着金融业的不断发展。19 世纪，法国将作为礼物的自由女神像拆分后，再运往美国重新组装。美国希望将她安放在一个价值 25 万美元的巨型花岗岩基座上，然而却在筹款时遇到障碍。出版商 Joseph Pulitzer 在自己的报纸（*The New York World*）上发起了一个筹款活动，最终意外地从 16 万名募捐者手中，为女神筹到了所需的 10 万美元。

① 贺万里：《中国现代艺术：是否还有“前卫”?》，《文艺理论》2003 年第 5 期。

② 贺万里：《中国现代艺术：是否还有“前卫”?》，《文艺理论》2003 年第 5 期。

时至今日，互联网以“开放、平等、协作、分享”的精神积极参与金融业态，对人类的金融模式产生了根本影响，众筹便是互联网金融发展的表象之一。众筹以“低门槛、多样性、集资分散化、尊重创意性”等特征成为创业者筹集创业资金的理想选择，这为小企业面临的融资难、融资贵等问题提供了解决路径。

按照英国金融行为监管当局的定义，众筹（Crowd Funding）是指个人、组织或企业（包括初创企业）通过互联网门户（众筹平台）募集资金，用于融资、再融资支持他们的活动或者企业。在国内，人们将借贷型众筹独立出来，称为网贷（P2P），而将奖励、预售、公益、股权、劳务众包等其他形式通过互联网工具募集资金、人力、物力、资源等统称为众筹。①

众筹基本可以分为三类，一是产品式众筹，二是债权式众筹，三是股权式众筹。债权式众筹，也就是 P2P（不过国内的与国外的有所区别），在国内已经发展成为重要的金融创新方式。产品式众筹也叫回报式众筹、预售式众筹，有创意的人在生产实物产品或文化产品之前，在众筹网站上介绍自己的项目有怎样的价值、希望集资的金额是多少，愿意出资的人看到这些项目后，如果觉得有价值就可以出资。在产品出来之后出资人会免费获得或以低折扣购买该产品，或者获得与开发的产品相关的产品。在回报式众筹中，出资人只能获得除了现金和股权之外的回报。产品式众筹在法律意义上类似于团购，是一种产品销售，因此这种众筹没有什么太大的法律风险，投资者出资额有限，不会遭受巨大的损失。股权式众筹，创业者在平台上展示其项目的整体情况、未来发展以及管理团队，有兴趣的投资人可以给这个公司或者项目投资，成为股东。既然成为股东，就需要共享收益，也要共担风险，因此出资具有一定的风险性。

金融与互联网是天然契合的，它们都有对“自由”的要求，且其资源流动无需物流成本。互联网的结构，是分布式的，其任何一点遭到攻击，都不会让整个网络陷入瘫痪。金融的结构也是如此，某点出现了问题，资本会绕开走。艺术品领域的金融也是如此。② 所谓艺术品金融，通

① 纪崴：《中国式众筹的喜与忧 众筹融资》，《中国金融》2014 年第 18 期。

② 以上参见姜洪智发表的《全球化下的互联网金融革命》，http://www.199it.com/archives/262489.html，最后访问日期：2016 年 1 月 15 日。

俗说是指将艺术品变成一种投资品，实现金融资本与艺术品收藏、艺术品投资的融合，使得艺术资源变为金融资产。具体方法包括艺术银行、艺术基金与信托投资、艺术品按揭与抵押、艺术品产权交易、艺术品组合产权投资等。艺术品金融化在西方金融界有悠久的历史，包括荷兰银行、花旗银行、瑞士信贷等金融机构都有一套完整的艺术银行服务体系。艺术银行服务项目包括鉴定、估价、收藏、保存、艺术信托、艺术基金等专业的金融手段。藏家将艺术品交由银行保管并以之为抵押从银行获取资金，作为其他类型投资的杠杆。在西方发达国家，艺术品资产化早已是司空见惯的现象，艺术品投资与股票、房地产投资并称为企业和家庭的三大投资。

在中国，艺术品基金在过去的 5 年中快速增长，2011 年市场达到顶峰时，预计有 70 多家艺术品基金，总共管理约 15 亿欧元的资产，但是在 2012 年，资产估价减少了 70%。艺术品基金的主要模式是信托基金，而很多信托基金在 2012 年市场下滑时遇到了很大的挑战。融资基金和投资基金是两种主要的模式，2013 年，80% 的信托基金是融资基金，操作方式很像资产抵押债券。由于中国对于放贷机构有非常严苛的规定，银行不太愿意以艺术品为抵押的借贷出现在自己的资产负债表上，这样一来，使得艺术品基金完全成了艺术品贷款。2013 年，有 29 家艺术品基金的面值接近 5 亿欧元，接近或达到了到期时间，但是只有大概 10 家左右正式发行。虽然有关这些艺术品基金的完整信息没有向公众开放，但是有估计称，剩下的艺术品基金估价不到 1.5 亿欧元。①

除了艺术品信托，中国还有私募及有限合伙模式的艺术品基金，为了避税，这样的基金不签订合同而是单纯依赖于个人之间的信任，与西方艺术品基金寻求交易记录不同，中国的艺术品基金更为不透明，使得要估算其管理的资产价值变得更难。艺术品融资也开始流行起来，2013 年，民生银行成为首家接收另类资产为抵押物的银行（包括红酒、艺术品、私人飞机和汽车），而且民生银行开始向超高净资产个人提供艺术品出借服务，一些商业银行也开始接收艺术品出借，向更大的客户群体提供艺术品

---

① 参见克莱尔·麦克安德鲁《聚焦中国艺术品市场的 14 个数字和三大发展趋势》，和讯网，http://shoucang.hexun.com/2014-04-23/164186093.html，最后访问日期：2016 年 1 月 15 日。

贷款。虽然艺术品租赁引起了很多人的兴趣，但是鉴定和估价却成了大问题。当前，艺术品估价没有一个标准的程序，许多艺术机构也没有得到金融机构的认可，艺术品的鉴定问题会增加在资金借出过程中的风险。大部分有鉴定资格的专业人士为国有博物馆的工作人员，不能为个人提供鉴定服务，而一些自雇形式的专业人士却被认为缺乏鉴定经验和培训而不能胜任。中国古董估价领域是非常主观的，因为很多古董没有任何交易纪录。①

以上问题对于国际资本介入中国艺术品产业都产生了种种障碍，但在利润、意识形态和好奇等种种因素的推动下，国际资本已逐渐适应了中国的国情，全球化的资本众筹成为未来中国艺术品产业的必然趋势。

第三节　艺术品产业管理的平台化

某种产品或服务，当其使用者越来越多时，每一位买家所得到的消费价值都会呈跳跃式增加，通过使用者之间关系网络的建立，达到价值激增的目的。我们把这种商业模式，称为平台战略。平台战略是指连接两个以上的特定群体，为他们提供互动交流机制，满足所有群体的需求，并从中赢利的商业模式。②

艺术品行业涉及群体颇多，包括艺术家、画廊、博览会等一级市场群体，以拍卖会为代表的二级市场群体，艺术品保险、艺术金融、艺术衍生品、艺术品存储、物流等一系列艺术相关产业群体，以及各种不同艺术品收藏类别的藏家群体，这是一个相当庞大的艺术品交易平台产业链。一个成功的平台并非仅仅靠提供简单的渠道或者中介服务，平台商业模式的精髓在于打造一个完善的、成长潜力巨大的“生态圈”。在艺术生态圈里，艺术家有了出售艺术品的需求，藏家有了消费艺术品的需求，画廊、拍卖

---

① 参见克莱尔·麦克安德鲁《聚焦中国艺术品市场的 14 个数字和三大发展趋势》，和讯网，http：//shoucang. hexun. com/2014 - 04 - 23/164186093. html，最后访问日期：2016 年 1 月 15 日。

② 白灵、彭靖、唐婷：《平台战略：教你将小企业打造成巨无霸》，《商界》2013 年第 6 期。

会、博览会等艺术市场主体销售艺术品的需求也会随之增长。如此一来，一个良性的循环机制便建立了，通过此平台交流的各方群体也会促进对方无限增长。在这个平台中，随着多方群体规模的扩大，生态圈逐渐完善，乃至对抗一些潜在的平台竞争者，这些都将通过平台战略获得无限增长，甚至有可能拆解原有的艺术品交易市场现状，重塑艺术品在线交易的规则。平台模式的战略本质是，企业自己并不做全部内容，只是作为一个载体，进而成为综合服务平台，通过一种服务去维系一个顾客群体，变成这个顾客群体的综合服务提供商。许多企业的战略转型，恰恰就是通过这种方式走向成功的。

一 网络时代艺术产业平台化商业模式

平台的概念是在汽车产业实行大批量、流水线作业时出现，它作为一个工程概念最早出现于福特著的《现代人》（*Modern Man*）一书。20 世纪 30 年代，平台方法成功应用于航空飞机的子系统创新，八九十年代，柯达公司和索尼公司分别成功应用平台方法研制一次性相机和开发 Walkman。平台是共享资源的集合，这些资源包括产业链上的所有关键要素。艺术品运营企业实施平台方法需要以自身的核心创造力和竞争力为依托，通过整合不同的艺术资源建立资源共享平台获取外界力量，这样才能激励企业不断进步，持续不断地更新平台，形成持续竞争优势。

（一）艺术品企业的核心能力

企业核心能力包括几个方面：企业生产经营过程中的知识积累、企业对新知识接受度和企业的创新能力，其中融合了经济学和管理学理论。企业核心能力是企业持续竞争力的源泉和基础，它具有独特性和延展性，使企业能够为客户提供区别于竞争对手的更优秀的产品和服务。[①] 核心能力之所以难以模仿，是因为它既不是一种外化的具体的产品或服务，也不是企业内部可以简单模仿的功能业务，它是企业内在生命力的根本，将企业之间的竞争变为企业核心能力的对抗。

艺术品企业核心能力涉及各层次人员的调度和所有职能发挥，基于整

① 黄群慧：《企业核心能力理论与管理学学科的发展》，《经济管理》2002 年第 20 期。

合的企业核心能力是对企业拥有的资源、技能、知识的整合创新能力，是一种积累性学识以及它对这种学识的管理，是艺术品运营企业在经营过程中整合各种相关要素的能力和艺术品企业的创新能力。艺术品企业在经营过程中总是存在着各种丰富的资源，关键在于能否抓住机遇，整合这些资源，对其加以合理吸收、有效利用，并充分发挥资源的作用，这对平台化企业间的竞争往往是十分关键的因素。

（二）整合就是生产力

从一定意义上说，做平台就是做各种资源的整合。整合艺术品产业资源是对艺术品产业链上资源加以配置并形成能力的过程。整合资源是对资源的合理配置以及对资源再创新的过程，通过这个资源创新过程，整合者获取区别于竞争对手的持续竞争优势。因为艺术品企业的整合资源过程差异性较大，有的在艺术创作方面，有的在艺术授权方面，这就形成了各种平台的不可模仿性。平台的市场地位，不仅取决于其所拥有资源的数量和质量，更取决于其对资源的管理和整合的效率。一个艺术平台想要占据市场主导地位，它必须拥有强大的资源，否则在互联网社会很难出现以少博多、以弱胜强的现象，而资源整合效率才是真正使平台化企业获得竞争优势、保持市场主导地位的关键，它是企业以弱胜强的关键所在，也是企业家管理能力的集中体现。所以，在当今社会激烈的市场竞争中，有效整合资源，是企业获得竞争优势，达到盈利目的的必由之路。艺术品企业的核心能力越强，企业绩效也越优秀，两者联系的纽带就是艺术品企业的平台化和共享的资源。平台化艺术品企业能够有效整合资源，其商业模式是“提供集成服务”，即通过整合行业资源，为专业化公司提供集成化服务，形成一个围绕艺术品的全能服务平台，协同运作，从而“赢在平台”。

二　艺术品产业实现平台化发展的路径

纵观国内外，诸多面临互联网冲击的企业都纷纷投向互联网的怀抱，特别是苏宁、国美等大型企业也纷纷“触网”。这些案例说明，艺术品产业也应该面对互联网的挑战，勇于自我重构与革新，探索新的销售模式，以满足消费者不断变化的需求，适应行业变革的趋势，为中国艺术品行业的发展起到带动作用。传统艺术品运营企业的转型必须包括以下三个部分，即制定明确的战略定位、整合现有资源和经营模式的转型。①

（一）制定明确的战略定位

传统艺术品企业在转型之初必须明确其战略定位，以界定业务范围，集中打造企业核心竞争优势。面对当下复杂多变的市场环境，传统艺术品企业的定位包括两种可能：一是实体销售组织，向规模化发展，侧重于实体零售优势产品品类的销售，以体验为核心；二是综合销售组织，多渠道发展。如何选择定位对企业的转型来说意义重大，它将决定企业在转型中资源扬弃的标准和获取新的资源的方向，是艺术品企业转型的起点。从长远看，多渠道销售更符合市场发展的趋势，主要原因归纳如下：首先，多渠道销售更贴近消费者需求，带来更大的消费者价值。其次，尽管有一定的前期投入，但和实体店铺租赁相比，长期来看网络平台销售有助于节省成本。最后，多渠道发展有助形成网络和实体的整合，形成新的竞争优势。例如，苏宁在转型中制定了明确的定位——“店商 + 电商 + 零售服务商”，是其随后一系列资源整合和转型举措的指导方向。传统艺术品企业可以结合企业自身情况进行选择，但是明确定位在目前不确定的市场转型阶段是首先且必要的任务。对企业进行战略定位，需要做好以下两项准备工作：一是对企业所处的环境变化进行分析，弄清新的市场环境下对企业的新要求，包括消费者、技术、竞争的变化。二是对企业既有资源进行分析，厘清需要保持的核心优势和不足之处，包括门店、仓储等有形资源，也包括品牌、服务经验、供应商关系等无形资源。

（二）整合现有资源

传统艺术品企业转型的另一个重要任务是通过分析企业环境和定位，明确新形势对企业的资源要求，进而对现有资源进行整合并补充新的资源。传统画廊、拍卖行的最主要资源包括展示空间、物流设施、服务经验及艺术家和藏家，这些资源即使在新的环境下仍然是线下交易的重要组成部分，只是其功能需要根据新的要求进行调整。比如物流，不管是传统渠

① 参见顾伟《互联网时代传统零售企业的转型探析》，上海外国语大学，硕士学位论文，2014。

道还是网络，都离不开艺术品的流动。物流的效率和质量影响消费的便利性和体验。新的市场环境对物流效率有了更高的要求，艺术品企业需要考虑如何通过自动化分类包装设备、软件系统的协助、仓储建设的布局、终端配送员的培训来整体提升物流效率和质量。再如，实体店一直是传统艺术品企业运营的核心，是接触客户进行销售的最重要的终端。况且从消费者需求的角度，消费者对实体体验、情感连接的需求并未消失，在这点上实体门店占有优势。因此，互联网时代的画廊、拍卖行等需要转变成洞察需求的重要触角和满足需求的中间站，而不是一个仅实现售卖功能的场所。综上，在新的市场环境下，传统艺术品企业的现有资源可以转化为竞争优势，但是需要根据新的要求进行功能升级和调整。

互联网环境下，传统艺术品企业最需要补充的是基于网络的信息化管理。网络的渗透已经不仅仅是提供新的管理工具，它改变了消费者习惯和欣赏艺术品的主要环节。传统艺术品企业不能停留在建立公司网站的“触网”阶段，而是必须将网络信息化融入整个价值链中。

（三）经营模式的转型

经营模式的转型取决于传统艺术品企业对自身未来的战略定位。互联网化不只存在于渠道而是贯穿于整个企业价值链的转型，在整个价值链中，应采用虚实结合、各有侧重的策略。对于传统企业而言，互联网化最大的障碍是企业本身认识不正确或不够重视，比如对网络销售没有明确定位，缺乏有效管理和运作架构，无法将电子商务融入现有的业务流程中。针对这个问题，传统艺术品企业要将互联网化发展融入整个企业的发展规划中，绝对不能停留在营销、渠道部门层面。

无论是传统艺术品商家还是目前如日中天的电商，都无法脱离艺术品销售的本质，未来随着传统艺术品产业的触电，电商线下触点的拓展，电商和传统艺术品商家的演变渗透将达到一个平衡点，即以买家消费体验为中心的线上线下整合的新型销售模式。传统艺术品企业必须对此有及早的认识，积极推进经营模式的转型。在经营模式的转型上，大的艺术品企业需考虑发展网络渠道建立多渠道融合，整合供应链控制上下游资源，以及艺术品企业多功能化；小型艺术品企业需考虑物流配送和便利化功能。

（四）技术的转型

1. 关注大数据进行科技运用

和 B2B 行业不同，艺术品企业面对的是一个专业的消费群体。而对于网络艺术品销售企业而言，其中两个成功的关键是对艺术品消费者需求的洞察和满足，以及对艺术品供应链的优化。因此，大数据就变得尤为重要。传统艺术品零售企业对大数据的运用包括：一是对消费者进行细分，对每个群体提供不同的服务；二是运用大数据进行实境模拟，预先发掘消费者的新需求；三是将模拟发现与艺术品生产商和运营商各相关部门分享，提高管理链和产业链的效率；四是通过数据挖掘和分析，进行产品和服务以及商业模式的创新。

2. 多触点的沟通

艺术品销售和消费者的沟通将是多触点的。很多企业已经在不断加快开发智能手机终端、企业 TV 系统、电脑客户端等多种媒介平台，大力发展平台门户。现代企业中多触点包括门店、手机、网络、目录、电话中心、信件、送货员等。传统艺术品企业虽然在面对面的沟通和服务中具有经验和优势，但是需要在互联网化的沟通中学习和补充，特别是营销层面需大力借助互联网的特点，具体包括利用互联网和移动技术延展沟通的时间和空间；重视互联网的社会化特点，在公关和营销层面更为快速和及时；利用数字技术云存储和云计算的特性，保证多触点下沟通和体验的延续与统一。

第四节　艺术品产业管理的无边界发展

原通用电气（GE）前任董事长兼 CEO 杰克·韦尔奇先生这样描述无边界的理念：“预想中的无边界公司应该将各个职能部门之间的障碍全部消除，工程、生产、营销以及其他部门之间能够自由流通，完全透明。”“一个无边界公司将把外部的围墙推倒，让供应商和买家成为一个单一过程的组成部分。”因此，企业组织就像生物有机体一样，存在各种隔膜使之具有外形或界定。虽然这些隔膜有足够的结构强度，但是并不妨碍食物、血液、氧气、化学物质畅通无阻地穿过。得益于这一启示，无边界组织的理念认为，信息、资源、构想及能量也应该能够快捷便利地穿越企业的“隔膜”，这样，虽然企业各部分的职能和界定仍旧存在，仍旧有权高位重的领导，有特殊职能技术的员工，有承上启下的中层管理者，但组织作为一个整体的功能却已远远超过各个组成部分的功能。[①] 它以计算机网络化为基础，强调速度、弹性、整合、创新为关键因素的一种适应环境快速变化的组织，完全不同于在传统的组织思想中占统治地位的官僚组织。卖家无边界发展，是指卖家借助互联网技术和利用互联网思维，实现从破界、跨界到无边界的突破，具体体现在管理、操作和经营三个层面。

一　艺术机构的管理职能无边界

（一）艺术机构内部垂直职能的无边界

垂直边界主要是传统的金字塔式组织结构引起的内部等级制度，组织按各自的职权划分为层层的机构，各个机构都界定了不同的职位、职责和职权。无边界组织实质是组织扁平化的过程，它突破了这种僵化的定位，权力下放到基层，让对事实的结果负责的人作出决策；职位让位于能力，绩效突出都能获得较高的报酬。在无边界组织中各个层级之间是互相渗透的，能够最大限度地发挥各自的能力。[②]

1. 艺术机构内部的权力分散化

在传统的组织中，决策由上层作出，然后由中下层程序化地执行。这种决策方式在相对稳定的环境中运行似乎良好，但在迅速变化的市场环境中，充满着各种信息交换，如各种谈判。信息交换带来了很多变数，信息的层层传递将会延迟决策的时间，使企业难以做出迅速的反应，从而丧失竞争能力。无边界的艺术组织将上层充分授权给下属，使下属有一定程度的自主权，决策由直接对事实的结果负责的那些员工做出，这既增加了员工的参与度，又缩短了从决策到执行的时间，并提高了决策的准确性。

---

① 王松涛：《无边界组织：企业组织结构变革的新模式》，《同济大学学报（社会科学版）》2008 年第 4 期。

② 王松涛：《无边界组织：企业组织结构变革的新模式》，《同济大学学报（社会科学版）》2008 年第 4 期。

2. 艺术机构内部的信息共享

高度集中的决策方式相对应的是信息仅由上层几个人所拥有，分散化的决策方式则要求各个员工拥有足够的信息作为决策的基础，所以无边界组织要求从高层到普通员工之间充分的分享信息，这样员工才会做出与组织的目标和战略一致的决定。具体可通过内部办公系统、微信群、QQ 群等来实现。

3. 培养员工的领导能力

高度集中的决策方式只要求上层具有较强的决策能力，下层员工只需有狭隘的技术能力即可，分散化的决策方式则要求各个层次的员工都具备与决策相符合的领导能力。无边界组织鼓励员工做他所能够做的工作，而不被等级制度或工作职位描述所限定，它也非常重视各层次员工包括战略管理等方面的培训与发展。

4. 建立基于绩效的薪酬体系

在传统组织中，薪酬体系主要以职位为基础，使员工努力的目标就是能更快地晋升。在无边界组织中，员工的薪酬主要是以绩效为基础，而不管员工所在组织的层次，如画廊推销人员中即使较低层次的员工只要绩效突出也能获得较高的报酬。这样员工就能专注于自己业绩的提高，而不一定非要进入组织的管理层，减少了员工追求进入组织上层的动力，从根本上打破了组织的等级。

（二）艺术机构水平职能的无边界

传统艺术机构的水平边界是组织内部各职能部门依照自身界定的职能行事，结果导致企业内部信息、资源、创意、技术等无法在部门间自由流动与充分共享，而且经常会与其他部门产生各种冲突和矛盾，最终严重影响其整体绩效和市场反应能力。水平职能的无边界化，需要打破部门之间的边界，打破过去各部门以自我业务为中心沟通不畅的领地观念，形成各部门信息共享、以客户为中心的连续流程。此外，不仅要打破部门间的边界，还要打破员工之间的边界。也就是说，要打破每个员工仅仅关心份内工作的局面，一方面形成类似细胞式生产（Cell Production）的组织管理方式，在艺术机构内部形成若干个职能小细胞，每个小细胞都是一个团队，都对最终客户需求负责，小细胞中相近职能的员工之间能够形成替代协作的团队关系；另一方面，引导员工更多关注终端客户需求，不再完全按照上级指示被动工作，而是按照市场需求完成自己的工作，努力发挥自己的创造力，积极与他人形成协作关系。[①]

由于各职能部门都依据自身职能的特点行事，往往会与其他部门发生矛盾和冲突。无边界组织则要突破各个职能部门之间的边界，真正使计划、生产和销售等各部门连为一体，形成统一的系统。正如杰克·韦尔奇所提出的，“应该将各个职能部门之间的障碍全部消除，工程、生产、营销以及其他部门之间能够自由流通，完全透明”。在这个过程中，应遵循以下几个原则[②]。

1. 一切以顾客为中心

要求各个部门总的目标就是从顾客的角度去理解他们的需求，尽量满足他们的各种需求，对于不符合这一目标的行为将受到排斥。它还要求员工都理解顾客的需求，并且加强与外部顾客的关系，以顾客的需求作为行动的准则。

2. 用一个面孔面对顾客

无论什么时候、什么地点，生产、营销、维修等各职能部门的员工都拥有相同的顾客信息，都要以相同的方式面对顾客，保证在顾客面前，企业是一个可信赖的整体。

3. 组建多功能团队

这种团队划分为若干具有相对独立性的单位，以拓展新地区、新领域、新业务为目的，最终达到优化企业的各种资源的运用，增进企业应变能力和提升企业整体竞争能力。在特定目标的基础上，最大限度地集合了多种职能部门。例如，很多设计开发公司现在通过多专业交叉的团队参与整个工作流程，而不是围绕狭窄的职能任务来开发新产品，他们要参与整个过程。

4. 分享知识与经验

为顾客提供服务时，团队中的每个成员都获得大量的信息，拥有不同

---

① 齐永智、张梦霞：《有关互联网时代的无边界零售》，《中国流通经济》2015 年第 5 期。

② 王松涛：《无边界组织：企业组织结构变革的新模式》，《同济大学学报（社会科学版）》2008 年第 4 期。

的经验和方法。同时无边界组织建立了相应的知识分享机制以分享其中的观念、信息和最好的方法。

（三）艺术机构外部职能的无边界

艺术机构仅仅打破内部的垂直与水平职能边界是远远不够的，还应通过虚拟经营打破与外部的职能边界。虚拟经营源于虚拟企业（Virtual Enterprise）的概念，最早由美国肯尼斯·普锐斯提出。虚拟经营是经由外包或战略联盟的形式，把组织外部优势资源纳入其控制和使用的范围，而不是实际拥有这些资源。艺术机构虚拟经营是指，企业以市场为导向，仅保留自身最具核心能力的部门，以合同或信用的形式整合外部优势资源建立动态联盟，完成吸引客流、采购、设计、陈列、品类管理、库存、信息管理等其他非核心能力的零售业务职能，以提高自身整体竞争力的一种资源配置经营模式，具体可采取众包、外包等形式，资金可采取众筹的形式。艺术机构虚拟经营本质上是一种借势策略，通过虚拟经营可以突破企业有形的界限，弱化组织结构与有形资源，以协作共赢方式整合企业内外部资源，从而提升企业竞争力。这样做，一方面，有利于企业对自身优势资源与核心业务的深度整合，形成核心竞争力；另一方面，可充分降低艺术机构的各种经营成本和运作风险。①

无边界组织则把外部的围墙推倒，让企业与供应商、顾客、竞争者、政府管制机构、社区等外部环境融合，成为一个创造价值的系统，真正做到为顾客服务。

1. 艺术家和卖家的供应链管理

供应链管理则是指利用管理的计划、组织、指挥、协调、控制和激励职能，对供应链中各个环节所涉及的物流、信息流、资金流、价值流以及业务流进行合理调控，形成最佳组合，迅速以最小的成本为客户提供最大的附加值。艺术家和卖家的供应链把艺术家、藏家、画廊、拍卖行、知识产权代理组织等在一条链路上的所有环节都联系起来了，各企业之间的关系变得更加紧密，信息流通更加频繁，组织边界变得更加模糊。

---

① 齐永智、张梦霞：《有关互联网时代的无边界零售》，《中国流通经济》2015 年第 5 期。

2. 战略联盟（协会）管理

它是指与其他有着对等经营实力的企业（或特定事业和职能部门），通过签订协议、契约而结成优势相长、风险共担、要素水平式双向或多向流动的松散型组织，以达到共同拥有市场、共同使用资源等战略目标。战略联盟和各种协会加强了各企业、平台、机构之间的联系，战略联盟管理模糊了组织和各联盟单位之间的界限。

3. 虚拟化经营

企业虚拟化经营时，关键是要掌握企业的核心功能，将企业有限的功能集中在附加值高的部门，在保持竞争优势的基础上注重品质、成本及周期等其他功能的平衡。虚拟化经营模糊了组织与合作伙伴之间的界限，具体可采用虚拟生产、虚拟设计、虚拟销售以及业务外包等多种形式。

二　艺术机构的操作无边界

（一）虚拟创新

传统艺术机构创新活动的所有环节都由自己完成，属于封闭式创新，现代艺术机构借助互联网的力量，创新过程的每一个环节都可以实现虚拟化，比如创新团队构建虚拟化、零售过程设计虚拟化、结果评价虚拟化等。虚拟创新可以在买家与买家的互动中产生，也可以在买家与画廊的互动中产生。

过去，受时空约束，买家很难聚合，近年来互联网技术的出现使得买家能够以较低的成本形成各种互动群体，而买家互动是创新力非常重要的驱动因素。研究表明，买家的创造力已经发展到开始与企业共创产品与价值。艺术机构可以通过构建具有激励机制的虚拟创新社区，使买家之间彼此互动，企业与买家在此互动，通过筛选、评价、再完善等环节，在互动中筛选各种零售经营的创新思路与策略。比如，通过众包的方式，将买家社群中的意见加以集中，再交给买家去评估、再设计、预订以及定价等。①

（二）虚拟销售

虚拟销售应当包括两个方面：一是销售组织与人员的虚拟化。艺术机

① 齐永智、张梦霞：《有关互联网时代的无边界零售》，《中国流通经济》2015年第5期。

构通过设计合理的销售激励制度，充分利用艺术家和买家的力量，促使买家组织买家，买家推荐买家，买家与买家在基于产品而形成的各种群与圈子中充分交流与互动，从而大幅压缩传统销售组织，实现销售组织的虚拟化与无边界扩展。二是销售过程与形式的虚拟化。传统的艺术品零售主要是店铺式销售，而随着互联网技术对买家生活方式与购买行为的改变，可以利用各种信息技术和多媒体技术在互联网空间中虚拟再现艺术品销售过程的各个阶段。这一方面可以通过个人计算机网店和微店进行展示并销售；另一方面，可以充分利用各种技术对网店的布置和商品的陈列实现虚拟的情境式陈列。当然，实体店也可以采用虚拟数字货架陈列商品，如虚拟展厅。①

80%的小众艺术品在虚拟空间里因为买家数量无限扩大而具备某类艺术产品的生产规模效应，如各种搞怪的帽子、眼镜等。企业生产长尾产品，产品极致化，买家倾向于选择符合自己个性的小众商品，海量的买家使小众产品的生产者实现了规模经济，经营效益好，经营风险小。总之，互联网解决了买家和生产者之间信息不对称的问题，使企业精准营销、定向推送、产品点对点、端对端的流动，实现了买家和生产者的双赢、全赢、多赢、共赢。

互联网经济改变了市场交易双方力量的对比，出现了新的实力格局。买家之间团体化、生产者之间组织化，实现了交易双方的地位平等，解决了市场势力不对称、不均衡和不平等问题，交易双方都实现了规模经济和范围经济，创造了市场交易的新格局：由供给创造需求、由需求引导供给、由生产主导消费到消费主导生产。

过去，要免费就不能赚钱，要赚钱就不能免费，免费与赚钱之间的关系是对立的。现在，既可免费又赚钱，通过免费赚钱，免费与赚钱之间的关系是统一的。通过和买家建立情感链接产生更多的需求来赚钱，或者通过和买家的交互生产数据，用数据来赚钱。不仅如此，网络时代的实物商品以软件化、数字化形式展现，因此，软件就是商品，数字就是产品。数字化产品生产的固定投入成本高，但是边际成本低，产品初次生产成本

① 齐永智、张梦霞：《有关互联网时代的无边界零售》，《中国流通经济》2015年第5期。

高、再次生产成本低甚至几乎为零，因为产品再次生产只需要在电脑上复制和粘贴，所需成本几乎为零。可见，商品免费是符合互联网经济的基本规律的。而且，当商品价格等于零时，买家选择心理成本消失，导致消费心态发生转变，产品消费变得非理性，企业看似放弃了部分收入，实际上带来的是更多的尝试者和参与者，免费模式开启了蓝海市场。

（三）虚拟服务

艺术机构的虚拟服务指的是，艺术机构借助互联网等手段，对各区域、人员、信息等所有资源进行网上虚拟整合，从而为买家提供更加一致、更具个性化的服务。艺术机构应打破过去垂直和横向系统的、以行政、部门、地域等分割的信息界限，通过对企业后台组织结构的虚拟化整合、功能的虚拟化整合以及服务的虚拟化整合，建立一个跨边界的虚拟资源共享立体空间服务环境，形成高质量的泛在服务模式，即艺术机构的服务能力能够从买家需求角度出发，使买家无论何时、何地、以何种自己喜欢的沟通方式都能实现与艺术机构的无缝交流互动并享受服务。当然，在提升泛在服务的同时，艺术机构也要基于后台大数据进一步提供个性化的精准服务。[①]

三　艺术机构的经营无边界

（一）产品无边界

产品的无边界是指，要打破过去产品与服务的边界以及产品销售的边界。一方面，艺术机构应当看到，任何买家对任何一个产品的购买都是为了解决其自身的问题，产品只是一个形式而已。因此，更为重要的是要透过产品购买行为去捕捉买家深层次的需求以及需求链，产品不仅仅是有形的产品，服务也不仅仅是付费的服务，艺术机构基于需求链提供相关非付费附加产品或服务，将成为增加顾客黏性的有力手段。另一方面，实体店虚拟化，虚拟网店实体化，线上线下深度融合将成为趋势。无边界艺术机构应该能够使买家在购买产品的各个阶段，如信息寻找、店铺选择、下单、支付、购买、收货等阶段，无缝穿越在艺术机构的不同渠道之中，打

---

① 齐永智、张梦霞：《有关互联网时代的无边界零售》，《中国流通经济》2015 年第 5 期。

破过去艺术机构产品销售各阶段的边界。[①]

（二）时间无边界

当买家变得越来越没有整块时间逛画廊、艺术品商店和网店，购物时间从定期购物转变为全天 24 小时购物，从偶尔购物转变为随时购物，从整块时间购物转变为碎片时间购物，购物决策时间越来越短的时候，过去的零售时间必须做出改变，谁能更多占用买家的时间，谁就能获得足够多的竞争优势。艺术机构建立碎片化思维，利用大数据收集、聚合、还原买家碎片时间内的数据，与每个买家进行个性化互动销售，将成为争夺碎片时间的重要方向。此外，移动互联网的快速发展使得信息流动变得更加智能和实时，让商家能够在合适的时间将合适的信息传递给合适的买家并与之互动。移动终端是随时的、私有的、真实的、互动的，艺术机构借助大数据进行以买家需求为核心的移动入口争夺、流量争夺、社交营销争夺，将成为未来争夺客户时间的重要手段，移动网店将成为艺术机构延伸时间货架的重要形式。

（三）空间无边界

从空间上来看，买家购物地点开始呈现出碎片化趋势。如今的买家希望能够随时在任何地点、任何渠道通过更多方式实现无缝购物，买家不再满足或忠诚于单一渠道，希望购物的空间货架能够无限延伸，希望进入全渠道。零售空间战略的核心取决于艺术机构的选址能力，对画廊而言，顾客在哪里，展场就应该开设在哪里。传统的画廊选址策略基于商圈、艺术园区，商圈和艺术园区就是流量和买家的聚集点。而互联网时代，买家开始大量地从物理商圈转变为互联网商圈、艺术圈及社交商圈，每个知名的社交网站、艺术网站都聚集了大规模的消费群体，比如一些画廊借助微博、微信等社交网络与顾客进行交流，最终实现了销量的提升。特别是要关注互联网商圈、艺术圈及社交商圈，未来艺术品零售业将变得更加娱乐化和社交化。

（四）全渠道零售

无边界经营的核心是创造价值，而全渠道零售可以实现买家价值的最

---

① 齐永智、张梦霞：《有关互联网时代的无边界零售》，《中国流通经济》2015 年第 5 期。

大化，是无边界买家与无边界艺术机构经营的契合与选择。随着互联网的快速发展，消费主权时代来临，买家拥有越来越大的权力，甚至拥有对商品的最终定制权和定价权。市场态势转变为买家给画廊等做决定，而不是画廊等给买家做决定。买家变得不再仅仅忠诚于单一渠道，而是交错出现在线下实体店、PC 网店、移动网店、社交商店等不同的渠道中，同时希望不论何时、不论何地、不论以何种方式，都能在购物过程中的寻找、选择、下单、支付、收货、使用等各个阶段，无缝穿越于不同的渠道并获得一致而连贯的购物体验。全渠道零售其实就是艺术机构要整合所有有形渠道（线下实体店、PC 网店、移动网店、社交商店等）与无形渠道（传统媒体、社交媒体等），围绕买家进行整合营销。全渠道的根源在于买家的无边界变化，其最终目的是让买家感觉不到零售渠道壁垒的存在，在全渠道零售购买过程中获得最大的消费体验价值。全渠道零售的核心并不是要追求单一渠道的最优或最强，而是要实现艺术机构多条渠道的高度协同与融合，打破企业渠道边界。全渠道零售将成为艺术机构连接基于地理位置的本地买家的有效途径，同时也能让艺术机构高效整合后台供应链，基于不同渠道还原每个买家的全渠道数字肖像图，并与买家深度互动，实现精准营销。

无边界管理思维和方式成为未来艺术机构创新驱动与转型发展的必然选择，无边界管理的目的是实现基于核心能力对各种有形资源与无形资源的重新组合，最终创造新的价值，在移动互联网快速发展的今天，传统边界清晰的管理思维逐渐显现出较大的局限性。传统买家个体消费时间、空间、需求、信息沟通等被重新定义；买家之间出现再部落化和社区化，消费主权时代来临；买家与艺术机构的关系更加融洽，数字客户关系管理逐渐取代传统客户关系管理，生产买家开始出现。[①]

第五节 政府作用的宏观化和法制化

20 世纪 30 年代的西方经济大萧条、罗斯福新政的成功及凯恩斯主义

---

① 齐永智、张梦霞：《有关互联网时代的无边界零售》，《中国流通经济》2015 年第 5 期。

的应运而生触发了市场缺陷理论（也称为“市场失灵理论”或“市场不足理论”）的产生。市场缺陷理论是对古典经济学家亚当·斯密经济自由主义的扬弃，在市场缺陷理论看来，斯密“看不见的手”及“经济人”的假设并不能解释一切经济问题，而是存在着不可救药的缺陷。“看不见的手”不能有效地提供具有非竞争性和非排他性的物品，如国防、立法、基础设施、环境保护和基础科学研究；也不能满足使自己有效运转的各项条件，如建立并维护保护所有权制度；也不能提供许多我们极为珍视的东西，如消除贫困、社会保障和心灵的宁静。因此，“垄断、污染、欺诈、错误、管理不当和市场中其他的不幸副产品，在传统上都被看作市场自我管制机制的失灵，所以人们认为有必要对市场进行公共管制（Public Regulation）。”①

一 政府宏观对艺术品产业的调控

艺术品的创作和消费是实现公民文化权益的重要组成部分。不仅一件艺术品的原件与知识产权分属不同的主体所有、占有和使用，而且除此之外，还有更多的主体在分享着同一件艺术品。这些其他主体主要是与此作品相关的欣赏者、批评家以及美术史家，他们更多的是在观念上分享此作品。正如著名艺术经济学家索罗斯比所讲：“我们必须记住，许多文化商品与服务实际上是混合产品（mixed goods），同时具有私有财与公共财的特性。例如，一幅凡高的画，它能被当成艺术品买卖，其私有财价值只属于拥有它的人；同时，这幅画也是艺术史中的一员，它带来广大的公共财利益给历史学家、艺术爱好者及一般大众。”②

从另一个角度看，一方面，艺术品具有文化性，是艺术作品，而进入交易环节后，就是商品，具有市场性；又因艺术品具有意识形态的特征，因此政府会通过各种途径加以引导，具有政府干预性。另一方面，在交易成本为正的情况下，民商法在调整市场经济关系时对过大的交易成本无能

---

① 〔美〕理查德·A. 波斯纳：《法律的经济分析》，蒋兆康译，中国大百科全书出版社，1997，第483页。

② 〔澳〕大卫·索罗斯比：《文化经济学》，张维伦等译，典藏艺术家庭股份有限公司，2003，第30页。

为力而迫切需要市场外部的力量——政府通过法律手段来调整市场经济关系以实现降低交易成本，提高资源利用效率，从而“复制”自由、自主的市场交易。政府为了降低市场交易成本而对市场经济的干预，因政府固有的缺点使政府干预经济时也会产生交易成本，该交易成本也会增加自由、自主交易的障碍，使政府干预失灵。因此，有必要通过设立政府干预市场的规则来规范政府干预行为。

为了实现公民的文化权益，促进艺术创作的繁荣以及艺术品市场的健康持续发展，市场需要政府介入。从我国社会的发展来看，政府对经济各方面的介入正由计划色彩浓厚的行政指令式的微观介入转向市场调节为主的法治式的宏观调控。转型无疑可以促进美术创作主体和交易的规范健康发展，但也在转型期间出现了一个宏观调控不到位，而行政力量已退出的“真空”。

二 艺术法的规制作用

为“艺术立法”[①] 的提法，很容易被人错误地理解为为“艺术创作活动”本身立法，即把“作品的构思、内容、体裁和手法纳入到法的规范中”；而在艺术法的研究中，“艺术立法”是指为“促进文学艺术创作成果产生、流转和运用等行为”立法，即把“影响作品产生、流转和利用纳入到法的规范中”。艺术立法是围绕创作成果（即作品）而非干预创作过程。中外各国在法律体系中尚没有独立的文艺法或艺术法，但各国都有相当数量的相关法律条文以及法规、判例来规范“影响作品产生、流转和利用的活动”，为方便起见，这些法律、法规和判例被研究者称为“艺术法”。艺术品作者财产权保护的法律制度应该属于艺术法的一部分，艺术法的概念是艺术品作者财产权保护立法的概念前提。

一项法律制度要达到维护法律秩序的目的，需通过：（1）承认特定

① 国外较早的研究性著作是1971年美国出版的《视觉美术家与法律》（*The visual Artist and the Law*）一书，由一个名为“纽约职业律师志愿者艺术联合委员会”的组织主编。当下，在美国此类著作中最有影响力的是 *Law*, *Ethics*, *and the Visual Arts*,（2007年修订版），*Art Law*: *The Guide for Collectors*, *Investors*, *Dealers*, *and Artists*（2005年修订版），*Art Law*: *Rights and Liabilities of Creators and Collectors* 等。

的利益，该利益可能是个人的、公共的或社会的；（2）确定一个范围，那些利益应当在这个范围内通过法律规范予以承认和实现，该法律规范由司法（现在还有行政）过程按照公认的程序运作和实施；（3）尽力保护在确定范围内得到认可的利益。艺术界同样存在个人之间、群体之间、社群之间的利益矛盾和冲突，以及个人在努力实现各种请求、要求和欲望时与群体、社会之间的竞争。艺术法要做的是，首先，对利益进行分类并认可其中一定数量的利益；其次，设置一个界限，在这个界限内它尽力保护上述利益（须考虑通过司法或行政程序来有效保护这些利益的可能性）；最后，法律系统制定措施，用以保护被认可并被界定的利益。

艺术法存在的价值就在于艺术界利益合理分配的需要，艺术法是对艺术界参与者利益的明晰与分割，是减少冲突，增进共赢的需要。艺术立法并不是想出来的，而应该是在艺术品产业管理的实践中得来的。笔者认为，艺术品产业管理可以分为四个层次来阐述：一，政党对艺术的管理，主要是意识形态的指引；二，政府对艺术的管理，是立法和政策的管理和制订；三，非政府组织（NGO）对艺术的管理，如行业协会等；四，企业、单位对艺术的管理，微观和具体事务的管理。艺术法律制度应该是上述四个方面管理的法律制度，也就是这四个方面实践经验的标准化和这四个方面预设标准的权威化。从管理的角度来讲，标准的设立和执行是提高生产效率的有效手段。如果把艺术看作一个生产过程，艺术法就是国家设立权威化的艺术生产作业的标准，是党、政府、NGO、企业管理行为的规范化。但这个标准并不是产品质量的标准，无关艺术作品的评价，不干涉艺术家创作的态度，也就说并不是限制艺术家创作的标准和框架。

中国与艺术有关的立法主要分布在民商法、经济法、刑法三个领域。民商法系统中主要有《民法通则》《物权法》《合同法》《担保法》《著作权法》《商标法》《公司法》。经济法体系中主要有《拍卖法》《反不正当竞争法》《消费者权益保护法》《税收征收管理法》《个人所得法》《企业所得法》《公益事业捐赠法》《劳动法》《文物保护法》。刑法主要是《刑法》第二百一十七条和第二百一十八条及妨害文物管理罪的规定。

众所周知，在国际市场上，艺术品经纪人制度是比较规范和成熟的，而我国尚未建立完善的艺术品经纪人制度，私人交易的问题依然比较突出，私人交易严重制约了艺术品经纪人的发展。而且由于缺乏经纪人制度，我国的艺术品市场难以与国际市场接轨，我国艺术品很难通过正规渠道进入国际市场，导致艺术品走私现象严重。私人交易的问题不仅使国家损失了税收，更重要的是破坏了市场秩序，影响了我国艺术品市场在国际上的信誉。

第六节　艺术品产业金融化风险监管

虽然媒体和大众经常将“互联网金融”挂在嘴边，但许多人对于这个名词的认知却非常模糊。不管什么公司或个人，似乎只要花钱弄一个网站，把一些金融业务从线下挪到线上，就可以打出“互联网金融”的旗号。另外，“互联网金融”虽被冠以“创新”的美名，但严格来说并没有任何法律、法规对此术语予以明确界定。于是，概念的模糊不免让很多人感到迷茫，进而对其实施的监管态度和方式感到困惑。互联网金融的风险属性本质上具有两面性：一方面，互联网金融通过引入大数据、云计算等先进技术，有助于强化数据分析，部分克服信息不对称问题，提高金融风险管理效率。另一方面，作为一种金融创新，互联网金融具有互联网、金融以及二者合成之后的三重风险，特别是其碎片化、跨界性和传染性，可能导致新的金融风险。[①] 金融交易的背后不仅关系到当事方的利益，还牵涉一系列国家政策目标的实现（比如货币供给稳定、产业结构调整以及打击洗钱犯罪）。换言之，金融交易可能带来“负外部性”，而这正是监管者严加防范和控制的地方。

从目前互联网金融的典型业务模式来看，互联网金融有其特定的风险：一方面，互联网金融有其基于技术层面的相关风险。一是信息泄露、身份识别、信息掌控与处理等互联网金融特有的风险。二是第三方资金存管及其可能的资金安全问题。三是潜在的重大技术系统失败及其可能引发的金融基础设施风险。四是潜在的操作风险，基于人为和程序技术的操作

① 王汉君：《互联网金融的风险挑战》，《中国金融》2013 年第 24 期。

风险更为凸显。五是人数巨大的消费者的利益侵犯与权益保护问题。[①] 另一方面，互联网金融仍然没有脱离金融的本质，也存在着发生严重金融风险的可能性。一是信息不对称风险。互联网金融的虚拟性使得身份确定、资金流向、信用评价等方面存在巨大的信息不对称，甚至所谓的大数据分析可能导致严重的信息噪音。[②] 二是信用风险。由于国内互联网信用业务目前整体没有受到全面有效监管，亦没有健全的消费者保护机制，互联网信用业务引致的信用风险程度更高。三是流动性风险。由于互联网金融的技术性、联动性、跨界性和资金高速运转可能引发资金链断裂，导致流动性风险。比如，互联网货币基金将九成资金配置于协议存款，而部分银行又将协议存款获得的资金用于风险性更高的信托收益权买入返售，而信托项目可能将资金配置于地方融资平台或房地产部门，一旦其中一个环节出现问题，流动性风险就将成为显性风险，甚至引发系统性风险。[③] 四是法律与政策风险。由于互联网金融的创新步伐较快，同时部分业务是在现有政策、法律和监管体系之外，政策调整和法律完善将是一个必然过程，互联网金融将面临日益严重的法律与政策风险问题。[④]

一　艺术品 SPV 设立和风险隔离问题

资产证券化的概念有广义和狭义之分，广义的资产证券化是指包括实体资产证券化、现金资产证券化、证券资产证券化和信贷资产证券化在内的所有资产采用证券这种价值形态的技术和过程，狭义的资产证券化就是指信贷资产证券化。[⑤]

资产证券化运行机制中最核心的设计是其风险隔离机制，而风险隔离机制最典型的设计是设立一个特殊目的机构 SPV（Special Purpose Vehicle）。SPV 是一个专门为实现资产证券化而设立的信用级别较高的机构，它在资产证券化中扮演着重要角色。它的基本操作流程就是从资产原

① 商建刚等：《互联网金融创新法律风险与防范研讨会综述》，《上海律师》2013 年第 9 期。

② 许荣等：《互联网金融的潜在风险研究》，《金融监管研究》2014 年第 3 期。

③ 龚明华：《互联网金融：特点、影响与风险防范》，《新金融》2014 年第 2 期。

④ 冯娟娟：《我国互联网金融监管问题研究》，《时代金融》2013 年第 10 期。

⑤ 何小锋等：《资产证券化：中国的模式》，北京大学出版社，2002，第 3 页。

始权益人（即发起人）处购买证券化资产，以自身名义发行资产支持证券进行融资，再将所募集到的资金用于偿还购买发起人基础资产的价款。对于它的作用，现在比较一致的看法是，SPV 不仅通过一系列专业手段降低了资产证券化的成本，解决了融资难的问题，关键是通过风险隔离降低了证券交易中的风险。SPV 必须保证独立和破产隔离。SPV 设立时，通常由慈善机构或无关联的机构拥有，这样 SPV 会按照既定的法律条文来操作，不至于产生利益冲突而偏袒一方。SPV 的资产和负债基本完全相等，其剩余价值基本可以不计。SPV 可以是一个法人实体，也可以是一个空壳公司，SPV 同时也可以是拥有国家信用的中介。

为保证投资者的利益不受损害，在中间还需要一层风险隔离屏障，这就是投资银行的参与。投资银行负责承销其金融化后的资产证券，从发行证券的过程中获取收益。此外，投资银行也起到了为投资者与实际资产风险隔离的作用。在资产金融化过程中，投资银行会参与对资产的评级和确认资产的担保，然后再将证券发售给普通投资者，实际意义上投资银行需要承担的是整个金融化过程的风险，确保证券购买者的资金安全和可靠收益。

在目前国内艺术品金融化过程中，文交所既扮演了发起人的角色，又扮演了投资银行作为承销商的角色。但在整个艺术品金融化的过程中，交易所并不承担资产价值变动的风险和为证券购买者过滤风险。由于投资者无法从交易所那里得到必要的资金安全和收益保证，这样交易所也失去了其扮演的角色的实际意义，这无疑是目前艺术品金融化过程中的又一个结构性问题。如果要让艺术品金融化走上正轨，必须引入相应的投资银行或者交易所必须承担起投资银行的角色。

二　艺术品金融化过程中的担保问题

对金融化标的物担保的作用是为了确保用于金融化资产的可靠性和有可预期的现金流收益，也是出于对金融机构和投资者的保护。在目前艺术品金融化的程序中，并没有相应的资产性担保行为。没有相应的担保机构参与，也就是无法保护投资者的利益，这本身与金融化的初衷相违背。以天津文化交易所的担保方式为例，天津文化交易所对艺术品的担保主要是普通意义上的财产保险。作为普通意义上的保险公司，只为艺术品的损坏进行担保或者赔付，这与投保额相关，实际上与其投保的艺术品资产价值保证和现金流收益并不相关。这是不符合金融化标的物的实际资产担保原则的，这也是目前艺术品金融化过程中存在的一个重要的结构性问题。

艺术品保险在我国如同一张“白纸”，直到2011年5月故宫博物院失窃案的发生，这个新兴产业才引起了艺术界人士的关注。发展我国的文化产业必然涉及艺术品的确权、确真、评估、保险等关键问题，而这些问题缺乏法律监管和保障，其中艺术品保险的建立是我国艺术品市场发展的重中之重。如何发展艺术品保险，从而引导艺术品市场以良好的态势发展成为当前最重要的任务之一。2011年，“毕加索中国大展”在上海成功举办，当时我国艺术品保险业务并未全方位开展，所以高达52万欧元保险费的保单由世界三大保险公司共同获得。中国艺术品市场走向国际化、规范化、金融化之前，首先要建立并完善国内的艺术品保险市场。当前我国的艺术品保险市场正处于摸索阶段，部分保险公司开始涉足艺术品保险业务，但未将艺术品保险与财产保险从根本上区分开，只是套用财产类保险，至今还未自主开拓艺术品保险的相关保险业务，更没有专业的艺术品保险公司。他山之石，可以攻玉，研究国外较为成熟的艺术品保险产业，可为我国艺术品保险产业寻找可资借鉴之径。①

三　作为金融化标的物的艺术品第三方评级问题

资产金融化过程中，为保证金融化的资产价值的可靠性，降低投资风险，所以用于金融化的资产情况须由第三方机构进行审核评级。由于艺术品资产的特殊性及我国在该领域缺乏第三方独立专业评级机构，截至目前，还没有一家真正意义上的第三方机构参与艺术品金融化的资产评级工作。这也造成了艺术品资产金融化中的结构性缺失问题。投资者由于无法通过独立的第三方评级机构去了解该资产的真实价值及信用等级，这也为其投资埋下了较大的风险隐患。

① 徐建雨:《国内艺术品保险市场仍处于市场培育阶段》,《证券日报》2012年7月28日A04版。

艺术品鉴定评估是各类艺术品金融中最基本和最常见的步骤。目前，我国的艺术品鉴定评估仍处于不成熟阶段，某些银行、基金等金融机构还在探索，表面上看它类似于一般动产评估的程序，但其操作难度比一般房产、土地、股票的评估要大得多。一般的资产在鉴定评估时很容易确定其真伪，也很容易找到价格参照物。而文物艺术品是由不同年代、不同艺术家创作而成，作为后代和研究者的鉴定人很难将真伪把握得十分准确，尤其当今的作伪技术登峰造极，使得艺术品鉴定更是难上加难。国际上的艺术品鉴定专家一般不会什么都去研究，什么都要懂，一生中也就研究一位或几位艺术家的作品。鉴定专家要能同时研究和判断许多不同年代、不同风格的艺术家的作品的真伪几乎不可能。比如，一些专家鉴定宋元古画很在行，但鉴定现当代艺术家，比如张大千、齐白石、李可染的作品就不行。因此，想找到一位专家把不同风格、特点的书画都鉴定评估准确很难办到。

后　记

时间总是过得很快，在中国艺术研究院艺术管理专业博士毕业，工作已 5 年有余，但一提到管理，首先想到博导王文章先生强调的“管理的有效性”，这也是本书在编著过程中始终想回答的一个重要问题，即在“互联网 +”分享经济背景下如何实现艺术品产业的管理有效性。有效性也必将是未来艺术品产业管理的核心。

回顾这 5 年，大部分时间在研究文化产业政策和城市文化产业规划。因为工作的缘故，5 年来走过了 100 余个地级市，考察过几百个各类文化产业园区，主持和参与过大大小小各种城市文化规划和文化园区规划百余项。在调研中笔者发现，其实在各地文化园区中，很大一部分园区的业态是艺术品产业，包括艺术创作、艺术金融、展示设计、艺术授权、艺术教育，以及艺术地产、艺术农业、艺术旅游等。在此过程中，笔者不断反思艺术管理中的一些问题，并在规划中不断融入一个概念，即艺术品产业管理的核心是产业管理，而非艺术品本身的管理。

本书是在中国传媒大学文化发展研究院范周院长“互联网 +”文化的大理念下催生出来的，在撰写的过程中，范院长多次予以指正，受益很多。感谢广州艺博会创始人之一、美术史学家谭天教授指导，感谢齐骥老师、周琼老师在出版过程中的组织协调。因时间关系，本书采用编著的形式出版，吸纳了很多艺术圈和文化圈之外的研究成果，采纳了很多网络材料，但有些网络材料因种种原因没能找到作者等信息，期盼有关人士能联络我，一起完善本书及注释。感谢卜希霆、田卉、蒋多、陈娴颖、朱敏、杨剑飞、刘京晶、彭健、王青亦、萧盈盈、靳斌老师及熊海峰等“互联网 +”课题组成员的帮助。参与本书编著工作的有江上韵、刘文杰、赵建杰、刘俊杰、胥丽、宋辰、孟祥雁、马英哲、谭晓雪，他们参与了材料梳理和部分段落的撰写工作。

在查找资料的过程中，笔者发现专门论述艺术品产业管理的著作还没有问世，本书也只是第一本“触网”的艺术品产业管理专门图书，是一块砖坯，更是不断完善和深化艺术品产业管理的一种开始。希望有更多学者投入未来的艺术品产业研究中来。

赵书波

2015 年 12 月 18 日记于京华珠江绿洲

图书在版编目(CIP)数据

艺术品管理新逻辑：基于互联网+分享经济的探讨／
赵书波编著. -- 北京：社会科学文献出版社，2016.5
（文化发展学术文丛）
ISBN 978-7-5097-8925-4

Ⅰ.①艺… Ⅱ.①赵… Ⅲ.①艺术品-经营管理-研
究 Ⅳ.①F768.7

中国版本图书馆CIP数据核字（2016）第056903号

·文化发展学术文丛·
艺术品管理新逻辑
——基于互联网+分享经济的探讨

编　　著／赵书波

出 版 人／谢寿光
项目统筹／王　绯　周　琼
责任编辑／赵子光　周　琼

出　　版／社会科学文献出版社·社会政法分社（010）59367156
地址：北京市北三环中路甲29号院华龙大厦　邮编：100029
网址：www.ssap.com.cn
发　　行／市场营销中心（010）59367081　59367018
印　　装／三河市东方印刷有限公司

规　　格／开 本：787mm×1092mm　1/16
印 张：13.25　字 数：211千字
版　　次／2016年5月第1版　2016年5月第1次印刷
书　　号／ISBN 978-7-5097-8925-4
定　　价／58.00元

本书如有印装质量问题，请与读者服务中心（010-59367028）联系